BIBLIOTECA
JOSÉ GUILHERME
Merquior

Impresso no Brasil, junho de 2012

Copyright © Julia Merquior 2011
Todos os direitos reservados.

Os direitos desta edição pertencem a
É Realizações Editora, Livraria e Distribuidora Ltda.
Caixa Postal: 45321 · 04010 970 · São Paulo SP
Telefax: (5511) 5572 5363
e@erealizacoes.com.br · www.erealizacoes.com.br

EDITOR | Edson Manoel de Oliveira Filho

COORDENADOR DA BIBLIOTECA JOSÉ GUILHERME MERQUIOR
João Cezar de Castro Rocha

GERENTE EDITORIAL | Gabriela Trevisan

PREPARAÇÃO DE TEXTO | William Campos da Cruz

REVISÃO | Fernanda Marcelino
Cristiane Maruyama

CAPA E PROJETO GRÁFICO | Mauricio Nisi Gonçalves

DIAGRAMAÇÃO | André Cavalcante Gimenez

PRÉ-IMPRESSÃO E IMPRESSÃO
GRÁFICA VIDA & CONSCIÊNCIA

Reservados todos os direitos desta obra.
Proibida toda e qualquer reprodução desta edição por
qualquer meio ou forma, seja ela eletrônica ou mecânica,
fotocópia, gravação ou qualquer outro meio de reprodução,
sem permissão expressa do editor.

Verso Universo em Drummond

José Guilherme Merquior

Tradução de Marly de Oliveira

3ª edição

Realizações Editora

A meu filho
Pedro

A D. Dirce Cortes Riedel,
*que despertou em mim o amor
da literatura do nosso tempo.*

Sumário

Abreviaturas dos títulos das coletâneas líricas
de Drummond.. 11
Apresentação à 3ª Edição
   José Guilherme Merquior: aqui e agora
   por João Cezar de Castro Rocha 13
Prefácio à 3ª Edição
   Merquior: verso e reverso
   por Marco Lucchesi 25
Introdução 29

Capítulo I: Da "vida besta" ao *Sentimento do Mundo*
   1. *Alguma Poesia*... 34
   2. *Brejo das Almas* 58
   3. *Sentimento do Mundo*.................................... 71
   4. Visão de conjunto: o primeiro lirismo de
      Drummond 82

Capítulo II: O meio-dia da escrita
   1. *José* 88
   2. *A Rosa do Povo* 113
   3. A segunda fase do estilo lírico de Drummond:
      o meio-dia da escrita 171

Capítulo III: Verso Universo do *Fazendeiro do Ar*
   1. O quarteto metafísico de Drummond.............. 176
   2. Sentido e valor da classicização do modernismo
      em Drummond... 257

Capítulo IV: O último lirismo de Drummond
   1. *Lição de Coisas* 266
   2. *Boitempo* 292
   3. *A Falta que Ama* 311

Conclusão 323

Posfácios à 3ª Edição
   O fenômeno Merquior
     por José Mario Pereira 327
   Universo em dissolução
     por Rodrigo Petronio 363

Bibliografia 393
Índice dos poemas analisados 403
Índice analítico 405
Índice onomástico 409

VERSO UNIVERSO EM DRUMMOND

Abreviaturas dos títulos das coletâneas líricas de Drummond[1]

FQA = *A Falta que Ama*
AP = *Alguma Poesia*
RP = *A Rosa do Povo*
VPL = *A Vida Passada a Limpo*
B = *Boitempo*
BA = *Brejo das Almas*
CE = *Claro Enigma*
FA = *Fazendeiro do Ar*
J = *José*
LC = *Lição de Coisas*
NP = *Novos Poemas*
SM = *Sentimento do Mundo*

---

[1] A paginação indicada após as abreviaturas dos livros refere-se sempre à 2ª edição da Aguilar (ver bibliografia); somente as páginas de B e FQA são citadas segundo a edição original. Obviamente, o estudo das *versões* dos poemas de Drummond é por si só mina riquíssima de observações, que tivemos de deixar ao trabalho de outros pesquisadores.
Não puderam ser examinados neste estudo, redigido em 1971-72, os dois mais recentes livros de versos de Drummond, *Menino Antigo (Boitempo II)* e *As Impurezas do Branco*, ambos publicados pela Livraria José Olympio Editora em 1973.

APRESENTAÇÃO À 3ª EDIÇÃO

José Guilherme Merquior:
AQUI E AGORA

João Cezar de Castro Rocha

Método como vocação

Verso Universo em Drummond tem um papel de destaque na rica obra de José Guilherme Merquior. O livro foi escrito em francês como tese de doutorado, realizada sob orientação de Raymond Cantel, e aprovada com louvor na Sorbonne em junho de 1972.

Na introdução, ao descrever o projeto de pesquisa que animou o estudo, Merquior explicitou as linhas de força de seu pensamento, fornecendo um roteiro seguro para o reconhecimento tanto da relevância de seu percurso intelectual quanto da atualidade de seu olhar.

Esse ponto merece ser reiterado: há uma potência no exercício crítico de Merquior que ainda não foi plenamente identificada. Em geral, assinala-se, com justiça, a notável erudição de seus textos. De igual modo, nunca se deixa de destacar, corretamente, a acuidade de suas análises. Por fim, sempre se mencionam o brilho de suas sínteses e a vocação cristalina de sua escrita.

Todos esses elementos são exatos, ajudando a entender o lugar ímpar que ele ocupou na vida intelectual – e não apenas no Brasil.

Lugar ímpar e precoce: Merquior começou a colaborar no "Suplemento Dominical" do *Jornal do Brasil* aos dezoito anos, em 1959, e, no ano seguinte, vinculou-se formalmente ao lendário caderno que provocou uma revolução no jornalismo literário e cultural; aliás, junto com o "Suplemento Literário" do *Estado de S. Paulo*, pois ambos os suplementos iniciaram suas atividades em 1956. O primeiro livro de

Merquior, *Razão do Poema*,[1] publicado em 1965, coligiu textos saídos no "Suplemento Dominical" e nas revistas *Praxis* e *Senhor*, incluindo o indispensável "O Poema do Lá". Antonio Candido viu no artigo uma promessa:

> Merquior foi sem dúvida um dos maiores críticos que o Brasil teve, e isto já se prenunciava nos primeiros escritos. Lembro como sinal precursor o ensaio que escreveu bem moço sobre a "Canção do Exílio", de Gonçalves Dias, fazendo uma descoberta que dava a medida de sua imaginação crítica – entendendo-se por imaginação crítica a capacidade pouco frequente de elaborar conceitos que têm o teor das expressões metafóricas ou o voo das criações ficcionais.[2]

Repito, por isso mesmo, que a potência de atualidade do olhar crítico de José Guilherme Merquior resta pouco enfatizada, e essa pode ser uma via privilegiada para situar sua obra no debate contemporâneo.

Pois é bem esse o propósito subjacente à reedição de suas obras completas: esclarecer a relevância do pensamento de José Guilherme Merquior para o entendimento mais complexo do mundo presente.

Recordem-se, então, suas palavras:

> (...) nos propusemos esboçar uma interpretação *global* da poesia de Drummond (...).
>
> Nossa análise se determinou três finalidades. De início, trataremos de obedecer a um método essencialmente *estilístico* (...). Em seguida, faremos um esforço no sentido de pôr em relevo a significação sociológica

---

[1] *Razão do Poema* será o segundo livro a ser publicado na Biblioteca José Guilherme Merquior.

[2] Texto publicado na segunda edição de *Razão do Poema* (Rio de Janeiro, Topbooks, 1996). Na sequência do texto, Candido esclareceu: "Estou falando do seguinte: ao comentar a afirmação costumeira de que o famoso poema não tem adjetivos, ele mostrou que a sua eficiência provém na verdade do fato de ser todo ele, virtualmente, uma espécie de grande expressão adjetiva, uma qualificação sem qualificativos, devido à tonalidade do discurso".

(sobretudo no que concerne à evolução do regime patriarcal no Brasil) e ideológica da obra de Drummond (...). Finalmente, tentaremos pôr o lirismo drummondiano em relação com a literatura ocidental moderna, tanto do ponto de vista da técnica quanto do ponto de vista dos *leitmotive* ideológicos.[3]

De fato, com a nitidez que distinguiu sua escrita, Merquior sintetizou a orientação ambiciosa de seus inúmeros exercícios de interpretação, seja de um autor determinado, seja da tradição ocidental como um todo.

Em primeiro lugar, ele esclareceu o desejo de oferecer uma leitura compreensiva: não se trata somente de mais um estudo pontual da poesia de Carlos Drummond de Andrade, mas de uma análise estilística do conjunto de seus livros publicados até 1972, ou seja, ano de escrita da tese de doutorado. No polêmico estudo sobre Michel Foucault, o ensaísta brasileiro repetiu a façanha, comentando textos do filósofo francês saídos praticamente na véspera da publicação de seu exame crítico, além de esmiuçar uma vasta bibliografia secundária virtualmente desconhecida.

No campo da história literária e da história das ideias, verifica-se o mesmo desígnio de abarcar a totalidade de uma linha de pensamento, ou de estudar minuciosamente o trabalho de um autor determinado.

Em segundo lugar, destaca-se a relação, por assim dizer, "natural" que Merquior estabeleceu entre autor brasileiro, literatura universal e reflexão teórica de ponta. O trânsito, sem qualquer tipo de constrangimento ou de exotismo, entre o nacional e o forâneo caracteriza os exercícios de leitura de Merquior, assegurando o alcance de suas reflexões. Em alguma medida, esse traço intelectual, definidor de sua visão do mundo, é ainda mais atual hoje do que no momento em que escreveu seus livros.

Nesse sentido, o gesto subjacente à trajetória intelectual de Merquior merece ser recuperado, especialmente nas circunstâncias contemporâneas. Daí, a conclusão

---

[3] Ver, neste livro, p. 30, grifos do autor.

a que chegou, no estudo sobre Carlos Drummond de Andrade, pode ser compreendida, retrospectivamente, como uma autêntica declaração de princípios:

> Profundamente enraizada numa época de transição, a mensagem poética de Drummond se elevou dessa forma ao nível das significações *universais*. Nacional por sua linguagem e sua inspiração, sua obra nada tem de exótica; não é sequer "regionalista", se bem que se trate de um escritor que não pudesse ser mais obsedado por suas origens. Além de universal, a poesia drummondiana é também muito *atual*.[4]

Ora, o perfil de Merquior parece bem delineado nessas palavras! Na feliz formulação de Marco Lucchesi: "E assim podemos dizer que o universo de Merquior se realiza no verso de Drummond".[5]

Pensador de fôlego incomum, pesquisador infatigável e leitor voraz, ele também escreveu livros em francês – *Verso Universo em Drummond*; *A Estética de Lévi-Strauss* – e em inglês – *Michel Foucault, ou o Niilismo de Cátedra*; *O Véu e a Máscara*; *De Praga a Paris: uma Crítica do Estruturalismo e do Pensamento Pós-Estruturalista*; *O Marxismo Ocidental*; *O Liberalismo, Antigo e Moderno*; *Rousseau e Weber: Dois Estudos sobre a Teoria da Legitimidade*. Este último título foi o resultado de sua segunda tese de doutorado, apresentada na London School of Economics, sob a orientação de Ernest Gellner.[6]

---

[4] Ver, neste livro, p. 324, grifos do autor.

[5] Marco Lucchesi. "Merquior: Verso e Reverso", neste livro, p. 25.

[6] Vale a pena recordar as palavras de Gellner após escutar uma apresentação de Merquior sobre sua obra: "Sinto-me profundamente emocionado com a homenagem que me prestou José Merquior, que acaba de fazer um resumo surpreendentemente preciso de minhas ideias (...). Ao mesmo tempo em que me emociona o respeito que ele me devota, fico extremamente impressionado com a exatidão de seus comentários, aos quais, na verdade, nada tenho a acrescentar". "Comentários do Prof. Ernest Gellner". *Gellner na UNB*. Brasília, Editora da UNB, 1981, p. 23.

Desse modo, Merquior ampliou a recepção de seu trabalho no exterior, aspecto ainda pouco considerado entre nós.[7] Um estudo que faz falta refere-se precisamente à presença da obra de Merquior nas discussões contemporâneas sobre o liberalismo e outros tópicos de ciência política. Ernest Gellner e César Cansino organizaram uma importante coletânea de ensaios em homenagem a Merquior;[8] contudo, é necessário levar adiante uma pesquisa sobre a repercussão internacional de seus últimos livros, especialmente os escritos em inglês.

Recorde-se, então, no tocante ao caráter onívoro dos interesses de Merquior, uma distinção proposta por Ernesto Sábato: "Os europeus não são europeístas; são simplesmente europeus".[9] Nesse registro, os europeus possuem olhos de Narciso, encontrando feio tudo que não é espelho, enquanto os europeístas trazem na cor da pele, ou no incerto de sua origem, o hiato preciso para estimular um olhar crítico aguçado. Como o *criollo* dos tempos coloniais que, embora gerado em ventre espanhol, portava a "mácula" de não haver nascido na metrópole, o europeísta lida com os códigos de uma cultura que, em alguma medida, permanecerá sempre estrangeira. Afinal, para ser europeísta, é preciso aprender pelo menos uma segunda língua e depois uma nova cultura e literatura.

Numa tradução bem-humorada, pode-se pensar que a verdadeira distinção entre europeu e europeísta jaz no tamanho de suas bibliotecas, porque o europeísta tem que dominar pelo menos duas tradições: a europeia e a sua. A questão nada tem a ver com número de livros na estante, mas diz respeito à necessidade de relacioná--los, estabelecendo critérios de leitura, cuja ampliação

---

[7] Por exemplo, no livro de Milton Tosto Jr., *The Meaning of Liberalism in Brazil* (Lexington Books, 2005), a discussão da obra de José Guilherme Merquior ocupa lugar de destaque.

[8] Ernest Gellner e César Cansino, *Liberalism in Modern Times. Essays in Honour of José G. Merquior*. Bucareste, Central European University Press, 1996.

[9] Ernesto Sábato, *La Cultura en la Encrucijada Nacional*. Buenos Aires, Crisis, 1972, p. 27.

favorece a intensidade estrutural que define a força dos escritos de José Guilherme Merquior; até mesmo porque ele sempre soube ampliar seu repertório, incorporando continuamente novos horizontes de pesquisa, em lugar de limitar-se ao modelo europeu.

Poliglota e pensador vocacionalmente transdisciplinar, Merquior encarnou a mais completa tradução do europeísta imaginado por Sábato.

Por fim, o vigor da análise realizada por Merquior coroa a solidez de sua formação, pois o estudo minucioso do texto é enriquecido tanto pela perspectiva global sobre a obra, como pela abordagem teórica proposta.

Vejamos, então, como esses elementos se afinam no estudo inovador da poesia de Carlos Drummond de Andrade.

Drummond e Merquior

Não se trata, por certo, de antecipar o prazer da leitura, mas de associar os elementos principais da interpretação de Merquior à atualidade de seu olhar crítico. Para tanto, mostraremos como as "três finalidades" anunciadas pelo crítico são efetivamente cumpridas.

O estudo trata de doze livros publicados por Drummond até 1972; na cronologia discutida por Merquior, de *Alguma Poesia* (1930)[10] até *A Falta que Ama* (1968).[11] O eixo da análise, portanto, é a "interpretação *global* da poesia de Drummond", embora no final do ensaio o crítico lance mão de sugestivo fragmento de *Passeios na Ilha*, terceiro livro de prosa do poeta, saído originalmente em 1952:

> "Primeira fase: o poeta imita modelos célebres. Última fase: o poeta imita-se a si mesmo. Naquela, ainda não conquistou a poesia; nesta, já a perdeu."

Pensando no lirismo de seus três últimos tomos, temos o direito de dizer que felizmente a fórmula, por

---

[10] Ver, neste livro, p. 34-58.
[11] Ver, neste livro, p. 311-21.

mais perspicaz que seja, não se aplica a seu autor. Drummond soube guardar a excelência da forma poética após a soberba colheita dos períodos centrais de *A Rosa do Povo* ou de *Claro Enigma*.[12]

Merquior pôde afirmá-lo após seguir as nuances do percurso drummondiano livro a livro, identificando temas recorrentes e procedimentos constitutivos de sua poética, cumprindo à risca a intenção de desenvolver "um método essencialmente *estilístico*" de análise.

De um lado, o crítico apresentou a constelação temática que, em certo período, compôs o universo de Drummond: "as vicissitudes do eu, a cena familiar, a lira erótica, o canto engajado e o drama do cotidiano, a pintura da história e o quadro de gênero, a poesia sobre a poesia e o poema filosófico".[13] Parte desse temário permitiu "pôr em relevo a significação sociológica" da poesia drummondiana, sobretudo no tocante às transformações decorrentes da passagem do mundo rural ao ambiente urbano.

Em sentido forte, trata-se de iluminar a estrutura do "verso universo em Drummond".

Contudo, não se pense que o estudo reduz a poesia drummondiana à "significação sociológica". Basta abrir qualquer página deste livro para compreender que, como poucos, Merquior dominava um instrumental técnico e teórico dos mais sofisticados para o entendimento de poesia; aliás, como já havia mostrado em seus artigos de juventude. Veja-se a análise de "O arco", reunido em *Novos Poemas* (1948).[14] Ou o exame de "Oficina irritada", coligido em *Claro Enigma* (1951).[15] Mencione-se

---

[12] Ver, neste livro, p. 320-21.

[13] Ver, neste livro, p. 119.

[14] Ver, neste livro, p. 188. Nas palavras de Merquior: "Há, pois, efetivamente um arco ligando os versos e a estâncias entre si. A estrutura do poema é uma metáfora do objetivo da canção, 'arco sobre os abismos'".

[15] Ver, neste livro, p. 209-10.

ainda a agudeza do comentário sobre a "Carta", saído em *Lição de Coisas* (1962).[16]

Poderia multiplicar exemplos, mas, na verdade, basta consultar o "índice dos poemas analisados", que consta no final deste volume, para recuperar o pressuposto fundamental do crítico: "mostrar *o que* diz a poesia, é mostrar *como* o diz".[17]

Por isso mesmo, o título deste livro é extraído do "Canto órfico", saído em *Fazendeiro do Ar* (1954):

> Integra-nos, Orfeu, noutra mais densa
> atmosfera do verso antes do canto,
> do *verso universo*, latejante
> no primeiro silêncio.[18]

Em outras palavras, Merquior transita com grande fluência da fatura poética à visão do mundo, num exercício estilístico que evoca os grandes nomes da romanística alemã, com destaque para Karl Vossler, Leo Sptizer e, especialmente, Erich Auerbach.

De outro lado, com o objetivo de "pôr o lirismo drummondiano em relação com a literatura ocidental moderna", a última das três finalidades alinhadas na introdução, Merquior propôs uma hipótese instigante: o verso do poeta, ou pelo menos certa tendência de sua fatura poética, desenvolveu-se através de um diálogo interno com a principal tradição da lírica moderna desde Baudelaire. Como esse aspecto nem sempre é devidamente assinalado, destaquem-se as palavras de Merquior:

---

[16] Ver, neste livro, p. 290. Nas palavras de Merquior: "Ora, essa impressão de naturalidade é devida precisamente à situação de diálogo íntimo criada desde o primeiro verso, que parece responder a uma frase da mãe:
  'Há muito tempo, *sim*, que não te escrevo'".

[17] Ver, neste livro, p. 29.

[18] Ver, neste livro, na p. 244, o estudo do poema. Na sequência, Merquior acrescentou: "O *verso universo* se realiza já na profundidade intelectual e crítica da poesia-do-pensamento praticada por alguns dos mais altos espíritos de nosso século, entre os quais não hesitamos em colocar Carlos Drummond de Andrade".

Ainda mais que no "Poema das sete faces", a ótica grotesca se articula aqui por meio de um fenômeno estilístico capital: a "mescla de estilos" (*Stilmischung*) teorizada pelo grande romanista Erich Auerbach.[19]

Nessa passagem, ao analisar "Casamento do céu e do inferno", publicado em *Alguma Poesia*, Merquior demonstrou mais uma vez o alcance de sua "imaginação crítica".

Como se sabe, Erich Auerbach sistematizou a noção de "mescla de estilos" em sua obra-prima *Mimesis* (1946). Trata-se de fenômeno propriamente estilístico, como Merquior assinalou, mas que também supõe o encontro de dois mundos de formas;[20] portanto, outro modo de dizer: *verso universo*, na inter-relação necessária entre palavra e visão do mundo.

Segundo Auerbach, a história da cultura ocidental pode ser entendida como um processo de longa duração, cujo motor é a mescla progressiva de dois estilos de compreensão da realidade: o homérico e o bíblico. Esse movimento subterrâneo conheceu um obstáculo sério no preceito clássico da separação de estilos, que determinava a incompatibilidade entre assunto cotidiano e tratamento sublime. O longo percurso de formação da cultura ocidental supôs, na visão do romanista, o tratamento sério e problemático do dia a dia; logo, a "mescla de estilos" é o traço definidor de sua literatura.

---

[19] Ver, neste livro, p. 42.

[20] Nas palavras de Auerbach: "A singularidade do estilo homérico fica ainda mais nítida quando se lhe contrapõe um outro texto, igualmente antigo, igualmente épico, surgido de outro mundo de formas. Tentarei a comparação com o relato do sacrifício de Isaac (...)". Erich Auerbach, *Mimesis. A Representação da Realidade na Literatura Ocidental*. Trad. Georg Bernard Sperber. São Paulo, Perspectiva, 1976, p. 5. "Mundo de formas" traduz *Formenwelt*. Eis a passagem no original: "Die Eigentümlichkeit des homerischen Stils wird noch deutlicher, wenn man einen ebenfalls antiken, ebenfalls epischen Text aus einer anderen Formenwelt ihm gegenüberstellt. Ich versuche es mit dem Opfer Isaaks, (...)". Erich Auerbach. *Mimesis. Dargestellte Wirklichkeit in der abendländischen Literatur*. 10ª edição. Tübingen: A. Francke Verlag, 2001, p. 9.

Resumo rudemente o complexo argumento de Auerbach, pois aqui tratamos da obra de Merquior.

Ou melhor: escutemos a síntese por ele oferecida da *Stilmischung*, assim como o exame de sua ocorrência e, sobretudo, abandono na poética drummondiana:

> Ora, o "estilo mesclado" não é senão a resultante da fusão da perspectiva problemática da vida com as referências "vulgares", isto é, a figuração literária das realidades "baixas", cuja presença foi muito tempo proibida no "estilo elevado" pela poética clássica. Basta refletir sobre a natureza do "estilo mesclado" para apreender o sentido profundo da mutação estilística trazida por *Boitempo*. Com efeito, *suspendendo momentaneamente a perspectiva problemática, o lado cômico da poesia da memória de* Boitempo *tende a frear, automaticamente, o processo de reafirmação do estilo mesclado iniciado em* Lição de Coisas.[21]

No parágrafo anterior, Merquior lembrou que "o conteúdo trágico-problemático da existência [tinha sido] tema geral de toda a alta poesia ocidental".

Compreende-se, então, a profundidade do juízo que vimos no início desta apresentação: "Além de universal, a poesia drummondiana é também muito *atual*".

A universalidade decorre de sua inserção decidida no procedimento artístico definidor da melhor poesia do Ocidente. A atualidade também se relaciona com essa decisão estética, pois o entendimento sério e trágico dos problemas cotidianos estimula o engajamento com as circunstâncias do entorno do próprio poeta, sempre revestidas da seriedade atribuída pela preceptística clássica apenas à esfera do sublime.

Repare-se, contudo, que Merquior não aprisionou a lírica drummondiana ao círculo de sua elegante hipótese. Pelo contrário, ele é o primeiro a reconhecer que a "mescla de estilos" protagoniza um autêntico vaivém na obra do poeta. Se parece predominar nos

---

[21] Ver, neste livro, p. 310, grifos do autor.

primeiros livros, é obliterada no meio do caminho – no meio-dia da escrita de Drummond, na bela expressão de Merquior –, retorna em determinado momento, especialmente com *Lição de Coisas*, e, por fim, se vê eclipsada pelo veio narrativo que, após *Boitempo*, se torna cada vez mais dominante.

Essa largueza de espírito estimula a forte conclusão do ensaio:

> Cantor da terra e da cidade, analista sutil da criação poética, *moralista* fascinado pelas paixões do homem e pela ordem do mundo, ele é, depois de Machado de Assis – com quem divide tanto o humor desiludido quanto a atitude lúdica no tocante à forma e ao verbo – o principal exemplo, na literatura brasileira, da obra literária votada à *problematização* da vida.[22]

Mas, nesse caso, ressalve-se, a vida já não se dissocia da literatura: o poeta, como o defunto autor, é "uma errata pensante", que, por isso mesmo, não pode parar de escrever.[23]

Daí, Merquior assinalou com agudeza:

> *Boitempo* não é, por outro lado, um diálogo mantido com a memória do vivido: é também uma evocação permanente da obra anterior do poeta. *Drummond se lembra de seus versos, tanto quanto de sua vida*.[24]

Mais uma vez se esclarece a força do título deste livro, que agora já pode ser lido como uma metáfora da perspicácia crítica de José Guilherme Merquior: *Verso Universo em Drummond*.

---

[22] Ver, neste livro, p. 326, grifos do autor.

[23] Aludo à conhecida passagem: "Deixa lá dizer o Pascal que o homem é um caniço pensante. Não; é uma errata pensante, isso sim. Cada estação da vida é uma edição, que corrige a anterior, e que será corrigida também, até a edição definitiva, que o editor dá de graça aos vermes. Machado de Assis. *Memórias Póstumas de Brás Cubas*. Obras Completas, v. I. Afrânio Coutinho (org.). Rio de Janeiro, Nova Aguilar, 1986, p. 549.

[24] Ver, neste livro, p. 301, grifos meus.

BIBLIOTECA JOSÉ GUILHERME MERQUIOR

Verso Universo em Drummond é o primeiro título da reedição das obras completas de José Guilherme Merquior: em três anos, todos os seus títulos estarão disponíveis. Ademais, buscaremos publicar volumes contendo ensaios inéditos ou ainda não recolhidos em livro.

O principal objetivo que anima a iniciativa é favorecer a criação de um público novo para a discussão de uma obra fundamental. Desse modo, a republicação de seus livros pretende gerar diálogos e reflexões. Por isso, além de reconhecidos especialistas, jovens ensaístas serão convidados para colaborar na fortuna crítica que constará no final de cada volume.

Desta vez, contamos com o valioso testemunho de José Mario Pereira, amigo dileto e maior conhecedor dos textos do autor de *A Natureza do Processo*.

Além disso, esta reedição se encontra muito enriquecida pelo belo prefácio de Marco Lucchesi, assim como pelo estudo cuidadoso do jovem poeta e ensaísta Rodrigo Petronio.

PREFÁCIO À 3ª EDIÇÃO

Merquior: verso e reverso

Marco Lucchesi

Se ainda hoje fosse possível levar a cabo um projeto análogo ao *Plutarco Brasileiro*, de Pereira da Silva, pronto a ampliar uma série de vidas paralelas, ligada tão somente ao pensamento, não seria árduo sugerir um conjunto de autores ou de duplos que refletiram o Outro, revelando a diferença que os aproxima e a semelhança que os separa de cada objeto de análise.

Não faltam exemplos, como Gilberto Freyre diante de Oliveira Lima, o Quixote gordo, logo para Gilberto, que atingiu a espessura da vida brasileira, desde uma vasta camada de documentos, com a agilidade de um Michaux. Ou como a inesquecível página de Machado sobre Alencar, de que se colhem diversas feições autossemelhantes.

Desenhos de vidas paralelas, que se encontram e se confundem em território de perene transição. Gêmeos que, mediante a projeção da díade, se deparam uns com os outros e se reconhecem. Como a esferologia de Sloterdijk, ao refutar a dilaceração do Um, ao mesmo tempo em que se decide por uma ontologia mínima e pluralista que parte do Dois.

No caso deste livro admirável – sob todos os aspectos – de José Guilherme Merquior, a presença de Drummond é o polo de atração de que parte o pensamento dialético do ensaísta sutil. Adentra o laboratório da poesia de Drummond com a impressionante agilidade de um felino, de quem conhece a química de timbres e sonoridades, ritmos e assonâncias, do estilo misto à enumeração caótica. As leituras de Staiger e de Hugo Friedrich foram determinantes, assim como o fato de ter crescido com os versos de Gonçalves Dias e de preparar, ainda jovem, com Manuel Bandeira, a edição do *Poesia do Brasil*.

Não se ateve apenas ao laboratório, condição necessária, mas não suficiente. Merquior decidiu incluir a leitura social da obra de Drummond, partindo da intuição de Alceu Amoroso Lima, segundo a qual Drummond era o Baudelaire da moderna poesia brasileira. E Merquior não podia senão pensar aqui na imaginação dialética da Escola de Frankfurt, difundida por ele no Brasil. Se Baudelaire é *um lírico* no *auge do capitalismo*, Drummond se situa como "filho de fazendeiro emigrado para a grande cidade, *justamente na época em que o Brasil começava sua metamorfose de subcontinente agrário em sociedade urbana industrial*". Segundo Merquior, Drummond olhou para a evolução do sistema patriarcal e a sociedade de massa. Nem por isso Merquior reduziu a linguagem poética a um mero determinismo histórico. Soube tecer o diálogo, com a delicadeza de quem lida com origami, entre duas esferas distintas (gêmeas, paralelas), sem passar do Dois para o Um – tal qual nas esferas de Sloterdijk. A alta percepção de Merquior do horizonte literário pode ser comparada apenas à de Antonio Candido em *Literatura e Sociedade*.

Quando pensamos na mudança de currículo nas faculdades de Letras, os três níveis de análise de Merquior sobre Drummond apontam para um território seminal: o aspecto *estilístico*, a *significação sociológica e ideológica da obra*, e o lirismo de Drummond dentro da *literatura ocidental moderna*. O estudo da carne, ou do *invólucro* da poesia – como disse Drummond – não se afasta da literatura comparada e nem tampouco de uma aproximação com as ciências sociais. Eis a razão pela qual o universo-bolha ou placentário, que aproxima Drummond e Merquior, poderia gerar o subtítulo que explica o sentimento-ideia deste livro fundamental: *verso e reverso*.

Merquior atingiu indícios das camadas tectônicas abissais de Drummond, a ponto de intuir o futuro daquela poesia, sobretudo a que aflorou nos anos 1980 (e a tese de Merquior é de 1972), depois da fase de uma *alta poesia*, que se explica assim:

> desde o demonismo de "O padre, a moça", passando pela pausa de dominante cômica do memorialismo de *Boitempo*, a poesia do nirvana sofre o assalto das novas expressões da fúria de viver. Lutando contra a violência do princípio de realidade, o pensamento lírico de Drummond se tinha por longo tempo entregue ao mais sutil, ao mais radicalmente libertador dos avatares da libido – o instinto de morte. Somente Eros era capaz de ultrapassar, ainda que com sofrimento, a volúpia sem igual de Tânatos e parece que o poeta fez dele a fonte de Juvência de seu estilo maduro.

A formulação não podia ter sido mais acertada, diante da metamorfose contínua da obra de Drummond – que lembra o poeta italiano Mario Luzi, filho e senhor da fonte de Juvência – como vemos em "A metafísica do corpo":

> De êxtase e tremor banha-se a vista
> ante a luminosa nádega opalescente,
> a coxa, o sacro ventre, prometido
> ao ofício de existir, e tudo mais que o corpo
> resume de outra vida, mais florente,
> em que todos fomos terra, seiva e amor.
>
> Eis que se revela o ser, na transparência
> do invólucro perfeito.

Eis o invólucro a que nos referimos. Verso e reverso de uma dinâmica dual magnificamente assinalada por Martin Buber. Drummond leva Merquior a uma sinergia tal que o crítico se descobre à medida em que nomeia seu objeto paralelo. Um bom poema – para Quintana – seria aquele capaz de ler o leitor. E assim podemos dizer que o universo de Merquior se realiza no verso de Drummond. E que este livro poderia ter sido escrito pelo poeta de Itabira para revelar a frequência e o projeto de José Guilherme Merquior, dos últimos e dos mais brilhantes intérpretes do Brasil.

INTRODUÇÃO

A obra lírica de Carlos Drummond de Andrade reunida de forma essencial em doze livros surgidos entre 1930 e 1968[1] é frequentemente considerada o ponto alto da poesia brasileira contemporânea. Representa também uma das realizações mais importantes da estética do "modernismo", movimento de vanguarda que se impôs nas artes e nas letras do Brasil pouco depois do término da Primeira Guerra Mundial.

No entanto, até o momento presente, os mais importantes estudos sobre o lirismo drummondiano só trataram de aspectos parciais (temáticos ou formais) de sua obra, enquanto que a maior parte das visões de conjunto permanece excessivamente sintética. Eis por que nos propusemos esboçar uma interpretação *global* da poesia de Drummond, mediante uma leitura analítica um pouco mais aprofundada (se bem que de modo algum exaustiva) de seus livros.

Nossa análise se determinou três finalidades. De início, trataremos de obedecer a um método essencialmente *estilístico*, buscando todos os conteúdos da poesia de Drummond *no nível da organização verbal*: mostrar *o que* diz a poesia é mostrar *como* o diz. Em seguida, faremos um esforço no sentido de pôr em relevo a significação sociológica (sobretudo no que concerne à evolução do regime patriarcal no Brasil) e ideológica da obra de Drummond, já que se trata, sem dúvida, de uma poesia que é ao mesmo tempo um *reflexo* do mundo sociocultural e uma *reflexão* crítica sobre esse mesmo mundo – ainda que o reflexo não se degrade em documento ou ilustração, e que a reflexão jamais se apresente de forma abstrata e intelectualista. Finalmente, tentaremos pôr o lirismo drummondiano em relação com a literatura

---

[1] Até abril de 1972. (ver nota ao quadro de abreviaturas, supra.)

ocidental moderna, tanto do ponto de vista da técnica quanto do ponto de vista dos *leitmotive* ideológicos. Estes três objetivos constituem diferentes *planos*, e não momentos, da análise; serão perseguidos simultaneamente, ainda que de maneira desigual, ao longo de cada um dos quatro períodos do estilo poético de Drummond.

Não era o caso – dados os limites deste trabalho – de examinar todos os poemas de Drummond, sequer mesmo de escrutar em detalhe o conjunto das peças escolhidas para a análise. Tivemos que concentrar-nos em aproximadamente cinquenta poemas, com a liberdade de projetar os resultados de sua leitura sobre numerosos outros. Por outro lado, não nos preocupamos em dissimular o que há de subjetivo nessa escolha, nem temos outra justificativa além desta convicção: o verdadeiro subjetivismo nos estudos literários não é o que – de modo talvez inevitável – se mostra no ponto de partida, mas sim aquele que, falto de argumentos apoiados na ordem soberana do texto, persiste ainda ao fim da análise e do julgamento crítico.

Antes de encetar a análise dos poemas de Drummond, seria talvez conveniente recordar-lhe a silhueta biográfica, bem como as linhas de força da corrente literária em que se enraíza sua obra – o modernismo.[2]

Carlos Drummond de Andrade nasceu em Itabira do Mato Dentro, no grande Estado continental de Minas Gerais, em 1902. Oriundo de uma família de fazendeiros, que cedo se mudou para a capital do Estado, Belo Horizonte (fundada em fins do séc. XIX), ele aí fez inicialmente o liceu, continuando depois os estudos com os jesuítas em Friburgo, perto do Rio de Janeiro. Em 1924, inscrito na Escola de Farmácia, Drummond, que já escreve há seis anos, frequenta a jovem *intelligentsia* de Minas (Gustavo Capanema, Milton Campos, Abgar Renault,

---

[2] Esse escorço biográfico, bastante supérfluo aos olhos do leitor brasileiro, se prende à forma original deste estudo – a de tese de doutorado, elaborada sob a direção do professor Raymond Cantel, diretor do Institut d'Études Portugaises et Brésiliennes da Universidade de Paris, e aprovada pela Sorbonne em junho de 1972.

Emílio Moura, Mário Casassanta, Aníbal Machado, Rodrigo M. F. de Andrade, Gabriel Passos, etc.), entra em contato epistolar com o poeta Manuel Bandeira e conhece Oswald de Andrade, Blaise Cendrars e Mário de Andrade. Data dessa época sua longa correspondência com Mário, o "papa do modernismo", que vivia em São Paulo. À cabeça da efêmera *A Revista* (1925), Drummond logo se torna um dos líderes do modernismo em Minas. (Publicado em livro, seu poema "No meio do caminho", que apareceu em 1928 na *Revista de Antropofagia* de Oswald, suscitará um dos últimos escândalos da idade heroica do movimento.) Casado, decepcionado com a Farmácia, passa do ensino ao jornalismo e aceita depois a nomeação de funcionário da Secretaria de Educação de seu Estado natal, cedendo à iniciativa de amigos. Quando se estabelece no Rio, em 1933, como chefe do gabinete de Capanema, então Ministro da Educação Nacional, já publicara (em escassas tiragens) seus dois primeiros volumes líricos. Nove anos mais tarde, a Editora José Olympio, principal editora dos autores modernistas, faz aparecer a primeira edição de conjunto de seus versos. Apenas terminada a guerra, Drummond aproxima-se dos grupos intelectuais de esquerda, sensíveis à poesia engajada de *A Rosa do Povo* (1945); mas não tarda em afastar-se, num afã de independência. Homenageado por sua geração, respeitado pelos escritores do pós-modernismo, que profundamente influenciou, Drummond hoje vive no seu retiro de burocrata modelo, como tranquilo habitante do tumulto de Copacabana, enquanto suas crônicas, de alta qualidade literária, são testemunho de um interesse sem esmorecimento pela vida.

Quanto ao modernismo, basta aqui evocar sua fisionomia geral. Estilo bem heterogêneo – uma vez que engloba poetas tão diferentes quanto Manuel Bandeira e Jorge de Lima, Cecília Meireles e Murilo Mendes, e prosadores tão diversos quanto Oswald de Andrade e Mário de Andrade, Lins do Rego e Graciliano Ramos – dominou a literatura brasileira desde a década de 1920 até a de 1960. Apesar de sua diversidade, os modernistas têm um denominador comum: o emprego de uma língua literária maleável e nacionalizada, em enérgica reação contra o hipergramaticismo lusitanizante no período pós-romântico (1870-1922). Entretanto, o modernismo é sobretudo o advento do espírito de pesquisa na literatura, a revogação das convenções literárias fossilizadas (de que o soneto parnasiano permanecia como o mais tenaz exemplo), a substituição de formas esclerosadas por formas vivas, numa palavra: a entronização do "experimentalismo" no reino da escrita. O modernismo foi a contribuição do Brasil à "arte moderna". Não é mero acaso que Mário de Andrade (1893-1945), seu incansável animador, tenha sido o mentor do jovem Drummond.[3]

Que nosso estudo, para além de suas insuficiências, possa ser uma homenagem ao grande poeta brasileiro no seu setuagésimo aniversário, em pleno cinquentenário do modernismo.

O autor se considera em dívida permanente com a sensibilidade e a cultura poética de Marly de Oliveira, que enriqueceu este livro ao traduzi-lo, com notável esmero, do francês para o português.

---

[3] É claro que esta não chega a ser uma definição *interna* do nosso modernismo, apenas o delineamento do seu aspecto exterior. Tratei do tema em outro nível em José Guilherme Merquior, *Formalismo e Tradição Moderna*. Rio de Janeiro, USP/Ed. Forense Universitária, 1974, parte II.

Capítulo I

DA "VIDA BESTA" AO SENTIMENTO DO MUNDO
(1925-1940)

Mundo mundo vasto mundo
mais vasto é o meu coração.

Meu verso é minha consolação.
Meu verso é minha cachaça...
..
Meu verso me agrada sempre...
Ele às vezes tem o ar sem-vergonha de quem vai dar uma
    cambalhota,
mas não é para o público, é para mim mesmo essa cambalhota.
..
Se meu verso não deu certo, foi seu ouvido que entortou.

Não serei o poeta de um mundo caduco
Também não contarei o mundo futuro.
..
Não serei o cantor de uma mulher, de uma história,
não direi os suspiros ao anoitecer, a paisagem vista da janela,
não distribuirei entorpecentes ou cartas de suicida,
não fugirei para as ilhas nem serei raptado por serafins.
O tempo é a minha matéria, o tempo presente, os homens
    presentes,
a vida presente.

1. Alguma Poesia

O título do primeiro volume lírico de Drummond, *Alguma Poesia* (1930), impressiona pela modéstia. Cobre sua produção em verso desde 1925, por vezes disseminada em alguns dos numerosos e fugazes periódicos literários do tempo (o poema "No meio do caminho", que atraiu a ira dos literatos acadêmicos, figura no livro, depois de ter enriquecido, como vimos, as páginas da revista mais radical do modernismo paulista). *Alguma Poesia* contém 49 poemas.

A abertura é o "Poema de sete faces" (AP, 53).

1 *Quando nasci, um anjo torto*
desses que vivem na sombra
disse: Vai, Carlos! ser gauche *na vida.*

As casas espiam os homens
5 *que correm atrás de mulheres.*
A tarde talvez fosse azul,
não houvesse tantos desejos.

O bonde passa cheio de pernas:
pernas brancas pretas amarelas.
10 *Para que tanta perna, meu Deus, pergunta meu*
 coração.
Porém meus olhos
não perguntam nada.

O homem atrás do bigode
é sério, simples e forte.
15 *Quase não conversa.*
Tem poucos, raros amigos
o homem atrás dos óculos e do bigode.

Meu Deus, por que me abandonaste
se sabias que eu não era Deus
20 *se sabias que eu era fraco.*

Mundo mundo vasto mundo,
se eu me chamasse Raimundo

> *seria uma rima, não seria uma solução.*
> *Mundo mundo vasto mundo,*
> 25 *mais vasto é meu coração.*
>
> *Eu não devia te dizer*
> *mas essa lua*
> *mas esse conhaque*
> *botam a gente comovido como o diabo.*

Eis um bom exemplo de poesia não metrificada, cara aos modernistas. Em *Libertinagem*, surgido no mesmo ano, o mais realizado dos líricos modernistas, Manuel Bandeira, exigia com autoridade:

> *Todos os ritmos sobretudo os inumeráveis.*[1]

De fato, como logo notou Mário de Andrade,[2] o verso de Drummond, sobretudo o verso curto, não é por vezes senão uma síntese do verso livre com a métrica. Basta escandirmos a segunda estrofe (v. 4 a 7) para nos convencermos: todos os versos são octossílabos ortodoxos, acentuados na quinta.[3] Mais que de oposição verso livre / metrificado, trata-se de uma certa elasticidade do ritmo, suficientemente dúctil para registrar os movimentos cambiantes, até mesmo contraditórios, da consciência moderna. Em Drummond, essa elasticidade do ritmo moderno irá muitas vezes até a infração pura e simples da musicalidade inerente a cada extensão de verso. É o caso de nossa primeira estrofe, onde todos os três versos são acentuados na quarta, mas o decassílabo final, longe de retomar harmoniosamente essa medida quaternária por meio da estrutura métrica dita sáfica (acentos na 4ª, 8ª e 10ª), leva a tônica para a 7ª:

> *disse: Vai, Car / los! ser gau / che na vida.*

---

[1] Manuel Bandeira, *Estrela da Vida Inteira* (Poesias Reunidas). Rio de Janeiro, José Olympio, 1966, p. 108.

[2] Ver "A Poesia em 1930" (1931). In: Mário de Andrade, *Aspectos da Literatura Brasileira*. São Paulo, Martins, s/d, p. 32.

[3] Na versão original do poema, o verso 8 tinha nove sílabas, deslocando – não sem expressividade – o acento médio para a 6ª sílaba.

"It would be a mistake", escreveu T. S. Eliot, "(...) to assume that all poetry ought to be melodius (...) Some poetry is meant to be sung; *most poetry, in modern times, is meant to be spoken* (...)."[4] "Poema de sete faces" não é seguramente "poesia para ser cantada"; a rigor, não é sequer poesia para ser *falada* – é antes um texto para ser *lido*. Quando se constata a leveza desses ritmos "quebrados", surpreende que a versificação de Drummond tenha sido durante tanto tempo criticada. Como, na verdade, censurar o poeta por haver expressado num verso musicalmente "desajeitado" (v. 3) a própria ideia da... *gaucherie*, isto é, da *falta* de jeito?

A primeira estrofe – ou "face" – da abertura de *Alguma Poesia* se abre, por sua vez, com o tema do desajeitamento vital do poeta. Uma *gaucherie* ridícula, maldição de um obscuro anjo torto – a versão drummondiana do gênio incompreendido e solitário. Nessa modificação do topos do criador maldito, Drummond substitui a idealização e a atmosfera trágica – tão visíveis nos românticos como Byron ou Vigny, mas ainda sensíveis em Baudelaire (*"L'Albatros"*) ou Mallarmé (*"Toast Funèbre"*, *"Tombeau d'Edgar Poe"*) pelo gosto inteiramente moderno do *grotesco*. Em lugar do Poeta com maiúscula, titã exilado entre os homens, que

ses ailes de géant... empêchent de marcher

em lugar do *"splendide génie éternel"*, desafiador *"magnifique, total et solitaire"* de *"son siècle épouvanté"* (Mallarmé) – em lugar do demiurgo poderoso, votado à glória (ainda que póstuma), não temos senão um pobre coitado, segundo sua própria confissão, fraco (v. 18-20), esmagado pela força dos outros (v. 13-17). *O humor de Drummond consegue de saída a metamorfose do pathos tragicizante da literatura do século XIX em perspectiva grotesca*. O próprio afastamento em relação ao modelo tópico (o poeta maldito) contribui

---

[4] "The Music of Poetry" (1942). In: T. S. Eliot, *On Poetry and Poets*. Londres, Faber, 1957, p. 32. O destaque é nosso.

para o efeito antitrágico; pois é possível ler o poema como uma *paródia* do topos, já que, por outro lado, o espírito da paródia está, conforme nota Hugo Friedrich, no cerne da poesia moderna.[5]

Entretanto, é preciso não confundir a perspectiva grotesca com a visão cômica. O estilo grotesco se serve da comicidade como arma antitrágica, mas não elimina a consideração séria, *problemática* do mundo. O humor grotesco nada tem de irônico; não ridiculariza seu objeto a partir de uma certeza superior tranquilizadora. Isso é bem evidente no "Poema de sete faces". Os elementos de conotação cômica (p. ex., v. 1, 4-5, 21-22) não chegam a suprimir a atitude elegíaca ou angustiada, explícita na apóstrofe da quinta estrofe, mas na verdade subentendida em todo o poema; na problematização dos costumes (2ª e 3ª estrofes), no contraste entre a seriedade "burguesa" e a debilidade do ego lírico (v. 13-20), na afirmação final do "coração" separado do "mundo" (v. 24-25) e enfim no epílogo sentimental (7ª estrofe). Instala-se também, entre o riso e a preocupação, a comédia e o problema vivido, uma ambiguidade que o poema se inclina antes a explorar que a resolver.

Estilisticamente, o uso dessa ambiguidade psicológica impõe a ruptura do desenvolvimento lírico no sentido tradicional. Desde a segunda estrofe, intervém brusca mudança no tempo e lugar; nenhuma transição entre o enunciado da maldição do poeta e as duas cenas coletivas (v. 4-7 e 8-9) começadas pela prosopopeia-blague

*As casas espiam os homens
que correm atrás de mulheres.*

A apóstrofe (v. 18-20) é também deflagrada repentinamente, após uma segunda notação "objetiva": o retrato do homem de bigode. Drummond não constrói seu poema através de um *continuum* do desenvolvimento lógico; fiel

---

[5] Hugo Friedrich, *Estructura de la Lírica Moderna*. Barcelona, Seix Barral, 1959, p. 97-98.

ao "polimorfismo" pregado por Mário de Andrade,[6] ele presta homenagem ao simultaneísmo cubo-futurista, estética da descontinuidade. Seu "poema de sete faces" é o equivalente literário de uma imagem cubista.

Quando o esteta husserliano Roman Ingarden elaborou a concepção da obra literária como sistema formado de várias "camadas" intencionais,[7] colocou um *stratum* dos "objetos representados" logo após o das "unidades de significação". A camada dos objetos representados é o "mundo" do narrador, o conjunto de pessoas, *décors*, situações apreendidas pelo leitor com a ajuda dos sintagmas ou discurso literário (as "unidades de significação"). Nada impede que se aplique esta noção à estratificação do texto lírico; por mais que o objetivismo narrativo esteja ausente do processo lírico, há uma visualização imaginária, um "mundo" representado a partir de todo discurso lírico (com a única exceção, talvez, do gênero sentencioso em estado puro).

Ora, o que caracteriza nosso poema "cubista" é a alteração violenta do *stratum* dos objetos representados – é a mudança abrupta da "cena" lírica. Acabávamos justamente de visualizar o anjo amaldiçoando o pobre poeta, e eis senão quando deparamos inadvertidamente uma "tomada" de rua, tão realista quanto a outra era simbólica. *A camada dos objetos representados é afetada por uma forte descontinuidade.* Michael Riffaterre define o contexto estilístico – no nível linguístico – por sua natureza *não associativa*: "o contexto é um modelo linguístico interrompido por um elemento que é imprevisível"[8] (por exemplo, *"cette obscure clarté"*... do Cid). Seríamos tentados a dizer que a literatura moderna de tendência

---

[6] Ver *A Escrava que não é Isaura* (1924). In: Mário de Andrade, *Obra Imatura*. São Paulo, Martins, s/d, p. 256-65.

[7] Roman Ingarden, *Das Literarische Kunstwerk*. 2ª ed. Tübingen, Max Niemeyer, 1960, p. 25 e passim. Ver também René Wellek e Austin Warren, *Theory of Literature* (1948). 2ª ed. Nova York, Harcourt, Brace and Co., 1948, p. 139-40.

[8] Michael Riffaterre, *Essais de Stylistique Structurale*. Paris, Flammarion, 1971, p. 57.

radical, cubo-surrealista, leva a presença do contexto estilístico, não associativo (não associativo logicamente, bem entendido) do nível linguístico ao nível da imaginação leitora.

A estética simultaneísta é igualmente a fonte de certos procedimentos estilísticos específicos, como a falta de pontuação em

pernas brancas pretas amarelas

– procedimento frequente no primeiro Drummond. Mas a predominância do interesse moral persegue incessantemente os traços descritivos: a pergunta do coração (v. 10) sucedendo à imagem do bonde cheio de pernas é o melhor exemplo. Os dois versos seguintes (11-12) –

*Porém meus olhos
não perguntam nada.*

são uma espécie de litotes verdadeiramente mineira (no estereótipo das pessoas de Minas, a dissimulação é um traço bem acentuado). Seria preciso inscrever ego entre os sujeitos dos "desejos" do verso 9? Em todo o caso, seus olhos se opõem ao coração: a sensualidade da percepção à pureza do sentimento; esta é a primeira das psicomaquias drummondianas. As três últimas estrofes nos restituem ao primado do tema do ego. O poeta antidemiurgo (v. 18-20) faz uma blague profunda:

*Mundo mundo vasto mundo
se eu me chamasse Raimundo
seria uma rima, não seria uma solução.*

As rimas não são soluções existenciais; à maneira do "poema-piada" (nome dado por Sérgio Milliet à blague modernista, muito generalizada nas primeiras fases do movimento), a estrofe condena o esteticismo, ovelha negra das vanguardas, fartas do beletrismo neoparnasiano da *Belle Époque*. Entretanto, antes que um pudor tipicamente moderno – máscara do horror ao sentimentalismo – vele, com um tom zombeteiro, sua última estrofe, o coração "mais vasto que o mundo" (v. 24-25) emerge da blague para fechar o poema. A mímese cubista ratifica o pálido eco de um mito romântico: o mito da fantasia cosmogônica, da subjetividade repositório do belo e do verdadeiro.

O cubismo literário do "Poema de sete faces" não é o estilo – longe disso – de todo o livro. A técnica de "Construção" (AP, 55) –

1 *Um grito pula no ar como foguete.*
Vem da paisagem de barro úmido, caliça e
 andaimes hirtos.
O sol cai sobre as coisas, em placa fervendo.
O sorveteiro corta *a rua.*
5 *E o vento* brinca *nos bigodes do construtor.*

lembra o despojamento de certos poemas de Bandeira;[9] um descritivismo que se abstém de todo epíteto sentimental compensa essa sobriedade mediante comparações desenvolvidas (v. 1) ou metafóricas (expressões em destaque dos v. 3, 4 e 5). A continuidade da cena lírica (ou "mundo dos objetos representados") é evidentemente preservada, da mesma maneira que na maior parte das peças do livro.

Mas este "lirismo da vida cotidiana" não tem sempre a neutralidade afetiva de "Construção": como em Bandeira (ver, por exemplo, "Pensão familiar", loc. cit.), assume por vezes uma coloração satírica. Além disso, o humor de Drummond, bem mais corrosivo que o de Bandeira (a tal ponto que um crítico quis subordinar toda a sua poesia à vontade de corrosão)[10] transforma, com bastante frequência, a fotografia da realidade cotidiana em lirismo crítico. "Casamento do céu e do inferno" (AP, 54) é um instantâneo retocado completamente pela imaginação humorística –

---

[9] Ver, por exemplo, "Pensão familiar", de *Libertinagem* (*Estrela da Vida Inteira*, p. 105) ou "Maçã", de *Lira dos Cinquent'anos* (ib., p. 157).

[10] Luís Costa Lima, *Lira e Antilira (Mário, Drummond, Cabral)*. Rio de Janeiro, Civilização Brasileira, 1968; ver o cap. 2: "O princípio-corrosão na poesia de Carlos Drummond", p. 133-236.

1   *No azul do céu de metileno*
    a lua irônica
    diurética
    é uma gravura de sala de jantar.

5   *Anjos da guarda em expedição noturna*
    velam sonos púberes
    espantando mosquitos
    de cortinados e grinaldas.

    Pela escada em espiral
10 *diz-que tem virgens tresmalhadas*
    incorporadas à via-láctea,
    vaga-lumeando...

    Por uma frincha
    o diabo espreita com o olho torto.

15 *Diabo tem uma luneta*
    que varre léguas de sete léguas
    e tem o ouvido fino
    que nem violino.

    São Pedro dorme
20 *e o relógio do céu ronca mecânico.*

    Diabo espreita por uma frincha.
    Lá embaixo
    suspiram bocas machucadas.
    Suspiram rezas? Suspiram manso,
25 *de amor.*
    E os corpos enrolados
    ficam mais enrolados ainda
    e a carne penetra na carne.

    Que a vontade de Deus se cumpra!
30 *Tirante Laura e talvez Beatriz,*
    o resto vai para o inferno.

O contraste com a técnica cubista do "Poema de sete faces" salta aos olhos. O "Casamento" é dividido em blocos perfeitamente transitivos; a cena lírica é unitária. Reencontramos, em compensação, a atmosfera de paródia do primeiro poema. A lua romântica se vê reduzida a uma atroz gravura pequeno-burguesa, os anjos expedicionários e o título mesmo do poema são uma piscadela para o universo mítico de William Blake. As virgens celestes extraviadas evocam com sarcasmo a imagem de sucesso de um soneto arquiconhecido do rei dos parnasianos, Olavo Bilac (1865-1918), enfim, os elementos lendários do catolicismo popular (anjos da guarda, o diabo da feira, o São Pedro porteiro do céu) são tratados de maneira cômica. E, no entanto, no 22º verso, mergulhamos na ambiguidade: a pilhéria cede lugar a outro tom, não tragicizante, certamente, mas de modo algum cômico. Se bem que não haja desta vez qualquer nota elegíaca, qualquer "comentário" sentimental, a hegemonia do cômico não é menos comprometida. A perspectiva grotesca reaparece.

Ainda mais do que no "Poema de sete faces", a ótica grotesca se articula aqui por intermédio de um fenômeno estilístico capital: a "mescla dos estilos" (*Stilmischung*) teorizada pelo grande romanista Erich Auerbach.[11] Sabe-se que os antigos e o classicismo distinguiram três níveis de estilo *(gravis stylus, mediocrus stylus, humilis stylus,* na célebre "roda de Virgílio"); segundo esta classificação normativa, a realidade cotidiana e prática, enquanto objeto da literatura, só tinha lugar nos níveis de estilo médio e baixo, isto é, nos registros do leve-pitoresco ou do cômico-vulgar. Ora, duas vezes na história – em primeiro lugar com a literatura cristã da Idade Média, depois com o romance realista do século XIX – a hierarquia dos três níveis foi invertida. Desde Balzac e Stendhal, o romance erige pessoas e coisas vulgares "em objetos de representação *séria, problemática*, até mesmo trágica". (Auerbach; grifado por nós). Aplicando a maneira *sublime* a assuntos prosaicos e rotineiros, a literatura realista

---

[11] Erich Auerbach, *Mimesis: La Representación de la Realidad en la Literatura Occidental*. México, Fondo de Cultura Económica, 1950; passim, e mais especialmente p. 522-24. Para a extensão do conceito de *Stilmischung* ao lirismo, ver do mesmo autor "The Aesthetic Dignity of the *Fleurs du Mal*". In: *Scenes from the Drama of European Literature*. Nova York, Meridian Books, p. 201-26.

se torna *séria* (ib.); assim fazendo, do ponto de vista da doutrina dos níveis, ela *mescla* os estilos.

Uma grande parte da importância de Baudelaire, em seu papel de fundador do lirismo moderno, vem do fato de introduzir a mescla dos estilos na poesia. A série dos *Spleens* regurgita de justaposições de tom sublime e assunto vulgar. De Lautréamont e Rimbaud aos nossos dias, a poesia ocidental, obcecada pelo espírito de paródia, foi ainda mais longe no caminho do estilo mesclado. Ao mesmo tempo, a perspectiva grotesca relegou o *pathos* sublime, retendo dele apenas o sentido do problemático. A "vacuidade do ideal"[12] – o desengano ideológico da tradição moderna – desacreditou pouco a pouco a eloquência do sublime.

Naturalmente, a dinâmica do estilo mesclado foi amplamente favorecida pelo advento do que Spitzer chama a "democracia" das palavras e das coisas na literatura de nosso século. O mesmo Spitzer considera a abolição dos privilégios no reino das palavras um prolongamento da *Stilmischung* de Auerbach.[13] O "Casamento do céu e do inferno" é particularmente rico em matéria de mescla; o poema oferece muitas coisas e palavras não "poéticas". O "céu de metileno", a lua estilo gravura barata, os mosquitos são *res triviales,* indignas de um texto sério segundo as normas clássicas, enquanto "diurética", "tresmalhadas" e "rouca" do mesmo modo que as expressões coloquiais[14] e populares como "diz-que" ou "que nem" são *verba* "impróprias". Notar-se-á, além disso, que o ritmo sincopado das estrofes, cheio de *enjambements* enérgicos (v. 1-2, 3-4, 5-6, 7-8, 26-27), confere posições bem marcadas a essas "impurezas".

---

[12] Hugo Friedrich, *Estructura de la Lírica Moderna*, p. 68-71.

[13] Leo Spitzer, "La Enumeración Caótica en la Poesía Moderna". In: *Linguística e Historia Literaria*. Madrid, Gredos, 1955, p. 343.

[14] Já havia coloquialismo no "Poema de sete faces": "comovido como o diabo" (v. 29). Ver a esse respeito Antônio Houaiss, *Seis Poetas e um Problema*. Rio de Janeiro, Ministério da Educação e Cultura, 1960, p. 65 e passim.

Drummond chega mesmo a roçar a teoria do estilo mesclado (mais tarde, como veremos, chegará a formulá-la com toda a clareza). Desde seu primeiro livro, sabe que o petrarquismo banalizado pertence à pré-história do estilo:

> *Eu também já fui poeta.*
> *Bastava olhar para mulher,*
> *pensava logo nas estrelas*
> *e outros substantivos celestes.*
> *Mas eram tantas, o céu tamanho,*
> *minha poesia perturbou-se.*
>
> ("Também já fui brasileiro", AP, 55)

Não são esses "substantivos celestes" uma clara alusão ao vocabulário "poético" da literatura tradicionalista, reservada aos assuntos convencionais, como a idealização da mulher amada?

A alternância dos poemas grotescos de estilo mesclado e das peças puramente satíricas ou cômicas dá o tom a *Alguma Poesia*. A aliança de estilo mesclado com a técnica cubista do "Poema de sete faces" continuará excepcional. Temas característicos do modernismo, como a crítica ao fascínio alienatório da "supercivilização" europeia, recebem um tratamento francamente satírico. O poeta não usa de rodeios:

> *Para mim, de todas as burrices a maior é suspirar*
> *   [pela Europa.*
>
> ("Explicação", AP, 77)

diverte-se à custa dos ídolos da cultura acadêmica de além-mar:

> *Estou de luto por Anatole*
> *France, o de* Thaïs, *joia soberba.*
> *Não há cocaína, não há morfina*
> *igual a essa divina*
> *papa-fina.*
>
> ("Fuga", AP, 67)

Sua agenda de viagens (sonhadas) é implacável. Eis o Império britânico:

> *Milhões de dorsos agachados em colônias longínquas*
> *[formam um tapete para Sua Graciosa Majestade*
> *[Britânica pisar.*
>
> ("Europa, França e Bahia", AP, 56)

A Itália fascista:

> *A Itália explora conscienciosamente vulcões apagados*
> *vulcões que nunca estiveram acesos*
> *a não ser na cabeça de Mussolini.*
>
> (Ib.)

Para o futuro tradutor de Molière, Laclos, Balzac, Proust e Mauriac, impregnado até os ossos, como todos os intelectuais brasileiros, das letras francesas,[15] já França significa antes de tudo "a" cultura –

> *e a água suja do Sena escorrendo sabedoria.*
>
> (Ib.)

Declarando-se contra um dos mais fortes fetiches da cultura de elite brasileira: seu mimetismo estéril e despersonalizante em relação à Europa, a sátira de Drummond reencontra o aboriginismo iconoclasta do movimento da Antropofagia (1928),[16] cujo grande cacique, Oswald de Andrade, pregava a comemoração do 11 de outubro, *verdadeiro* dia da América, porque véspera da chegada de Colombo... A ideia "antropofágica" (no sentido ideológico e não etnológico, sublinhando as conotações "selvagens") estava no ar na vanguarda, como bem o atesta o *"Manifeste*

---

[15] Até – e inclusive – o modernismo, os intelectuais brasileiros se nutrem quase que exclusivamente – com raras exceções – de leituras francesas.

[16] Sabemos, por outro lado, que ele colaborou na *Revista de Antropofagia*. Sabe-se que o primitivismo "rousseauísta" (o revolucionarismo de Oswald apelava para Jean-Jacques) da Antropofagia, antiacademicismo de tendência cosmopolita, se opôs ao nacional-primitivismo da ala direita do modernismo paulista dos grupos Verdamarelo (1925) e Anta (1927), que eram xenófobos e, no plano social, conservadores.

Cannibale" de Picabia, publicado no sétimo boletim *Dada* (março, 1920).[17] Mas o modernismo radical de Oswald a aprofundou intuitivamente associando-a a uma atitude teórica tradicional nos estudos brasileiros: a crítica ao europeísmo mórbido das elites, hipnotizadas pelos valores europeus (é a doença do "transoceanismo", diagnosticada pelo historiador Capistrano de Abreu).

Bem modernista também é a ternura pela terra, o amor a Minas ("Lanterna mágica", AP, 57), Minas de Itabira, é certo, mas também de Belo Horizonte, e das cidades barrocas da época colonial. A província é em primeiro lugar a infância, a infância bucólica e patriarcal, discretamente feliz –

Meu pai montava a cavalo, ia para o campo.
Minha mãe ficava sentada cosendo.
Meu irmão pequeno dormia.
Eu sozinho menino entre mangueiras
lia a história de Robinson Crusoé,
comprida história que não acaba mais.

No meio-dia branco de luz uma voz que aprendeu
a ninar nos longes da senzala – e nunca se esqueceu
chamava para o café.
Café preto que nem a preta velha
café gostoso
café bom.

Mas é também um certo estilo de vida, sob a ameaça cada vez mais agressiva da modernização traumatizante. Em Sabará, por exemplo,

O presente vem de mansinho
de repente dá um salto:
cartaz de cinema com fita americana.

E o trem bufando na ponte preta
é um bicho comendo as casas velhas.

("Lanterna mágica")

---

[17] Heitor Martins, "Canibais Europeus e Antropófagos Brasileiros". *Suplemento Literário do Minas Gerais*, 16 de novembro de 1968.

A poesia de Drummond é o lirismo mais antifuturista que se possa imaginar. A modernização nunca é por si mesma matéria de apologia; ela não é celebrada, é *sofrida*. O progresso começa com a brutalização dos costumes. No Natal,

> As beatas ajoelharam
> e adoraram o deus nuzinho
> mas as filhas das beatas
> e os namorados das filhas,
> mas as filhas das beatas
> foram dançar black-bottom
> nos clubes sem presépio.
> ("O que fizeram do Natal", AP, 61)

O espaço natural da vida moderna – a grande cidade – é um objeto ambivalente, ao mesmo tempo desejado e rejeitado.

> No elevador penso na roça,
> na roça penso no elevador.
> ("Explicação")

E a grande cidade não é a adolescente Belo Horizonte, é o Rio, o Rio elétrico, impudico, astuto, criminoso. Babilônia repugnante e sedutora:

> Fios nervos riscos faíscas.
> As cores nascem e morrem
> com impudor violento.
> Onde meu vermelho? Virou cinza.
> Passou a boa! Peço a palavra!
> Meus amigos todos estão satisfeitos
> com a vida dos outros.
> Fútil nas sorveterias.
> Pedante nas livrarias...
> Nas praias nu nu nu nu nu.
> Tu tu tu tu tu no meu coração.
> Mas tantos assassinatos, meu Deus.
> E tantos adultérios também.
> E tantos tantíssimos contos-do-vigário...
> (Este povo quer me passar a perna.)
>
> Meu coração vai molemente dentro do táxi.
> ("Lanterna mágica", seção VII)

I. DA "VIDA BESTA" AO SENTIMENTO DO MUNDO

A pintura do espaço existencial da *urbs, theatrum mundi* por excelência das letras ocidentais desde Balzac e Baudelaire, tema favorito das melhores narrações de um Oswald de Andrade *(Memórias Sentimentais de João Miramar,* 1924; *Serafim Ponte Grande,* 1933), de um Graciliano Ramos *(Angústia,* 1936), de um Ciro dos Anjos *(O Amanuense Belmiro,* 1937), quadro social inspirador do lirismo de Bandeira, Mário de Andrade ou Murilo Mendes, ganhará com Drummond uma excepcional acuidade. Não cessaremos de encontrá-la ao longo de toda a sua poesia.

Em Bandeira e Drummond, sentia Mário de Andrade um "individualismo exacerbado", associado a um fortíssimo evasionismo.[18] Trinta anos antes das observações do filósofo austríaco Ernst Fischer sobre a diferença entre a nostalgia dos românticos como Novalis e a paixão da partida rumo ao desconhecido e ao novo em Baudelaire ("*Le Voyage*"),[19] Mário discernira com finura o "não meamolismo" dos modernos do "saudosismo" romântico. A terra da promissão de Bandeira, a Pasárgada de *Libertinagem,* só pode existir na fantasia, lá onde "a existência é uma aventura" totalmente "inconsequente".[20] No fundo, o evasionismo moderno conhece sua impotência; sabe-se ferido de morte pela "vacuidade do ideal". Assim, não lhe resta senão o gosto agridoce da evasão sem destino, a embriaguez da rebelião sem amanhã. É justamente esse o estado de alma do quase-suicida de "Política" (AP, 63) –

> *... teve vontade de se atirar*
> *(só vontade).*
> *Depois voltou para casa*
> *livre, sem correntes*
> *muito livre, infinitamente*
> *livre livre livre que nem uma besta*
> *que nem uma coisa.*

---

[18] Mário de Andrade, "A Poesia em 30" (ver nota 3), passim.
[19] Ernst Fischer, *The Necessity of Art*. Londres, Penguin, 1963.
[20] Manuel Bandeira, *Estrela da Vida Inteira*, p. 127.

> *Meus paralíticos sonhos desgosto de viver*
> *(a vida para mim é vontade de morrer)*

murmura um poema escrito na primeira pessoa, "Coração numeroso" (AP, 65). O individualismo coriáceo de Drummond insiste na solidão irredutível, moral e socialmente irrecuperável –

> *Eu também já fui brasileiro*
> *moreno como vocês.*
> *Ponteei viola, guiei forde*
> *e aprendi na mesa dos bares*
> *que o nacionalismo é uma virtude.*
> *Mas há uma hora em que os bares se fecham*
> *e todas as virtudes se negam.*
> ("Também já fui brasileiro")

Ele será sempre o *outsider*, o que caricatura o general em plena guerra, sob a "indignação cívica" dos outros... ("Outubro 1930", AP, 75).

Entretanto, há que observar que a vacuidade do ideal não poupa também o mito do solitário eternamente melancólico, "tragicamente taciturno", à maneira do *homo romanticus* de Vossler. A desconfiança do espírito moderno em relação a toda forma de idealização mitológica desemboca num realismo integral: ao lado da melancolia evasionista, ao lado do motivo da vida impossível, Drummond cantará, embora com reservas irônicas, a felicidade intimista do lar burguês –

> *Quebra-luz, aconchego.*
> *Teu braço morno me envolvendo.*
> *A fumaça de meu cachimbo subindo.*
>
> *Como estou bem nesta poltrona de humorista inglês.*
>
> *O jornal conta histórias, mentiras...*
> *Ora, afinal a vida é um bruto romance*
> *e nós vivemos folhetins sem o saber.*
>
> *Mas surge o imenso chá com torradas,*
> *chá de minha burguesia contente,*
> *Ó gozo de minha poltrona!*

> Ó doçura de folhetim!
> Ó bocejo de felicidade!
>
> ("Sweet home", AP, 64)

"*Sweet Home*" é dedicado a Ribeiro Couto (1898--1963), um dos mestres do lirismo "penumbrista", isto é, do intimismo neossimbolista e crepuscular da *Belle Époque,* que o próprio Bandeira cultivara nos seus primeiros livros. Ligadíssimo a Bandeira, Ribeiro Couto conservou bastante do estilo penumbrista no seu período modernista; é um mestre do que se poderia chamar modernismo de adaptação. Em Drummond, entretanto, o intimismo é de algum modo minado por dentro. Isso é já visível no nível fônico: o vago, a surdina, o evanescente da melopeia crepuscular cedem lugar a uma expressão precisa, afirmativa, onde os versos de elocução rápida e as exclamações sublinham a vontade de fruir uma beatitude lucidamente denunciada – *a priori* – como alienação.

Em semelhantes composições, os efeitos sentimentais são, por assim dizer, submetidos a uma "epochê lírica"; o sentimentalismo não é negado, é apenas posto entre parênteses; o olhar do poeta, o olhar do ego "falante" no poema, produz uma espécie de fenomenologia crítica da experiência emocional, fatal para a expressão direta, ingênua, dos sentimentos. Como vimos nas últimas estrofes do "Poema de sete faces", *a emoção não está ausente – é, antes, contida por "efeitos de distanciamento" à Brecht, que introduzem uma distância crítica entre a confissão sentimental e o impacto final do poema sobre o leitor.* Na medida em que o ego lírico vive (de modo lúcido) várias posturas da sentimentalidade média, submetida às alienações do nosso tempo, esses "dissolventes" empregados por Drummond decorrem de um realismo consumado.

De quando em quando, a perfeição do "quadro" realista lhe permite esquivar todo comentário que vise ao efeito de distanciamento; há em Drummond efeitos de distanciamento subentendidos, uma arte do *understatement* mineiríssima e de que "Família" (AP, 69) é talvez a melhor ilustração:

> Três meninos e duas meninas,
> sendo uma ainda de colo.
> A cozinheira preta, a copeira mulata,
> o papagaio, o gato, o cachorro,
> as galinhas gordas no palmo de horta
> e a mulher que trata de tudo.
>
> A espreguiçadeira, a cama, a gangorra,
> o cigarro, o trabalho, a reza,
> a goiaba na sobremesa de domingo,
> o palito nos dentes contentes,
> o gramofone rouco toda a noite
> e a mulher que trata de tudo.
>
> O agiota, o leiteiro, o turco,
> o médico uma vez por mês,
> o bilhete todas as semanas
> branco! mas a esperança sempre verde.
> A mulher que trata de tudo
> e a felicidade.

Nesse lirismo da *antiempatia*, a poesia se vota com toda a evidência a uma empresa de demolição ideológica. Quando a demolição implícita se torna explícita, o verso drummondiano chega à *sátira*. Então os mitos e ritos do *establishment* burguês são alvo de uma ironia devastadora, tanto mais sutil por preferir a sátira de Drummond às invectivas vociferantes o humor das entrelinhas. Essas invectivas encontraram seu cânon modernista com a "Ode ao burguês" de *Pauliceia Desvairada* de Mário de Andrade.[21] Como estamos longe destas apóstrofes estridentes, desta retórica do insulto:

> Come! Come-te a ti mesmo, ó gelatina pasma!
> Ó purée de batatas morais!
> Ó cabelos nas ventas! ó carecas!
> Ódio aos temperamentos regulares!

---

[21] Mário de Andrade, *Poesias Completas*. São Paulo, Martins, s/d, p. 45.

> Ódio aos relógios musculares! Morte à infâmia!
> Ódio à soma! Ódio aos secos e molhados!

na ironia *pince-sans-rire* dos contos secos como "Sociedade" (AP, 73), radiografia da hipocrisia mundana, ou como "Quadrilha" (AP, 69) –

> João amava Teresa que amava Raimundo
> que amava Maria que amava Joaquim que amava Lili
> que não amava ninguém.
> João foi para os Estados Unidos, Teresa para o convento,
> Raimundo morreu de desastre, Maria ficou para tia,
> Joaquim suicidou-se e Lili casou com J. Pinto Fernandes
> que não tinha entrado na história.

"Quadrilha" é o modelo do poema-piada modernista; estruturalmente, "Papai Noel às avessas" (AP, 68) – em que Papai Noel rouba brinquedos em vez de dá-los – não é senão um poema-piada desenvolvido. "O sobrevivente" (AP, 70) lança um olhar sem condescendência à Huxley sobre a mitologia do progresso tecnológico –

> Há máquinas terrivelmente complicadas para as
>   [necessidades mais simples.
> Se quer fumar um charuto aperte um botão.
> Paletós abotoam-se por eletricidade.
> Amor se faz pelo sem-fio.
> Não precisa estômago para digestão.

Estas peças satíricas utilizam geralmente o verso e as estrofes livres, de ritmo variado. Nos poemas em que a experiência humana não está sujeita à distância crítica, o ritmo se inclina ao isomorfismo, que, por vezes, coexiste com a ausência do esquema métrico regular (com versos livres incidentes); é o caso sobretudo de "Iniciação amorosa" (AP, 71) –

> 1 A rede entre duas mangueiras
>   balançava no mundo profundo.
>   O dia era quente, sem vento.
>   O sol lá em cima,
> 5 as folhas no meio,
>   o dia era quente.

> E como eu não tinha nada que fazer vivia
> [namorando as pernas morenas da lavadeira.
>
> Um dia ela veio para a rede,
> se enroscou nos meus braços,
> 10 me deu um abraço,
> me deu as maminhas
> que eram só minhas.
>
> A rede virou,
> o mundo afundou
> 15 Depois fui para a cama
> febre 40 graus febre.
> Uma lavadeira imensa, com duas tetas imensas,
> [girava no espaço verde.

Ainda aqui, nada de evocação "sentimental". Esquivando as aderências "poéticas", o poema escolhe a narrativa austera. A narração por sua vez se concentra no essencial, submetendo a paisagem (tão despojada quanto a de "Infância", q.v.) à funcionalidade do "momento" lírico.²² Somente o ritmo dos pentassílabos (v. 4-6, 10-12) "acalenta" o discurso, assinalando de início o langor da rede sob a canícula e, em seguida, a embriaguez dos sentidos. Subitamente, na penúltima estrofe, o mesmo ritmo cai numa admirável hipérbole, prefigurando o delírio do fim:

> A rede virou
> o mundo afundou.

O metro curto elástico, habilmente disposto em torno de um núcleo-refrão, fornece a armadura musical de "Sesta" (AP, 74)

> A família mineira
> está quentando sol

---

²² Esta estratégia coloca sob controle a dinâmica própria da narração; obriga à renúncia do detalhe da ação desencadeada em benefício da *stasis* que é o conteúdo emocional da ação. A propósito do papel (central) da simbolização na lírica, ver Kenneth Burke, *A Grammar of Motives* (1945). Nova York, Meridian Books, 1962, p. 475-76.

sentada no chão
calada e feliz.
....
A família mineira
está comendo banana.

A filha mais velha
coça uma pereba
bem acima do joelho.
A saia não esconde
a coxa morena
sólida construída,
mas ninguém repara.
Os olhos se perdem
na linha ondulada
do horizonte próximo
(a cerca da horta).
A família mineira
olha para dentro.

O filho mais velho
canta uma cantiga
nem triste nem alegre,
uma cantiga apenas
mole que adormece.
Só um mosquito rápido
mostra inquietação.

O filho mais moço
ergue o braço rude
enxota o importuno.
A família mineira
está dormindo ao sol.

 Este poema alia o motivo da "vida besta" ao tema já mencionado da família patriarcal. O que chamamos "epochê lírica" não está ausente. E, não obstante, nenhuma interpretação unívoca parece possível. O laconismo emocional não é forçosamente anti-ideológico; pode resultar também desse pudor moderno que já vimos atuar no final do "Poema de sete faces".

Em Drummond, todo lirismo anti-ideológico é também antipatético; mas a recíproca não é verdadeira. "Sesta" é um pouco o prelúdio de toda uma apologia (embora tácita) da vida familiar, cujo coroamento será "A mesa" (CE, 267). *O motivo da vida besta é ao mesmo tempo edênico e denunciador.* Adulta, a vida besta é uma conduta alienada, a marca de uma situação de classe e de um estilo de civilização no nível da existência cotidiana, grande tema da poesia realista; infantil ou "adolescente – mesmo sem ser idealizada – ela exala o perfume nostálgico dos *verts paradis,* dessa idade de ouro itabirana que corresponde, em Drummond, ao Recife dos avós na poesia de Bandeira.

A voz lírica de *Alguma Poesia* ainda fala em nome do conceito romântico e idealista da subjetividade metafísica, da consciência-coração "mais vasto que o mundo". O correlato estético desta filosofia é a ideia de que a poesia reside "na vida". A poesia não é uma arte, é uma dimensão dos seres ou dos acontecimentos.

> *Gastei uma hora pensando um verso*
> *que a pena não quer escrever.*
> *No entanto ele está cá dentro*
> *inquieto, vivo.*
> *Ele está cá dentro*
> *e não quer sair.*
> *Mas a poesia deste momento*
> *inunda minha vida inteira.*
>
> ("Poesia", AP, 65)

– dirá Drummond (uma outra composição se intitula significativamente "Poema que aconteceu" – AP, 62).

A poesia surge quando o universo se torna insólito, enigmático, embaraçoso – quando a vida já não é mais evidente. Neste sentido, a poética do primeiro Drummond é bem a peça de escândalo "No meio do caminho" (AP, 61) –

> *No meio do caminho tinha uma pedra*
> *tinha uma pedra no meio do caminho*
> *tinha uma pedra*
> *no meio do caminho tinha uma pedra.*

> *Nunca me esquecerei desse acontecimento*
> *na vida de minhas retinas tão fatigadas.*
> *Nunca me esquecerei que no meio do caminho*
> *tinha uma pedra*
> *tinha uma pedra no meio do caminho*
> *no meio do caminho tinha uma pedra.*

O crítico Antonio Candido viu na leitura ambígua do terceiro verso (fim do segundo sintagma, ou começo do terceiro) um símbolo do obstáculo,[23] deste incontornável obstáculo designado, até à obsessão, pelo poema.

Desse modo se afirma em *Alguma Poesia* uma teoria da poesia-acontecimento. Bandeira não tardará a propor em *Belo Belo* (1948), o poema "sujo pela vida": poético é o que ofende e ameaça o equilíbrio filisteu da existência; a poesia é a ferida do vivido.[24] Na mesma época Mário de Andrade se bate pela distinção entre "arte" e "lirismo": a poesia é o resultado do trabalho consciente (arte) sobre os dados em bruto do vivido (lirismo).[25]

Vê-se o progresso que uma tal poética representa em relação à egologia romântica. Com o precoce esquecimento em que caíram as especulações linguísticas de um Novalis,[26] o subjetivismo dos românticos acreditou a noção da poesia como pura *psicofania*: o mito da literatura como "expressão da alma" reinou muito tempo (e reina ainda no espírito das massas e em certo ensino elementar). Ora, a equação poesia-acontecimento desloca o acento da sacrossanta subjetividade para a realidade: tudo se passa como se o "vivido" escapara ao solipsismo, às ilusões do *cogito* narcisista. Na poética

---

[23] Antonio Candido, "Inquietudes na Poesia de Drummond". In: *Vários Escritos*. São Paulo, Livraria Duas Cidades, 1970, p. 103-104.

[24] Manuel Bandeira, *Estrela da Vida Inteira*, op. cit., p. 201.

[25] Mário de Andrade, "Prefácio Interessantíssimo a 'Pauliceia Desvairada'". In: *Poesias Completas*, cit., p. 17. Sobre a evolução da poética de Mário, ver Roberto Schwarz, *A Sereia e o Desconfiado*. Rio de Janeiro, Civilização Brasileira, 1965, p. 1-11.

[26] Sobre a relação íntima entre poesia e linguagem em Novalis, ver Maurice Blanchot, *L'Entretien Infini*. Paris, Galimard, 1971, p. 523.

do vivido-acontecimento, o sentido da complexidade do real se torna mais agudo. O lirismo se abre à consideração crítica do mundo, despede-se da falsa inocência da escrita.

Impossível compor um poema a essa altura da
[evolução da humanidade.

("O sobrevivente")

pensa o poeta, sem por esse motivo renunciar a escrever. O poema não passa de um veículo, a "poesia vem de fora".[27]

De fato, o progresso em relação ao romantismo é muito relativo. A poesia-acontecimento continua subordinada ao individualismo narcisista:

Meu verso é minha consolação.
Meu verso é minha cachaça. (...)
....

Para louvar a Deus como para aliviar o peito,
queixar o desprezo da morena, cantar minha vida e trabalhos
é que faço meu verso. E meu verso me agrada.

Meu verso me agrada sempre...
Ele às vezes tem o ar sem-vergonha de quem vai dar
[uma cambalhota,
mas não é para o público, é para mim mesmo essa cambalhota.
....

Se meu verso não deu certo, foi seu ouvido que entortou.
Eu não disse ao senhor que não sou senão poeta?

("Explicação")

Do mesmo modo o primeiro Drummond, revolucionando a técnica do lirismo e o estilo do verso, ampliando a concepção literária do mundo, continua fiel a uma certa metafísica da subjetividade e a uma concepção pré-técnica da poesia. Que sorte há de reservar a estes resíduos românticos a maturação de sua escrita?

---

[27] Antonio Candido. In: *Vários escritos*, cit., p. 114.

2. Brejo das Almas

O título do segundo tomo lírico de Drummond, *Brejo das Almas*, publicado em Belo Horizonte em 1934, é uma operação de salvamento onomástica: como esclarece uma epígrafe, Brejo das Almas era por volta de 1930 um próspero distrito de Minas, que exportava produtos agrícolas para a capital. Tendo o progresso do município suscitado o desejo de mudar-lhe o nome, que parecia insignificante, resolve o poeta preservá-lo no seu livro. A anedota traduz estupendamente a atitude drummondiana em relação às tendências "progressistas", cegas a todo valor estético, inclusive o pitoresco dos topônimos tradicionais.[28]

Brejo das Almas tem apenas a metade de poemas do primeiro livro: 26 contra 49. Neste pequeno volume, um tema chama imediatamente a atenção por sua amplitude – o tema do eu. Não se trata, bem entendido, do ego lírico, desse eu transcendental, a que na qualidade de linguagem da *subjetivação*, de discurso na 1ª pessoa,[29] o poema lírico não cessa de referir-se como a uma instância-mãe da fala; o eu em expansão é o eu empírico, que desdenha as *personae*, que se apresenta francamente como confissão biográfica. O tema do eu rege várias peças do *Brejo*, desde "Um homem e seu carnaval" (BA, 85), em que Drummond toma emprestado a Bandeira (*Carnaval*, 1919) o velho topos romântico da melancolia solitária no meio da alegria coletiva, até "O procurador do amor" (BA, 90) ou "Sombra das moças em flor" (BA, 95).

---

[28] O hábito de mudar o nome dos topônimos era muito divulgado no Brasil, quase sempre em detrimento do charme histórico e eufônico. Somente em Minas, a Vila Rica do século XVIII se tornou Ouro Preto; Curral del Rei, Belo Horizonte; Palmira, Santos Dumont; Figueira do Rio Doce foi atrozmente rebatizada: chama-se hoje Governador Valadares!

[29] Emil Staiger *(Grundbegriffe der Poetik*. Zurique, Atlantis, 1946, cap. 1, passim) insiste com razão na essência dinâmica do processo lírico; a poesia lírica não é pintura de uma interioridade qualquer, mas uma interiorização da realidade. A palavra-chave não é "subjetividade", mas *subjetivação*.

As confidências do eu, do mesmo modo que as outras linhas temáticas do livro, esposam quase sempre as técnicas de expressão ensaiadas em *Alguma Poesia*. O estilo mesclado entrega-se a *tournures* especiais: o zeugma semântico –

> *Perdi o bonde e a esperança.*
>
> ("Soneto da perdida esperança", BA, 84)

a aliança entre léxico nobre e vocabulário "baixo" –

> *Amor, a quanto me obrigas.*
> *De dorso curvo e olhar aceso,*
> *troto as avenidas neutras*
> *atrás da sombra que me inculcas.*
>
> ("O procurador do amor")

a imagística grotesca de feição surrealista –

> *Ela colhia margaridas*
> *quando eu passei. As margaridas eram*
> *os corações de seus namorados,*
> *que depois se transformavam em ostras*
> *e ela engolia em grupos de dez.*
>
> ("Registro civil", BA, 83)

a "enumeração caótica" (Spitzer), também surrealista –

> *Que barulho é esse na escada?*
> *É a torneira pingando água,*
> *é o lamento imperceptível*
> *de alguém que perdeu no jogo*
> *enquanto a banda de música*
> *vai baixando, baixando de tom.*
>
> *Que barulho é esse na escada?*
> *É a virgem com um trombone,*
> *a criança com um tambor,*
> *o bispo com uma campainha*
> *e alguém abafando o rumor*
> *que salta de meu coração.*
>
> ("Poema patético", BA, 87)

etc...

Brejo das Almas traz-nos também a justa colocação de um procedimento estilístico bastante enriquecedor no quadro do estilo mesclado: a associação semântica e/ou paronomástica, cognominada pelo maior especialista no estudo do estilo de Drummond, Othon Moacyr Garcia, jogo de "palavra puxa palavra".[30]

Sirva de exemplo a 3ª estrofe do poema "O amor bate na aorta" (BA, 85) –

> *O amor bate na porta*
> *o amor bate na aorta,*
> *fui abrir e me constipei.*
> *Cardíaco e melancólico,*
> *o amor ronca na horta*
> *entre pés de laranjeira*
> *entre uvas meio verdes*
> *e desejos já maduros.*

A paronomásia da rima porta/aorta (ela própria justificada pela associação semântica amor coração aorta) engendra por causa do eco (horta) novas imagens vegetais (pés de laranjeira, uvas), ao passo que o simbolismo moral ligado às uvas (uvas verdes) suscita a expressão "desejos maduros".

Passemos a um outro texto: o "paquera" de "O procurador do amor", após ter "caçado" em vão, põe-se a beber –

> *Desiludido ainda me iludo.*
> *Namoro a plumagem do galo*
> *no ouro pérfido do coquetel.*
> *Enquanto as mulheres cocoricam*
> *os homens engolem veneno.*
>
> *E faço este verso perverso,*
> *inútil, capenga e lúbrico.*
> *É possível que neste momento*

---

[30] Othon Moacyr Garcia, *Esfinge Clara: palavra-puxa-palavra em Carlos Drummond de Andrade*. Rio de Janeiro, Livraria S. José, 1955, p. 9. Para os poemas de BA, ver especialmente p. 30-34 e 44-51.

> *ela se ria de mim*
> *aqui, ali ou em Peiping.*
>
> Ora viva o amendoim.

"Coquetel" evoca, etimologicamente, "galo", e como este coquetel não é senão o "veneno" em que o "procurador" desiludido, "galo" que ficou sozinho, procura consolar-se do fracasso, "suas" mulheres "cocoricam", em lugar de cacarejar, isto é, elas desempenham irônicas o papel do homem – "galo"... "Amendoim", nota ainda Othon Moacyr Garcia (a quem pertencem as observações anteriores), foi provocado por coquetel, de que é o acompanhamento usual; mas ele remete também à crença popular nas suas virtudes afrodisíacas, lembrança sarcástica no fim de um poema sobre a frustração sexual. Acrescentemos que a rima interna verso / perverso surge de um associacionismo fônico que logo repercute em mim / Peiping / amendoim, e que o verso capenga parodia com o mesmo sarcasmo a deambulação frenética do pobre caçador sem caça, que, lembremo-nos, "trotava" nas avenidas.

Num terceiro poema, "Sombra das moças em flor" (BA, 95), reencontramos os "desejos / frutos maduros" condenados ao apodrecimento estéril:

> 1 *À sombra doce das moças em flor,*
> *gosto de deitar para descansar.*
> *É uma sombra verde, macia, vã,*
> *fruto escasso à beira da mão.*
> 5 *A mão não colhe... A sombra das moças*
> *esparramadas cobre todo o chão.*
>
> *As moças sorriem fora de você.*
> *Dentro de você há um desejo torto*
> *que elas não sabem. As moças em flor*
> 10 *estão rindo, dançando, flutuando no ar.*
> *O nome delas é uma carícia*
> *disfarçada.*
>
> *As moças vão casar e não é com você.*
> *Elas casam mesmo, inútil protestar.*

15   No meio da praça, no meio da roda
     há um cego querendo pegar um braço,
     todos os braços formam um laço,
     mas não se enforque nem se disperse
     nas mil análises proustianas,
20   meu filho.

     No meio da roda, debaixo da árvore,
     a sombra das moças penetra no cego,
     e o dia que nasce atrás das pupilas
     é vago e tranquilo como um domingo.
25   E todos os sinos batem no cego
     e todos os desejos morrem na sombra,
     frutos maduros se esborrachando
     no chão.

Como observou Othon Moacyr Garcia, o segundo epíteto dado por Drummond ao sintagma proustiano das moças em flor é uma hipálage, já que "verde" modifica no sentido próprio o fruto (suscitado por "flor") da árvore (sombra), não a sombra. "Árvore" só aparecerá claramente no verso 21; mas "fruto" (v. 4) sugere, na nossa opinião, o epíteto "esparramada" (v. 6), sublinhado sutilmente – como "disfarçada" (v. 12), o vocativo "meu filho" (v. 20) e "no chão" (v. 28) – por esta arte tipicamente drummondiana que é o *enjambement*.[31] A dança (v. 10), por sua vez, traz consigo, numa recordação da infância estimulada pelo ponto de partida proustiano, os jogos infantis "no meio da praça" (v. 15), a cabra-cega e seu "cego";[32] e este evoca a imagística ocular, já preparada por "sombra", dos versos 22-24:

---

[31] Ver Othon Moacyr Garcia, *Esfinge Clara*, cit., p. 35, nota. Para o *enjambement* em geral em Drummond, ver as observações de Emmanuel de Moraes, "As Várias Faces de uma Poesia". In: Carlos Drummond de Andrade, *Obra Completa*. Rio de Janeiro, Aguilar, 1964, p. 22-23. O que E. de Moraes chama *rejet* é na realidade o *enjambement*.

[32] O. M. Garcia (op. cit., p. 38) propõe a cadeia dança > praça > brincar de roda > praça da vila > igreja no domingo > cego > sinos (v. 25); na realidade, entretanto, a figura do cego é um produto direto e textual do verso 15 (No meio da praça, no meio da roda), em que "roda" leva

> *a sombra das moças penetra no cego*
> *e o dia que nasce atrás das pupilas*
> *é vago e tranquilo como um domingo.*

Notemos, de passagem, o timbre em i dos dois decassílabos irregulares (v. 23-24), análogo ao belíssimo verso longo, também ele ocular,

> *na vida de minhas retinas tão fatigadas*

de "No meio do caminho", (AP, 62).
"Necrológio dos desiludidos do amor" (BA, 94) –

> *Os desiludidos do amor*
> *estão desfechando tiros no peito.*
> *Do meu quarto ouço a fuzilaria.*
> *As amadas torcem-se de gozo.*
> *Oh quanta matéria para os jornais.*
>
> *Desiludidos mas fotografados,*
> *escreveram cartas explicativas,*
> *tomaram todas as providências*
> *para o remorso das amadas.*
> *..*
> *Agora vamos para o cemitério*
> *levar os corpos dos desiludidos*
> *encaixotados competentemente*
> *(paixões de primeira e de segunda classe).*

exacerba o humor de "O procurador do amor": o amor-paixão é ainda mais grotesco que o desejo carnal. Toda a ferocidade da visão grotesca explode no trocadilho (paixões/caixões) do último verso citado, agravado pela irreverência do adjetivo "encaixotados" aplicado a cadáveres.

---

a jogos como cabra-cega e, pois, à imagem do indivíduo de olhos vendados "querendo pegar um braço" (v. 16). A busca erótica pertence à significação profunda da cabra-cega, como foi pintada por Goya, por exemplo (*La Gallina Ciega*, Prado). O "cego" do poema é bem de início o jovem de "desejos tortos" (v. 8), não o cego sem paixão da praça da vila, à porta da igreja, no domingo. O que não exclui, evidentemente, uma superposição dos dois cegos nas duas últimas estrofes.

Nem sempre, entretanto, o humor do lirismo erótico é corrosivo, limitando-se a manter afastada toda idealização petrarquista ("O amor bate na aorta", "Não se mate", "Sombras das moças em flor"). Esta empresa de desmitificação lírica não poupa sequer a figura da mulher fatal, Vênus... "analgésica" ("Desdobramento de Adalgisa", BA, 97) e cruel, dotada de ubiquidade pela paixão dos homens. *Adalgisa*, um dos "nomes da musa" na poesia modernista,[33] domina como deusa perseguidora uma belíssima guirlanda de imagens:

> *Saberei multiplicar-me*
> *e em cada praia tereis*
> *dois, três, quatro, sete corpos*
> *de Adalgisa, a lisa, fria*
> *e quente e áspera Adalgisa,*
> *numerosa qual amor.*
>
> *Se fugirdes para a floresta,*
> *serei cipó, lagarto, cobra,*
> *eco de grota na tarde,*
> *ou serei a humilde folha,*
> *sombra tímida, silêncio*
> *entre duas pedras. E o rei*
> *que se enfarou de Adalgisa*
> *ainda mais se adalgisará.*
>
> *Se voardes, se descerdes*
> *mil pés abaixo do solo,*
> *se vos matardes alfim,*
> *serei ar de respiração,*
> *serei tiro de pistola,*
> *veneno, corda, Adalgisa,*
> *Adalgisa eterna, os olhos*
> *luzindo sobre o cadáver.*

---

[33] "Adalgisa" frequenta também a obra de Murilo Mendes, Jorge de Lima, Bandeira e Augusto Frederico Schmidt... A bela poetisa Adalgisa Nery deixou, aliás, uma forte impressão em todos esses poetas.

Despojada da eloquência teatral do lirismo tradicional (que os modernistas estavam decididos a estrangular), *Brejo das Almas* não é menos rico em retórica. Tomemos, ao acaso, alguns versos de "Não se mate" (BA, 93):

> Entretanto você caminha
> melancólico e vertical.
> Você é a palmeira, você é o grito
> que ninguém ouviu no teatro
> e as luzes todas se apagam
> ....

a composição heterogênea do predicativo *melancólico e vertical* (moral + físico) repercute na metáfora (Você é a palmeira...); esta, desdobrando-se (... você é o grito), desemboca numa sintaxe cortada, em anacoluto (que ninguém ouviu no teatro / *e as luzes todas se apagam*), mas o anacoluto apenas acentua a ressonância emocional da imagem do grito no teatro. A sintaxe veicula admiravelmente o movimento psicológico. O segundo quarteto do "Soneto da perdida esperança" (BA, 84):

> Vou subir a ladeira lenta
> em que os caminhos se fundem.
> Todos eles conduzem ao
> princípio do drama e da flora.

também contém um belo encontro moral / físico *(drama e flora)*. Othon Moacyr Garcia assinalou a hipálage do primeiro verso (ladeira *lenta)*. O aspecto fônico também é trabalhado: as aliterações à base de líquidas (*l*adeira *l*enta: princípio do drama e da flora), a assonância (lad*ei*ra l*e*nta; f*u*ndem / cond*u*zem), o *enjambement* abrupto (... ao / princípio...).

A *organização rítmica* do segundo volume apresenta igualmente vários indícios de agilidade expressiva. A tendência – que já se esboçava em *Alguma Poesia* – às estrofes metricamente variadas, mas compostas de versos de extensão comparável, com uma medida dominante, se acusa mais claramente. A *redondilha maior* dá o tom e em

"Desdobramento de Adalgisa", q.v.; "Poema patético", q.v., é construído sobre um contraponto de octossílabos e heptassílabos; em "Sombra das moças em flor" predomina o decassílabo (v. 1, 2, 3, 6, (8), 9, 23, 24, 25). "O amor bate na aorta" (BA, 85) evolui de um ritmo contrastado heptassílabo (verso muito curto) para uma combinação livre de 6 e 7 sílabas. "Coisa miserável" (BA, 92)

> *Coisa miserável,*
> *suspiro de angústia*
> *enchendo o espaço,*
> *vontade de chorar,*
> *coisa miserável,*
> *miserável.*
>
> *Senhor, piedade de mim,*
> *olhos misericordiosos*
> *pousando nos meus,*
> *braços divinos*
> *cingindo meu peito,*
> *coisa miserável*
> *no pó sem consolo,*
> *consolai-me.*
>
> *Mas de nada vale*
> *gemer ou chorar,*
> *de nada vale*
> *erguer mãos e olhos*
> *para um céu tão longe,*
> *para um deus tão longe*
> *ou, quem sabe? para um céu vazio.*

oferece-nos um perfeito exemplo de elasticidade do verso drummondiano. Aqui, a variação dos metros curtos, apoiada no pentassílabo (*redondilha menor*) modula três enunciados completamente diferentes: o "grito" sem patetismo da primeira estrofe, em que a sóbria repetição substitui os epítetos; a apóstrofe seguinte, estritamente fiel aos dados da prece cristã (olhos misericordiosos, braços divinos, pó sem consolo, consolai-me); enfim, a aparição dubitativa do agnosticismo do poeta. Salientemos a habilidade com que Drummond confere ao verso longo uma função de eco da dominante pentassilábica, ainda mais marcada no fim pela estrutura idêntica dos sintagmas –

para um céu / tão longe,
para um deus / tão longe
ou, quem sabe? / para um céu / vazio.

Não só o eneassílabo repete o acento na terceira da medida dominante, mas contém ainda, justamente após essa pausa, um pentassílabo acentuado (3/5) como os precedentes.

Não é difícil constatar que a ausência de uniformidade métrica em nada prejudica a consistência do ritmo em Drummond. A mesma reiteração das estruturas sintagmáticas que acabamos de ver em ação não hesita em reger também as peças à base de versos livres, como "O voo sobre as igrejas" (BA, 87)

Vamos subindo nessa viagem, vamos deixando
na torre mais alta o sino que tange, o som que se perde,
devotas de luto que batem joelhos, o sacristão que
                                          [limpa os altares,
os mortos que pensam, sós, em silêncio, nas
                                          [catacumbas e sacristias,
São Jorge com seu ginete,
o deus coberto de chagas, a virgem cortada de espadas,
e os passos da paixão, que jazem inertes na solidão.

Um outro fator de afirmação do estilo (além das técnicas da linguagem "mesclada" e o domínio do ritmo) em *Brejo das Almas*, é a estratégia de *personificação do eu,* estratégia naturalmente sensível nos poemas em que toma forma o que chamamos expansão do tema do eu empírico: a) ao lado dos poemas que falam na primeira pessoa do singular ("Soneto da perdida esperança", "Um homem e seu carnaval", "O amor bate na aorta", "O procurador do amor"), há ao menos três outras espécies de apresentação do eu; b) o disfarce em terceira pessoa:

O poeta ia bêbedo no bonde.
                                        ("Aurora", BA, 83)

subitamente desmentido pelo retorno da primeira pessoa:

> *Grande homem, pequeno soldado,*
> *vontade de matar nos olhos mansos,*
> *o coração, com sede de palavras...*
> *Todos os brinquedos de* minha *filha:*
> *soldado, capitão, ladrão.*
> *Veste a farda e toca o tambor*
> *toca desesperadamente o clarim.*
> *Atrás da cova está te espiando*
> *meu avô, veterano do Paraguai.*
> ("Grande homem, pequeno soldado", BA, 86)

c) o que o crítico Affonso Romano de Sant'Anna[34] denominou com felicidade "diálogo-a-um"; em lugar de falar do eu, falando de uma (falsa) terceira pessoa, o poeta fala do eu falando *com* uma segunda pessoa que é ele próprio:

> *Carlos, sossegue, o amor*
> *é isso que você está vendo:*
> ....
> ("Não se mate")

> *Aquele girassol no jardim público de Palmira.*
> *Ias de auto para Juiz de Fora;....*
> ("Girassol")

d) a alternância da primeira pessoa com a segunda:

> *À sombra doce das moças em flor*
> *gosto de deitar para descansar.*
> ....
> *As moças sorriem fora de você.*

---

[34] Afonso Romano de Sant'Anna, *Introdução ao "Gauche" em Drummond.* In: *Suplemento Literário Minas Gerais* de 4 de setembro de 1971. O mesmo autor aproxima essa objetivação dramática (já que na 2ª pessoa) do eu do conceito de apóstrofe lírica *(Lyrisches Ausprechen)* proposto por Wolfgang Kayser, *Interpretación y Análisis de la Obra Literaria.* Madrid, Gredos, 1958, p. 532-38. Mas as formas da *verdadeira* apóstrofe lírica (o hino, a ode) implicam precisamente a *autenticidade* da 2ª pessoa; o pseudo-tu drummondiano não pertence, pois, ao espaço lírico da ode, mas antes ao da canção, situada por Kayser (p. 538-39) sob o signo da subjetividade.

> *Dentro de* você *há um desejo torto*
> *que elas não sabem...*
>
> ....

A visão do mundo de *Brejo das Almas* não se afasta do primeiro livro. O anticonformismo modernista se faz sentir vivamente e de início contra o progressismo ufanista,[35] satirizado no "Hino Nacional" (BA, 89). A linha evasionista sofre uma metamorfose libertina –

> *Oh! sejamos pornográficos*
> *(docemente pornográficos).*
> *Por que seremos mais castos*
> *que o nosso avô português?*
>   ("Em face dos últimos acontecimentos")

A interrogação metafísica ganha mais intensidade. A pergunta cristã, senão cristológica, do "Poema de sete faces"

> *Meu Deus, por que me abandonaste*

o amargo constatar da antiteodiceia retorna mais forte nos tercetos do "Soneto da perdida esperança" –

> *Não sei se estou sofrendo*
> *ou se é alguém que se diverte*
> *por que não? na noite escassa*
>
> *com um insolúvel flautim.*
> *Entretanto, há muito tempo*
> *nós gritamos: sim! ao eterno.*

até a dolorosa hipótese agnóstica de "Coisa miserável":

> *Mas de nada vale*
> *gemer ou chorar,*
> *de nada vale*
> *erguer mãos e olhos*
> *para um céu tão longe,*

---

[35] O *ufanismo* [da célebre obra do Conde de Afonso Celso (de Ouro Preto), *Por que me Ufano de meu País*] significa no Brasil a supervalorização das qualidades do país.

para um deus tão longe
ou, quem sabe? para um céu vazio.

Algumas das grandes contradições éticas da alma drummondiana assomam; o que o Aleijadinho esculpiu –

essa ânsia de ir para o céu
e de pecar mais na terra;
("O voo sobre as igrejas")

pertence cada vez mais às psicomaquias evocadas pela obra deste outro moralista mineiro, que é Drummond. Sobretudo a atitude filosófica em relação à poesia, continua dominada pela ideia da solidão do eu. A poesia é ainda a agressão do vivido; é uma experiência existencial, mais que uma arte. De onde a superioridade da *poesia*, dimensão do real e da vida humana, sobre o *poema* enquanto obra; superioridade que pode mesmo converter-se em desprezo deste:

Vamos fazer um poema
ou qualquer outra besteira
("Convite triste", BA, 92)

Quanto à poesia, expressão do vivido em profundidade, ela exprime antes de tudo o altivo isolamento do indivíduo "gauche", encouraçado na sua sensibilidade secreta –

A poesia é incomunicável.
Fique torto no seu canto.
Não ame.

Ouço dizer que há tiroteio
ao alcance do nosso corpo.
É a revolução? o amor?
Não diga nada.

Tudo é possível, só eu impossível.
O mar transborda de peixes.
Há homens que andam no mar
como se andassem na rua.
Não conte.

> *Suponha que um anjo de fogo*
> *varresse a face da terra*
> *e os homens sacrificados*
> *pedissem perdão.*
> *Não peça.*
>
> ("Segredo", BA, 94)

3. Sentimento do Mundo

"Mundo mundo vasto mundo / mais vasto é o meu coração" murmurava Drummond bem no começo de seu primeiro volume. A significação essencial de seu opus 3, *Sentimento do Mundo* (Rio, 1940) repousa na negação deste individualismo:

> *Não, meu coração não é maior que o mundo.*
> *É muito menor.*
>
> ("Mundo grande", SM, 16)

Longe de englobar o mundo, o coração, estúpido, frágil e ridículo, na realidade se comprazia na ignorância do essencial: a condição humana –

> *Estúpido, ridículo e frágil é o meu coração.*
> *Só agora descubro*
> *como é triste ignorar certas coisas.*
> *(Na solidão de indivíduo*
> *desaprendi a linguagem*
> *com que os homens se comunicam.)*
>
> ("Mundo grande")

O *ego* orgulhoso (se bem que jamais idealizado) dos dois primeiros livros cede lugar a um eu despojado, empobrecido, voluntariamente reduzido a pura atenção (afetiva) ao mundo:

> *Tenho apenas duas mãos*
> *e o sentimento do mundo,*
>
> ("Sentimento do mundo", SM, 101)

"Como é triste ignorar certas coisas"... Na origem da nova pobreza do eu, está a dolorosa percepção da realidade social, das necessidades elementares (e alimentares) da humanidade sofredora. Esta percepção, o eu do poeta não a pode exercer sem um mal-estar moral, pois seu antigo individualismo lhe parece doravante uma irresponsável demissão. Eis por que o novo eu não só é pobre, mas também humilde –

> *Os camaradas não disseram*
> *que havia uma guerra*
> *e era necessário*
> *trazer fogo e alimento.*
> *Sinto-me disperso,*
> *anterior a fronteiras,*
> humildemente *vos* peço
> que me perdoeis.
>
> ("Sentimento do mundo")

Eis-nos, pois, com um eu franciscano: humilde e pobre. O "sentimento do mundo" é também um sentimento de culpa, de onde uma certa tendência à autocrítica ("Elegia 1938", SM, 115; "Mundo grande"):

> *Outrora escutei os anjos,*
> *as sonatas, os poemas, as confissões patéticas.*
> *Nunca escutei voz de gente.*
> *Em verdade sou muito pobre.*
>
> ("Mundo grande")

associada a um juramento: nunca mais cair no evasionismo, na rebelião sem saída do individualista:

> *Não serei o cantor de uma mulher, de uma história,*
> *não direi os suspiros ao anoitecer, a paisagem vista da janela.*
> *não distribuirei entorpecentes ou cartas de suicida,*
> *não fugirei para as ilhas nem serei raptado por serafins.*
>
> ("Mãos dadas", SM, 111)

(A imagem das ilhas, símbolo da irresponsabilidade individualista, retorna no poema "Mundo grande".)

Autocrítica que por vezes se transforma em autopunição, seja por uma espécie de exibicionismo flagelador –

> Não, meu coração não é maior que o mundo.
> É muito menor.
> Nele não cabem nem as minhas dores.
> Por isso gosto tanto de me contar.
> Por isso me dispo,
> por isso me grito,
> por isso frequento os jornais, me exponho cruamente
> [nas livrarias:
> preciso de todos.
>
> ("Mundo grande")

seja por uma quase volúpia na humilhação, confessada de modo muito significativo, quando o eu tornado socialmente consciente se cruza – sem o encontrar – com o *outro* por definição que é o operário. Este quase encontro fugaz é o tema de uma belíssima página em prosa poética, "O operário no mar" (SM, 103) –

> ... Para onde vai o operário? Teria vergonha de
> chamá-lo meu irmão. Ele sabe que não é, nunca
> foi meu irmão, que não nos entenderemos nunca. E me despreza... Ou talvez seja eu próprio
> que me despreze a seus olhos. Tenho vergonha
> e vontade de encará-lo: uma fascinação quase
> me obriga a pular a janela, a cair em frente dele,
> sustar-lhe a marcha, pelo menos implorar-lhe que
> suste a marcha.

Sentimento do Mundo traz assim à poesia drummondiana uma mudança de perspectiva gnoseológica. O eu isolado deixa de ser a sede da vivência poética. O *cogito* lírico necessita do outro para compreender a vida –

> Estou preso à vida e olho *meus companheiros.*
> Estão taciturnos mas nutrem grandes esperanças.
> Entre eles, considero a enorme realidade.
>
> ("Mãos dadas")

Apropriando-nos de uma expressão à "Ode no cinquentenário do poeta brasileiro" (SM, 108), poderíamos dizer que o "sentimento do mundo" é

sentimento de homens juntos,

negação do solipsismo exasperado de *Alguma Poesia* e de *Brejo das Almas*. Agora, o órgão sensível da poesia – acontecimento não é mais a instância *individualista* do coração, é a consciência *individual* (mas socializável) do sofrimento coletivo. A transformação gnoseológica traz consigo uma nova poética do vivido.

Consciência do sofrimento, a poesia social de Drummond se recusa às litanias da esperança utópica. Ela rejeita a aceitação do *status quo* sem escorregar na pintura de qualquer Nova Jerusalém:

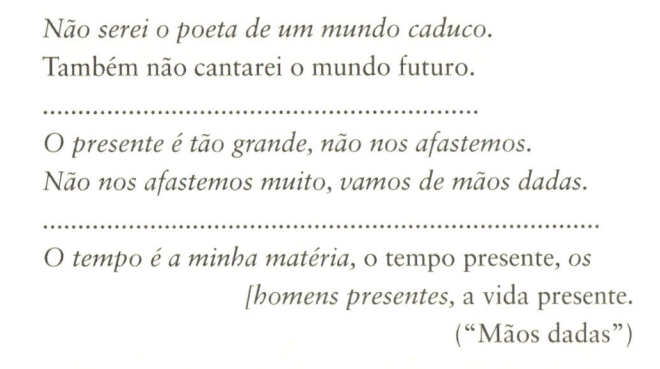

Não serei o poeta de um mundo caduco.
Também não cantarei o mundo futuro.
....
O presente é tão grande, não nos afastemos.
Não nos afastemos muito, vamos de mãos dadas.
....
O tempo é a minha matéria, o tempo presente, os
          [homens presentes, a vida presente.
                    ("Mãos dadas")

Literatura engajada, pois, mas de uma extraordinária sobriedade; poesia vacinada contra a derrapagem ideológica. Por outro lado, o poeta se sabe pouco dotado para o canto coral dos movimentos heroicos, para a evolução das grandes massas do drama histórico (Drummond – como veremos – nunca se sentirá completamente à vontade na épica). Ele se consagra, antes, às vítimas esquecidas, às agonias obscuras, à dimensão secretamente humana do processo social –

Quando os corpos passarem,
eu ficarei sozinho
desfiando a recordação
do sineiro, da viúva e do microscopista

> *que habitavam a barraca*
> *e não foram encontrados*
> *ao amanhecer*
>
> *esse amanhecer*
> *mais noite que a noite.*
>
> ("Sentimento do mundo")

No fundo, o individualista nele não morreu – apenas amadureceu através de uma metamorfose ética e cognitiva. Na maioria das vezes, o "sentimento do mundo" de Drummond continuará sendo, por assim dizer, a voz de uma solidão fraternal. O sentimento do mundo é também uma tomada de consciência do universo histórico concreto. Sem ser absolutamente um texto de depoimento, este livro – o primeiro que o poeta escreveu no contexto social mais vasto e mais complexo do Rio, leva a marca da consciência literária do final dos anos 1930, sensibilizada pelas tensões e conflitos do período de pré-guerra. Diante do aguçamento geral das contradições sociais, a crítica drummondiana das alienações burguesas passa por uma crispação radicalizante. E essa crispação provoca, por sua vez, uma mutação da cena lírica: os poemas críticos já não pintam somente comportamentos; preferem às vezes descrever sentimentos. Certamente, o interesse principal da poesia de Drummond é sempre – ainda mais que antes – a atmosfera moral; entretanto, dir-se-ia que ele já não busca surpreendê-la através da observação das maneiras *de ser ou de agir,* mas antes – diretamente – pela indicação das maneiras *de sentir.*

> *Existe apenas o medo, nosso pai e nosso companheiro,*
> *o medo grande dos sertões, dos mares, dos desertos,*
> *o medo dos soldados, o medo das mães, o medo das igrejas,*
> *cantaremos o medo dos ditadores, o medo dos democratas,*
> *cantaremos o medo da morte e o medo de depois da morte,*
> *depois morreremos de medo*
> *e sobre nossos túmulos nascerão flores amarelas e medrosas.*
>
> ("Congresso internacional do medo", SM, 105)

A evocação realista dos gestos e dos comportamentos, o "behaviorismo" de poemas como "Infância", "Também já fui brasileiro", "*Sweet home*", "Família", "Sesta" (*Alguma Poesia*) ou bem "O procurador do amor", "Convite triste", "necrológio dos desiludidos do amor" ou "Sombra das moças em flor" (*Brejo das Almas*) torna-se, às vezes, em *Sentimento do Mundo*, um traço rápido, apreendendo um simples gesto-símbolo. Assim em "Inocentes do Leblon" (SM, 106) –

> *Os inocentes do Leblon*
> *não viram o navio entrar.*
> *Trouxe bailarinas?*
> *trouxe emigrantes?*
> *trouxe um grama de rádio?*
> *Os inocentes, definitivamente inocentes, tudo ignoram,*
> *mas a areia é quente, e há um óleo suave*
> *que eles passam nas costas, e esquecem.*

tudo se passa como se a urgência nova do sentimento moral, convertido ao engajamento, deixando de lado todo evasionismo, impedisse a possibilidade de uma visão *détachée*, e impusesse ao verso uma linguagem diretamente governada pelo julgamento ético. Em *Sentimento do Mundo* a sátira se faz explícita; as sutilezas dos "efeitos de estranheza" do lirismo dos primeiros volumes se tornam muito mais raras. Tomemos o início de "Madrigal lúgubre" (SM, 113):

> *Em vossa casa feita de cadáveres,*
> *ó princesa! ó donzela!*
> *em vossa casa, de onde o sangue escorre, quisera eu morar.*
> *Cá fora é o vento e são as ruas varridas de pânico,*
> *é o jornal sujo embrulhando fatos, homens e comida guardada.*
> *Dentro, vossas mãos níveas e mecânicas tecem algo*
>   *[parecido com um véu.*
> *O mundo, sob a neblina que criais, torna-se de tal modo*
>   *[espantoso*
> *que o vosso sono de mil anos se interrompe para admirá-lo.*

Desde o primeiro verso, a crítica moral domina. Trata-se verdadeiramente de denunciar a alienação dos *beati possidentes,* representados pela beleza longínqua que habita um mundo artificial, à margem da espessura da vida real (Drummond retomará este tema num poema capital de *A Rosa do Povo*). A princesa longínqua confecciona seu véu mistificador, mas o sangue e o vento logo o "classificam": nada aqui subsiste da ambiguidade do tom da crítica social dos primeiros tomos.

Ao contrário, encontra-se aqui um novo instrumento de estilo: o verso livre bem flexível, plenamente rendido enfim ao império das frases longas, ao ritmo da prosa, regido pelo único movimento dos *cola*. Leiamos por exemplo "Os mortos de sobrecasaca" (SM, 105) –

> *Havia a um canto da sala um álbum de fotografias*
> *[intoleráveis,*
> *alto de muitos metros e velho de infinitos minutos,*
> *em que todos se debruçavam*
> *na alegria de zombar dos mortos de sobrecasaca.*
>
> *Um verme principiou a roer as sobrecasacas indiferentes*
> *e roeu as páginas, as dedicatórias e mesmo a poeira dos*
> *[retratos.*
>
> *Só não roeu o imortal soluço de vida que rebentava*
> *que rebentava daquelas páginas.*

O duplo complemento de objeto (v. 2) repetindo a mesma estrutura sintagmática (adjetivo prep. + adjetivo + subs.), os *comas*[36] formados pela frase relativa (v. 3) e pela expressão adverbial do fim da primeira estrofe são todos valorizados pelo fato de ocupar o espaço de um verso. A partição da segunda estrofe separa nitidamente a expressiva apódose do verso 6 – e dá um relevo especial à anadiplose:

> ... *o imortal soluço de vida* que rebentava
> que rebentava *daquelas páginas.*

---

[36] Para o conceito retórico de *colon* e de *coma*, ver Heinrich Lausberg, *Elemente der Literarischen Rhetorik*. 2. ed. Munique, M. Hueber, 1967, § 453.

Sentimento do Mundo esboça uma verdadeira retórica do verso livre. Se, algumas vezes, esta se limita a empregar figuras de elocução fundamentalmente simples, como a anáfora e o polissíndeto –

> *Chega um tempo em que não se diz mais: meu Deus.*
> Tempo *de absoluta depuração.*
> Tempo *em que não se diz mais: meu amor.*
> *Porque o amor resultou inútil.*
> *E os olhos não choram.*
> *E as mãos tecem apenas o rude trabalho.*
> *E o coração está seco.*
> ("Os ombros suportam o mundo", SM, 110)

ou, ao contrário, as epífaras (à distância) de "Canção do berço" (SM, 107), outras vezes também o bloco de versos livres adquire uma estrutura mais complexa. Na segunda parte de "A noite dissolve os homens" (SM, 112) –

> Aurora,
> *entretanto eu te diviso, ainda tímida,*
> *inexperiente das luzes que vais acender*
> *e dos bens que repartirás com todos os homens.*
> *Sob o úmido véu de raivas, queixas e humilhações,*
> *adivinho-te que sobes, vapor róseo, expulsando a*
>   [treva noturna.
> *O triste mundo fascista se decompõe ao contato de*
>   [teus dedos,
> *teus dedos frios, que ainda se não modelaram*
> *mas que avançam na escuridão como um sinal verde*
>   [e peremptório.
> *Minha fadiga encontrará em ti o seu termo,*
> *minha carne estremece na certeza de tua vinda.*
> *O suor é um óleo suave, as mãos dos sobreviventes*
>   [se enlaçam,
> *os corpos hirtos adquirem uma fluidez,*
> *uma inocência, um perdão simples e macio...*
> *Havemos de amanhecer. O mundo*
> *se tinge com as tintas da antemanhã*
> *e o sangue que escorre é doce, de tão necessário*
> *para colorir tuas pálidas faces,* aurora.

a alegoria do vocativo, a comparação e a metáfora (ver o destaque) ornamentam uma longa estrofe enquadrada de um efeito de epanadiplose (x...................../....................x: Aurora...................../.....................aurora). Esses elementos do *ornatus* retórico contribuem certamente para a energia comunicativa do texto, um dos raros exemplos de visão utópica em Drummond.[37]

A retórica desta estrofe – como de outros poemas de *Sentimento do Mundo* – difere claramente da técnica realista e humorística dos livros anteriores. A ótica grotesca desaparece – e com ela, o estilo mesclado e os "efeitos de distanciamento". Ninguém deixará de observar, comparando esses versos com os poemas mais representativos de *Alguma Poesia* ou *Brejo das Almas,* um intumescimento do *pathos*. Não estamos certamente diante do patetismo pedantesco e grandiloquente do lirismo tradicionalista, o que não impede que esses versos exalem uma eloquência nova, uma nova inclinação para o *sublime*. A poética da antiempatia não desempenha mais nenhum papel; a finalidade desta invocação solene é despertar a emoção direta, a mesma que o lirismo humorístico (se bem que não cômico) tratava de *conter,* em proveito de uma reação emocional mais intelectual, menos imediata. *É nisto que* Sentimento do Mundo *traz uma mutação estilística ao lirismo drummondiano: põe a poesia engajada no caminho de um neorromantismo*. Ora, numa certa medida, o neorromantismo acarreta necessariamente uma ruptura com o estilo de vanguarda; pois, assim como seus irmãos, os neonaturalismos, todos os neorromantismos inspirados na questão social que eclodiram por volta de 1930-40 (Ver Pablo Neruda ou Jorge Amado, ou, fora da literatura, os mouralistas mexicanos ou seu homólogo brasileiro, Cândido Portinari) são esteticamente reacionários. Logo veremos qual foi o destino desta "regressão" na segunda

---

[37] Utopia, bem entendido, *social*, pois Drummond continua profundamente cético no que diz respeito ao progresso da civilização tecnológica: "Canção do berço" retoma, nesse aspecto, a sátira desiludida de "O sobrevivente" (AP).

fase da poesia de Drummond. Por enquanto, precisamos completar o quadro estilístico de *Sentimento do Mundo*.

O que se chamou o "novo" verso livre também se apresenta sem *ornatus*, de forma estritamente declarativa, como em "Confidência do itabirano" (SM, 102)

Alguns anos vivi em Itabira.
Principalmente nasci em Itabira.
Por isso sou triste, orgulhoso: de ferro.
Noventa por cento de ferro nas calçadas.
Oitenta por cento de ferro nas almas.
E esse alheamento do que na vida é porosidade e
[comunicação.
....
Tive ouro, tive gado, tive fazendas.
Hoje sou funcionário público.
Itabira é apenas uma fotografia na parede.
Mas como dói!

"Confidência do itabirano" responde ao grito biográfico de "Explicação", no fim de *Alguma Poesia* –

Ah, ser filho de fazendeiro!

O poema fala também de "o hábito de sofrer, que tanto me diverte"– alusão típica a essa sensibilidade antipatética que Drummond, modernista radical, absolutamente não esqueceu, embora se divida no momento entre o humor e a expressão grave e comovida dos poemas engajados.

Entretanto, comumente, a elocução sem *ornatus* do verso livre, flexível, "prosaico", alcança melhor realização na obra de Bandeira que na de Drummond. Em *Sentimento do Mundo*, o verso livre, de quando em quando, dá lugar a uma certa banalidade: Isso se verifica, por exemplo, na homenagem a Bandeira: "Ode no cinquentenário do poeta brasileiro" (SM, 108), o primeiro voo do lirismo comemorativo de Drummond. É significativo que algumas das melhores composições do livro se coloquem completamente fora do *pathos* engajado: justamente onde a sátira do "mundo caduco" desliza para o humor surrealizante –

> *Heróis enchem os parques da cidade em que te arrastas,*
> *e preconizam a virtude, a renúncia, o sangue-frio, a*
> *   [concepção.*
> *À noite, se neblina, abrem guarda-chuvas de bronze*
> *ou se recolhem aos volumes de sinistras bibliotecas.*
>   ("Elegia 1938")

lá onde a interpretação do passado brasileiro recorre às associações livres da poesia moderna, como no saboroso *flash* "Tristeza do Império" (SM, 103)

> *Os conselheiros angustiados*
> *ante o colo ebúrneo*
> *das donzelas opulentas*
> *que ao piano abemolavam*
> *"bus-co a cam-pi-na se-re-na*
> *pa-ra li-vre sus-pi-rar",*
> *esqueciam a guerra do Paraguai,*
> *o enfado bolorento de São Cristóvão,*
> *a dor cada vez mais forte dos negros*
> *e sorvendo mecânicos*
> *uma pitada de rapé,*
> *sonhavam a futura libertação dos instintos*
> *e ninhos de amor a serem instalados nos arranha-céus*
> *   [de Copacabana, com rádio e telefone automático.*

lá, enfim, onde a inclinação masoquista ativada pela autocrítica do eu se entrega ao jogo de "palavra-puxa--palavra", como na rede de associações semânticas e polissêmicas – tão bem analisada por Othon Moacyr Garcia (op. cit., p. 40-43) – de "Dentaduras duplas" (SM, 111) –

> *Dentaduras duplas!*
> *Inda não sou bem velho*
> *para merecer-vos...*
> *Há que contentar-me*
> *com uma ponte móvel*
> *e esparsas coroas.*

*(Coroas sem reino,
os reinos protéticos
de onde proviestes
quando produzirão
a tripla dentadura,
dentadura múltipla,
a serra mecânica,
sempre desejada,
jamais possuída,
que acabará
com o tédio da boca,
a boca que beija,
a boca romântica?...)*

Mas "Dentaduras duplas", retorno vigoroso ao metro curto utilizado em *Brejo das Almas,* não reflete apenas a nova tonalidade ética assumida pelo poeta quando se abriu ao "sentimento do mundo": o humor fantasista do poema já anuncia a intensa prospecção psicológica de certos poemas surrealistas do período seguinte do estilo drummondiano – o período caleidoscópico de *A Rosa do Povo.*

4. Visão de conjunto: o primeiro lirismo de Drummond

Num esboço autobiográfico encomendado pela *Revista Acadêmica*,[38] Drummond nos dá uma interpretação sucinta de sua evolução lírica até *Sentimento do Mundo.* Segundo ele, *Alguma Poesia* traduz uma "deleitação ingênua" no tocante ao indivíduo; em *Brejo das Almas* o individualismo se exacerba, mas ao mesmo tempo é submetido a uma visão crítica; enfim, *Sentimento do Mundo* resolve "as contradições elementares" da poesia drummondiana. Como a lição dos textos tende a

---

[38] Recolhido em *Confissões de Minas* (1944), p. 532-33 da *Obra Completa*, ed. Aguilar.

confirmar essa sintética exegese, não lhe acrescentaremos senão algumas advertências suplementares, visando a caracterizar a personalidade estilística do primeiro lirismo drummondiano (1925-40).

A dedicatória de *Alguma Poesia* – "a Mário de Andrade" – designa de forma inequívoca a corrente literária a que se prendia Drummond: o modernismo. A linguagem poética drummondiana não se converteu – como a de Bandeira, Jorge de Lima ou Cassiano Ricardo – à estética modernista: ela *nasceu* modernista (será também o caso do estilo do outro grande poeta moderno de Minas, Murilo Mendes). Várias indicações já se encontram, no jovem Drummond, que o ligam à literatura de vanguarda: a) versificação variada, "herética" de seus poemas; b) o papel do humor (até o poema-piada); e, principalmente, c) a frequência com que são tratados os problemas humanos numa ótica *grotesca*; d) a escrita *mesclada* ou *Stilmischung* (correlato estilístico da ótica grotesca), bastante permeável às associações surrealistas (no plano verbal e no plano da imagem ao mesmo tempo); e, finalmente, o uso de "efeitos de distanciamento" (Brecht) testemunham uma concepção *não empática, antipatética* do lirismo. Além disso, a utilização dessas características de estilo é, em geral, mais constante e mais vigorosa em Drummond que na maior parte dos poetas modernistas, salvo Murilo.

A gama temática da primeira poesia de Drummond compreende, sobretudo, a figuração humorístico-realista da vida cotidiana, as recordações da vida de província e os quadros críticos (tão devastadores como tácitos) dos valores estabelecidos, dos clichês morais do *establishment* burguês e brasileiro. Os poemas centrados em estados de alma individuais e o lirismo erótico se combinam, muitas vezes, com as linhas temáticas que acabamos de enumerar, o que leva à *despetrarquização do poema de amor e a toda uma estratégia desidealizante na apresentação lírica do eu.*

O polo subjetivo do quadro existencial dos três primeiros livros é o motivo do *gauche*; o polo objetivo, o motivo da "vida besta".

Em sua dimensão mais íntima, a poesia da vida cotidiana emerge como uma *interpretação artística da existência do "homo urbanus"*. O eu *gauche* de Drummond se revelará um órgão muito sensível às alienações do estilo existencial contemporâneo, pois a experiência traumatizante do jovem fazendeiro, burocratizada nas capitais, a ambivalência dos sentimentos do "itabirano", atraído pela *urbs* viciosa e inumana e, ao mesmo tempo, desgostoso dela, predispuseram-no a apreender em profundidade o sentido psíquico e moral do destino do homem moderno.[39] *Ora, o conteúdo sociológico do lirismo drummondiano é tanto mais rico pelo fato de sua aventura pessoal – o filho do fazendeiro tornado burocrata na grande cidade – coincidir com a evolução social do Brasil.* É, com efeito, em torno da década 1920-30 que se inicia a modernização da sociedade brasileira; só nessa época as estruturas sociais e culturais do velho colosso agrário e patriarcal começam a ceder, irreversivelmente, à pressão das classes urbanas, concentradas nas cidades cada vez mais povoadas e poderosas.[40] (Verdade que, se bem que já muito importante, a poesia da experiência urbana é ainda um pouco magra nos primeiros livros de Drummond; mas não esqueçamos que, desses livros, somente o último – *Sentimento do Mundo* – foi composto no Rio.)

A poética do jovem Drummond repousa na equação poesia = vivência. A ideia clássica e ao mesmo tempo moderna de que a poesia é antes de tudo *uma arte* ainda não

---

[39] A conexão fundamental entre a experiência urbana e a poesia moderna foi esclarecida pelo estudo magistral de Walter Benjamin, "*Sur quelques thèmes baudelairiens*" (1939), trad. em francês no volume *Poésie et Révolution*. Paris, Lettres Nouvelles, 1971, p. 225-75. Nós mesmos apresentamos o ensaísmo de Benjamin no nosso *Arte e Sociedade em Marcuse, Adorno e Benjamin*. Rio de Janeiro, Tempo Brasileiro, 1969, p. 99-146.

[40] O caráter essencialmente *agrário* da sociedade brasileira tradicional foi sublinhado por Sérgio Buarque de Holanda em *Raízes do Brasil* (1936); o caráter essencialmente *patriarcal* da cultura brasileira tradicional é o *leitmotiv* de um outro clássico dos estudos sociais brasilianistas, *Casa-Grande & Senzala*, de Gilberto Freyre.

tem, aos olhos do poeta, maior significação (o que não o impede de burilar seus versos). A poesia é o assalto do acontecimento; não o dos jornais, bem entendido, mas o acontecimento verdadeiramente *humano:* a revelação súbita das violências da vida, ou pelo menos do sentido oculto de seu curso "normal". Mas eis que o poeta, *gauche* por maldição, logo descobre

> *que esta vida não presta*
> ("Epigrama para Emílio Moura", AP, 73)

Individualista, ele cultiva, portanto, o evasionismo, mesmo em se tratando de evasões emolduradas por essa "vacuidade do ideal" (Friedrich) característica da literatura moderna. Não obstante, no terceiro livro, com o advento do "sentimento do mundo", o individualismo é renegado; paralelamente, uma ética do engajamento – que, entretanto, não exclui a solidão – denuncia o eu evasionista. É então que o poema drummondiano se afasta do humor ambíguo. Enquanto um verso livre bem maleável substitui os metros curtos ou de maiores extensões ritmadas de *Alguma Poesia* e de *Brejo das Almas,* os "efeitos de distanciamento" do estilo mesclado dão lugar a um patetismo que, apesar de bastante discreto e contido, nem por isso se afasta menos da perspectiva grotesca dos livros precedentes. O primeiro período do estilo de Drummond termina, assim, numa espécie de neorromantismo.[41] Estas vias estilísticas – modernismo "nu e cru" e modernismo neorromântico – irão desembocar em seguida, com grandes modificações, nesta obra-prima de estilo maduro que é *A Rosa do Povo*.

---

[41] Um neorromantismo "seco", por oposição ao neorromantismo lamentoso que reanimava, nessa mesma época, a poesia elegíaca de um Augusto Frederico Schmidt (1906-1965).

Capítulo II

O MEIO-DIA DA ESCRITA
(1941-1945)

Preso à minha classe e a algumas roupas
vou de branco pela rua cinzenta.
Melancolias, mercadorias espreitam-me.
Devo seguir até o enjoo?
Posso, sem armas, revoltar-me?

No deserto de Itabira
a sombra de meu pai
tomou-me pela mão.

Lutar com palavras
é a luta mais vã.
Entanto lutamos
mal rompe a manhã.

1. JOSÉ

O quarto livro de Carlos Drummond de Andrade, *José* (1942), é uma das mais belas joias do lirismo moderno em português. Tendo apenas doze poemas, representa, contudo, uma etapa decisiva na obra drummondiana – uma ruptura com a evolução coroada por *Sentimento do Mundo*.

Entretanto, essa ruptura não deve ser buscada no nível dos temas, que muitas vezes prolongam os anteriores. O sentimento de solidariedade humana que acompanha o "sentimento do mundo" atravessa – numa escala menos parcial – "Rua do olhar" (J, 127); a recusa do evasionismo funda o simbolismo de "Palavras no mar" (J, 122), o sentimento de culpa, o de "Noturno oprimido" (J, 130) e "A mão suja" (J, 131); a nostalgia de Itabira de "Confidência do itabirano" (SM, 101) é a de "Viagem na família" (J, 132). Outros temas vêm de ainda mais longe. O poema que dá título ao livro, *José*, é uma retomada do tema do *gauche* e sintetiza também vários aspectos dessa expansão geral que caracteriza o tema do eu em *Brejo das Almas*. O deslizar metafísico de "Coisa miserável" (BA, 92) retorna com a antiteodiceia de "Tristeza no céu" (J, 127) –

> *Por que fiz o mundo? Deus se pergunta*
> *e se responde: Não sei.*

a perplexidade do indivíduo sedento de amor na grande cidade, com "a bruxa" (J, 121) –

> *Nesta cidade do Rio,*
> *de dois milhões de habitantes,*
> *estou sozinho no quarto,*
> *estou sozinho na América.*

Finalmente, o tema da poesia, de "Explicação" (AP, 76), "Segredo" (BA, 94), ou "Mundo grande" (SM, 116), será o objeto de uma peça fundamental: "O lutador" (J, 126).

Obviamente, esses temas recebem em *José* um extraordinário aprofundamento. O motivo do *gauche* (*José*), o da solidão individual na *lonely crowd* ("A bruxa", mas sobretudo "O boi", J. 122, e "Edifício Esplendor", (J, 123) são *universalizados* de modo admirável. Não é à toa que no poema "José" a apresentação do eu (bem variada, como vimos) escolhe enfim o emprego da *persona*: "José" é a máscara de um eu tornado genérico, imediatamente identificável ao homem da rua. Do mesmo modo, "Edifício Esplendor" fala, de saída, em nome do gênero humano. O grande imóvel moderno oferece a Drummond um soberbo espaço lírico, cena exemplar para a denúncia do conteúdo reificado da vida contemporânea. O futuro arquiteto de Brasília, Oscar Niemeyer, projeta sua "máquina de morar":

> *Na areia da praia*
> *Oscar risca o projeto*
> ....
> *No cimento, nem traço*
> *da pena dos homens.*
> *As famílias se fecham*
> *em células estanques.*
>
> *O elevador sem ternura*
> *expele, absorve*
> *num ranger monótono*
> *substância humana.*
>
> *Entretanto há muito*
> *se acabaram os homens.*
> *Ficaram apenas*
> *tristes moradores.*

Para esses ex-humanos, o *scotch*, o *blue*

destilam ópios de emergência.

Mas eis que o retrato dos antepassados traz à tona a pulsação vital de outrora. De repente, um *ubi sunt* personaliza a crítica do habitat contemporâneo –

> *Oh que saudades não tenho*
> *de minha casa paterna.*

Era lenta, calma, branca,
tinha vastos corredores
e nas suas trinta portas
trinta crioulas sorrindo,
talvez nuas, não me lembro.

E tinha também fantasmas,
mortos sem extrema-unção,
anjos da guarda, bodoques
e grandes tachos de doce
e grandes cismas de amor,
como depois descobrimos.

Chora, retrato, chora.
Vai crescer a tua barba
neste medonho edifício
de onde surge tua infância
como um copo de veneno.

"Oh que saudades *não* tenho..." parodia uma das composições mais populares do lirismo romântico, "Meus oito anos", de Casimiro de Abreu; entretanto, aprendemos a ler a emoção por trás do humor. A nota pessoal não leva de modo algum à anedota "regionalista". A perspectiva do eu torna ainda mais contundente a crítica dos costumes. Essa crítica não é feita por meio de considerações abstratas; antes fixa os detalhes existenciais, por mais concretos que sejam. Como o destino do corpo na residência aerodinâmica:

....
O pavor do caixão
em pé no elevador,
o estupendo banheiro
de mil cores árabes,
onde o corpo esmorece
na lascívia frouxa,
da dissolução prévia.
Ah, o corpo, meu corpo,
que será do corpo?
Meu único corpo,

> *aquele que eu fiz*
> *de leite, de ar,*
> *de água, de carne,*
> *que eu vesti de negro,*
> *de branco, de bege,*
> *cobri com chapéu,*
> *calcei com borracha,*
> *cerquei de defesas,*
> *embalei, tratei?*
> *Meu coitado corpo*
> *tão desamparado*
> *entre nuvens, ventos,*
> *neste aéreo* living!

assim, a nostalgia do fazendeiro é realmente a perspectiva adequada à crítica drummondiana do *ethos* moderno. Ao mesmo tempo, reencontramos nossa observação geral: o fato de haver ele próprio vivido a passagem do rural ao urbano, característica do Brasil depois da Grande Guerra, predispõe o poeta a contemplar sem indulgência os aspectos desumanizantes, mecanizadores da vida moderna. Drummond excele na apreensão do comportamento humano *sub specie historiae*:

> *Surgiram costumes loucos*
> *e mesmo outros sentimentos.*
>
> ("Edifício Esplendor")

O julgamento final do poema sobre seu tempo recupera – após o *pathos* romântico de *Sentimento do Mundo* – o velho sentido drummondiano do grotesco –

> *– Que século, meu Deus! diziam os ratos.*
> *E começavam a roer o edifício.*

Nisso reside o verdadeiro ponto de ruptura de *José* com a poesia do primeiro Drummond: o estilo de *José* dá marcha à ré em relação às tonalidades românticas que revestiram a abertura social do lirismo de Drummond. Evidentemente, há também elementos de continuidade, de que são testemunho a universalização dos antigos temas tratados de um ponto de vista individualista e certa tendência a reprimir o papel do humor. Mas uma mudança no próprio eixo do estilo intervém, que consiste, em suma, na reativação das virtualidades surrealistas do estilo mesclado, a expensas de todo "sublime" neorromântico.

A *rentrée* do estilo mesclado substitui o verso livre de *Sentimento do Mundo* por uma nítida predominância dos metros curtos ("A bruxa", "Palavras no mar", "Edifício Esplendor", "O lutador", "Rua do olhar", "José", "A mão suja", "Viagem na família"). É em pentassílabos enérgicos, cheios de anáforas, que as perguntas de "José" reencontram o sabor da linguagem coloquial:

> *E agora, José?*
> *A festa acabou,*
> *a luz apagou,*
> *o povo sumiu,*
> *a noite esfriou,*
> *e agora, José?*
> *e agora, você?*
> *você que é sem nome,*
> *que zomba dos outros,*
> *você que faz versos,*
> *que ama, protesta?*
> *e agora, José?*
>
> *Está sem mulher,*
> *está sem discurso,*
> *está sem carinho,*
> *já não pode beber,*
> *já não pode fumar,*
> *cuspir já não pode,*
> *a noite esfriou,*
> *o dia não veio,*
> *o bonde não veio,*
> *o riso não veio,*
> *não veio a utopia*
> *e tudo acabou*
> *e tudo fugiu*
> *e tudo mofou,*
> *e agora, José?*

....
*Com a chave na mão
quer abrir a porta,
não existe porta;
quer morrer no mar,
mas o mar secou;
quer ir para Minas,
Minas não há mais.
José, e agora?*

*Se você gritasse,
se você gemesse,
se você tocasse
a valsa vienense,
se você dormisse,
se você cansasse,
se você morresse...
Mas você não morre,
você é duro, José!*

*Sozinho no escuro
qual bicho do mato,
sem teogonia,
sem parede nua
para se encostar,
sem cavalo preto
que fuja a galope,
você marcha, José!
José, para onde?*

 José foi uma das primeiras penetrações populares do verso drummondiano; o refrão "e agora, José?" entrou na linguagem corrente. Retomando as imagens de "Os ombros suportam o mundo" (SM, 110),[1] este poema confere uma nova virilidade ao motivo da solidão do *gauche*: José, o "duro" "Sozinho no escuro / qual bicho do mato".

 A atmosfera surrealista modula a fantástica escuridão de "Noturno oprimido", onde a entrada da água nos

---

[1] Como notou Gilberto Mendonça Teles, *Drummond – a Estilística da Repetição*. Rio de Janeiro, José Olympio, 1970, p. 18.

canos da casa logo se transforma numa força demoníaca, símbolo de obscuras tendências suicidas:

> *a água protesta. Ela molha toda a noite*
> *com sua queixa feroz, seu alarido.*
> *E sobre nossos corpos se avoluma*
> *o lago negro de não sei que infusão.*
>
> *Mas não é o medo da morte do afogado,*
> *o horror da água batendo nos espelhos*
> *indo até os cofres, os livros, as gargantas.*
> *É o sentimento de uma coisa selvagem,*
>
> *sinistra, irreparável, lamentosa.*
> *Oh vamos nos precipitar no rio espesso*
> *que derrubou a última parede*
> *entre os sapatos, as cruzes e os peixes cegos do tempo.*

Da mesma maneira, a obsessão da culpa ganha um halo fantástico em "A mão suja" –

> *Minha mão está suja.*
> *Preciso cortá-la.*
> *Não adianta lavar.*
> *A água está podre.*
> *Nem ensaboar.*
> *O sabão é ruim.*
> *A mão está suja,*
> *suja há muitos anos.*

e onde o simbolismo do impuro nos oferece finalmente o clássico do lirismo ético[2] de Drummond:

> *E era um sujo vil,*
> *não sujo de terra,*
> *sujo de carvão,*
> *casca de ferida,*
> *suor na camisa*
> *de quem trabalhou.*

---

[2] Sobre o motivo do sentimento de culpa, particularmente no segundo período poesia de Drummond, ver Antonio Candido, *Vários Escritos* (ver n. 23, do capítulo 1), p. 100-102.

Era um triste sujo
feito de doença
e de mortal desgosto
na pele enfarada.
Não era sujo preto
– o preto tão puro
numa coisa branca.
Era sujo pardo
pardo, tardo, cardo.

O *habitus* surrealista possibilita ao poeta uma enorme liberdade de imagens. Associações insólitas permitem sublinhar o conteúdo emocional das situações humanas, com uma força expressiva bem superior à da adjetivação mais tradicional. Em "O boi" (J, 122), por exemplo,

1   *Ó solidão do boi no campo,*
     ó solidão do homem na rua!
     Entre carros, trens, telefones,
     entre gritos, o ermo profundo.

5   *Ó solidão do boi no campo,*
     ó milhões sofrendo sem praga!
     Se há noite ou sol, é indiferente,
     a escuridão rompe com o dia.

     Ó solidão do boi no campo,
10 *homens torcendo-se calados!*
     A cidade é inexplicável
     e as casas não têm sentido algum.

     Ó solidão do boi no campo!
     O navio-fantasma passa
15 *em silêncio na rua cheia.*
     Se uma tempestade de amor caísse!
     As mãos unidas, a vida salva...
     Mas o tempo é firme. O boi é só.
19 *No campo imenso a torre de petróleo.*

o paralelismo dos dois primeiros versos repousa numa aproximação inaudita: o boi e o *homo urbanus*! Mas é a imagem rural, tão familiar ao ex-fazendeiro Drummond, que apreende por via analógica a profunda solidão do homem perdido na massa (v. 6), exilado do sentido da existência (v. 11-12), navegador à deriva deste frio que é a *lonely crowd*, a multidão das cidades modernas,[3] o indivíduo paradoxalmente só na agitação frenética das concentrações urbanas:

> *Entre carros, trens, telefones,*
> *entre gritos, o ermo profundo.*

A rua, o campo, o mar: as imagens se sucedem umas após outras em associações livres, quase oníricas no seu automatismo fantasista. "Palavras no mar" (J, 122) é uma psicologia do evasionismo construída à base de imagens marítimas:

> *Escrita nas ondas*
> *a palavra Encanto*
> *balança os náufragos,*
> *embala os suicidas.*
> *Lá dentro, os navios*
> *são algas e pedras*
> *em total olvido.*
> *Há também tesouros*
> *que se derramaram*
> *e cartas de amor*
> *circulando frias*
> *por entre medusas.*
> *Verdes solidões,*
> *merencórios prantos,*
> *queixumes de outrora,*
> *tudo passa rápido*
> *e os peixes devoram*
> *e a memória apaga*
> *e somente um palor*
> *de lua embruxada*
> *fica pervagando*
> *no mar condenado.*

---

[3] Ver David Riesman et al., *The Lonely Crowd*. New Haven, Yale University Press, 1950.

As cartas de amor do "Necrológio dos desiludidos do amor" (BA, 94) flutuam entre as relíquias e a flora do mar do esquecimento. Em "Os rostos imóveis" (J, 128), o construtivismo das imagens delineia uma paisagem de uma serenidade brumosa, próxima do arquipélago ctônico dos mortos –

Paz de finas árvores,
de montes fragílimos lá embaixo, de ribeiras tímidas,
*   [de gestos que já não podem mais irritar,*
doce paz sem olhos, no escuro, no ar.
Doce paz em mim,
em minha família que veio de brumas sem corte de sol
e por estradas subterrâneas regressa às suas ilhas,
na minha rua, no meu tempo – afinal – conciliado,
na minha cidade natal, no meu quarto alugado,
na minha vida, na vida de todos, na suave e
*   [profunda morte de mim e de todos.*

Assim *José* remoderniza o estilo de Drummond, arrancando-o à melopeia e à imagística idealizante da vertente neorromântica de *Sentimento do Mundo*. As incrustações prosaicas de poemas como "Edifício Esplendor", "A mão suja" ou "José" colocam a "remodernização" sob o signo do "estilo mesclado". Há neste livro, entretanto, pelo menos duas composições da mais alta importância em que seria bem difícil detectar a tensão alto/baixo – tensão entre o problemático e as referências vulgares – que caracteriza a *Stilmischung*. Uma é "Viagem na família"; outra, "O lutador".

"Viagem na família" (J, 132) constitui o primeiro grande voo do lirismo da memória em Drummond. Mas aqui, ao contrário do que se passa na seção "pessoal" do "Edifício Esplendor", a evocação do passado familiar é ainda mais viva, porque elide toda distância entre o eu e sua juventude. Em lugar de um *ubi sunt* nostálgico, conjurado pelo poeta, é o passado que vem procurar o *ego* lírico:

1 *No deserto de Itabira*
   a sombra de meu pai

tomou-me pela mão.
Tanto tempo perdido.
5   *Porém nada dizia.*
Não era dia nem noite.
Suspiro? Voo de pássaro?
Porém nada dizia.

Longamente caminhamos.
10 *Aqui havia uma casa.*
A montanha era maior.
Tantos mortos amontoados,
o tempo roendo os mortos.
E nas casas em ruína,
15 *desprezo frio, umidade.*
Porém nada dizia.

A rua que atravessava
a cavalo, de galope.
Seu relógio. Sua roupa.
20 *Seus papéis de circunstância.*
Suas histórias de amor.
Há um abrir de baús
e de lembranças violentas.
Porém nada dizia.

25 *No deserto de Itabira*
as coisas voltam a existir,
irrespiráveis e súbitas.
O mercado de desejos
expõe seus tristes tesouros;
30 *meu anseio de fugir;*
mulheres nuas; remorso.
Porém nada dizia.

Pisando livros e cartas,
viajamos na família.
35 *Casamentos; hipotecas;*
os primos tuberculosos;
a tia louca; minha avó
traída com as escravas,
rangendo sedas na alcova.

40   Porém nada dizia.

     Que cruel, obscuro instinto
     movia sua mão pálida
     sutilmente nos empurrando
     pelo tempo e pelos lugares
45   defendidos?

     Olhei-o nos olhos brancos.
     Gritei-lhe: Fala! Minha voz
     vibrou no ar um momento,
     bateu nas pedras. A sombra
50   prosseguia devagar
     aquela viagem patética
     através do reino perdido.
     Porém nada dizia.

     Via mágoa, incompreensão
55   e mais de uma velha revolta
     a dividir-nos no escuro.
     A mão que eu não quis beijar,
     o prato que me negaram,
     recusa em pedir perdão.
60   Orgulho. Terror noturno.
     Porém nada dizia.

     Fala fala fala fala.
     Puxava pelo casaco
     que se desfazia em barro.
65   Pelas mãos, pelas botinas
     prendia a sombra severa
     e a sombra se desprendia
     sem fuga nem reação.
     Porém ficava calada.

70   E eram distintos silêncios
     que se entranhavam no seu.
     Era meu avô já surdo
     querendo escutar as aves

     pintadas no céu da igreja;
75   a minha falta de amigos;

> a sua falta de beijos;
> eram nossas difíceis vidas
> e uma grande separação
> 79 na pequena área do quarto.
>
> ....

A lembrança não é solicitada; ela toma a iniciativa, como na memória involuntária de Proust. O verso curto, logo estabilizado como redondilha maior, acalenta a viagem ao país de outrora. De quando em quando, um leve alongamento do metro assinala a subida da emoção –

> aquela viagem patética
> através do reino perdido.
>
> e mais uma velha revolta

seguida às vezes de um *enjambement* dramático –

> *movia sua mão pálida*
> sutilmente nos empurrando
> pelo tempo e pelos lugares /
> *defendidos?*
>
> *Olhei-o nos olhos brancos*
> Gritei-lhe: Fala! Minha voz /
> *vibrou no ar um momento*

Mas durante toda uma série de oitavas, o refrão hexassilábico – porém nada dizia – assegura um "glissando" extremamente eficaz, suspenso apenas na sexta estrofe, onde o poeta quebra a narrativa com uma interrogação. Este "glissando" prefigura, por outro lado, com mão de mestre, a imagística fluida, líquida, do fim do poema:

> 85 Só hoje nos conhecermos!
> Óculos, memórias, retratos
> fluem *no rio do* sangue.
> As águas já não permitem
> distinguir seu rosto longe,
> 90 para lá de setenta anos...
>
> Senti que me perdoava
> porém nada dizia.

> *As águas cobrem o bigode,*
> *a família, Itabira, tudo.*

Na nona estrofe, tornando-se o silêncio doloroso da sombra paterna exasperante, *ego* lança-lhe em vão um grito veemente, único exemplo de repetição mais-que-ternária na obra drummondiana, tão rica em formas verbais reiteradas:[4]

> Fala fala fala fala.

– exasperação que repercute até mesmo na mudança do refrão:[5]

> Porém ficava calada.

O léxico do poema é essencialmente simples e direto, seja ele concreto ou abstrato –

> *A mão que eu não quis beijar,*
> *o prato que me negaram,*
> *recusa em pedir perdão.*

a linguagem se empobrece voluntariamente, buscando aqui as formas cognatas, evitando ali até mesmo a substituição pronominal –

> *Aqui havia uma casa*
> *A montanha era maior*
> *Tantos mortos amontoados,*
> *o tempo roendo os mortos.*

---

[4] O papel expressivo da repetição em Drummond foi assinalado de início por Antônio Houaiss, *Seis Poetas,* cit. (ver n. 14, do capítulo 1), p. 68-74, depois estudado sistematicamente por G. Mendonça Teles, op. cit. (ver n. 43, do capítulo 1), passim. O livro de Mendonça Teles, centrado na epizeuxe, faz a distinção entre a repetição binária, frequente na estilística da língua, e a repetição ternária, mais adequada à estilística da palavra (p. 41). Demonstra, estatisticamente, a constância desse fato em Drummond, muito mais marcada que nos outros poetas do modernismo (p. 54), indicando suas manifestações, seja na construção verbal, seja na construção nominal, amplamente praticada pela literatura contemporânea (p. 95-96).

[5] Mendonça Teles, op. cit., p. 162.

> *Pelas mãos, pelas botinas*
> prendia *a* sombra *severa*
> *e a* sombra *se* desprendia

como se somente o mais estrito despojamento verbal fosse capaz de traduzir uma vivência alucinatória, e irreal por definição, já que

> Não era dia nem noite.

Além disso, essa linguagem designativa, esquivando todo adorno, afasta o patetismo que espreita conflitos a um passo do melodrama (v. 57-59). Eis por que o metaforismo intervém com a maior discrição –

> o tempo roendo os mortos.

numa forma bem clássica (desde o tempo *edax rerum* de Ovídio) e, pois, quase velada. Assim, nem os epítetos inusitados

> as coisas voltam a existir
> irrespiráveis *e súbitas*.

ou em antítese –

> *e uma* grande *separação*
> *na* pequena *área do quarto*.

nem o zeugma semântico

> Há um abrir de baús
> e de lembranças violentas.

têm qualquer coisa de "agressivo". A única figura ostensiva continua a ser a repetição; a repetição *in genere*, desde o refrão e a epizeuxe, destacada por Gilberto Mendonça Teles, até as anáforas (*Seu* relógio. *Sua* roupa / *Seus* papéis de circunstância. / *Suas* histórias de amor) e os acoplamentos[6] –

---

[6] Acoplamento (*coupling*) no sentido de Samuel R. Levin, *Linguistic Structures in Poetry*. Haia, Mouton, 1962, p. 33. O acoplamento ocorre quando a convergência das formas linguísticas naturalmente (isto é, semanticamente) equivalentes se encontram em posições por sua vez

> *A mão que eu não quis beijar*
> *o prato que me negaram,*
>
> *a minha falta de amigos;*
> *a sua falta de beijos;*

Drummond consegue com "Viagem na família" sua primeira obra-prima de lirismo da memória; ele dá a mais alta formulação poética à "imbricação da ideia da morte na ideia da vida", que considera, numa admirável crônica,[7] uma "síntese moral" do maior valor. "... os mortos habitam realmente em nós, sem que o saibamos":[8] essa poderia ser a epígrafe (de 1957) de "Viagem na família" e de todo um ciclo inaugurado por esses versos tão impregnados de um sentimento profundamente luso-brasileiro: a saudade. Como Rilke, Drummond integra na vida os seres amados que desapareceram. Tal como a sombra silenciosa do pai e seu perdão de além-túmulo, a poesia da morte metamorfoseia a lembrança em reconciliação:

> *Senti que me perdoava*
> *porém nada dizia.*

Ora, como se vê, na simplicidade quase sem ornamento da elocução de "Viagem na família", o estilo mesclado não tem muito lugar. "Viagem na família" antes ilustra uma segunda tendência da poesia moderna: *o emprego de um estilo "puro", mas nem por isso acompanhado da idealização da cena lírica*. À falta de mescla estilística no sentido auerbachiano acrescenta-se então a ausência do sublime; o registro lírico não insiste, como no estilo mesclado, no grotesco, mas também não conduz

---

equivalentes. É o caso de *mão* e *prato*: ambos são substantivos, ambos precedidos de artigo e seguidos de uma proposição relativa. Nicolas Ruwet comentou e aperfeiçoou o conceito de acoplamento e sua aplicação analítica em "L'Analyse structurale de la poésie". In: *Linguistics*. Haia, Mouton, n.2, 1963, p. 38-59. O acoplamento é, evidentemente, um dos aspectos mais correntes e mais formalizados da estilística da repetição.

[7] Ver Carlos Drummond de Andrade, *Obra Completa* (2ª ed.).

[8] Id., ib., p. 782.

a uma atmosfera trágica. Essa dissociação estilo puro / idealização trágico-sublime quase não era conhecida na poesia tradicional, para a qual todo estilo puro é, automaticamente, "nobre" e sublime.

Voltemo-nos agora para o outro grande poema isento de *Stilmischung*, "O lutador" (J, 126)

> 1 *Lutar com palavras*
> *é a luta mais vã.*
> *Entanto lutamos*
> *mal rompe a manhã.*
> 5 *São muitas, eu pouco.*
> *Algumas, tão fortes*
> *como o javali.*
> *Não me julgo louco.*
> *Se o fosse teria*
> 10 *poder de encantá-las.*
> *Mas lúcido e frio,*
> *apareço e tento*
> *apanhar algumas*
> *para meu sustento*
> 15 *num dia de vida.*
> *Deixam-se enlaçar,*
> *tontas à carícia*
> *e súbito fogem*
> *e não há ameaça*
> 20 *e nem há sevícia*
> *que as traga de novo*
> *ao centro da praça.*
>
> *Insisto, solerte.*
> *Busco persuadi-las.*
> 25 *Ser-lhes-ei escravo*
> *de rara humildade.*
> *Guardarei sigilo*
> *de nosso comércio.*
> *Na voz nenhum travo*
> 30 *de zanga ou desgosto.*
> *Sem me ouvir deslizam,*
> *perpassam levíssimas*

e viram-me o rosto.
Lutar com palavras
35 parece sem fruto.
Não têm carne e sangue...
Entretanto, luto.

Palavra, palavra
(digo exasperado),
40 se me desafias,
aceito o combate.
Quisera possuir-te
neste descampado,
sem roteiro de unha
45 ou marca de dente
nessa pele clara.
Preferes o amor
de uma posse impura
e que venha o gozo
50 da maior tortura.

Luto corpo a corpo,
luto todo o tempo,
sem maior proveito
que o da caça ao vento.
55 Não encontro vestes,
não seguro formas,
é fluido inimigo
que me dobra os músculos
e ri-se das normas
60 da boa peleja.

Iludo-me às vezes,
pressinto que a entrega
se consumará.
Já vejo palavras
65 em coro submisso,
esta me ofertando
seu velho calor,
outra sua glória
feita de mistério,
70 outra seu desdém,

> outra seu ciúme,
> e um sapiente amor
> me ensina a fruir
> de cada palavra
> 75 a essência captada,
> o sutil queixume.
> Mas ai! é o instante
> de entreabrir os olhos:
> entre beijo e boca,
> 80 tudo se evapora.
> O ciclo do dia
> ora se conclui
> e o inútil duelo
> jamais se resolve.
> 85 O teu rosto belo,
> ó palavra, esplende
> na curva da noite
> que toda me envolve.
> Tamanha paixão
> 90 e nenhum pecúlio.
> Cerradas as portas,
> a luta prossegue
> nas ruas do sono.

Tal como "Viagem", "O lutador"[9] não parece apresentar o conflito – típico do estilo mesclado – entre a visão problemática e traços "baixos". Por outro lado, no plano verbal estes 93 pentassílabos tendem discretamente ao léxico "literário", atestado por palavras como solene (v. 23), sigilo (v. 27), perpassam (v. 32), sapiente (v. 72), esplende (v. 86), acepções como a de comércio (v. 28), construções verbais enclíticas ou mesolíticas do gênero "deixam-se" (v.16) e "ser-lhes-ei" (v. 25).

A primeira estrofe começa por um quarteto bem individualizado, graças à rima (vã/manhã), à isorritmia (acentos na 2ª e na 5ª em todos os versos) e à aliteração

---

[9] Sobre este poema, ver Antônio Houaiss, *Seis Poetas*, cit. (ver n. 14, do capítulo 1), p. 54-59, e também Hélcio Martins, *A Rima na Poesia de Carlos Drummond de Andrade*. Rio de Janeiro, José Olympio, 1968, p. 43.

(tt), sensível desde a proposição predicativa à guisa de figura etimológica:

> Lutar *com palavras*
> é a luta *mais vã.*

A posição estratégica de *rompe* (v. 4) sublinha-lhe o valor semântico: o quarto verso anuncia o desencadear do combate do poeta com as palavras. O segmento seguinte (v. 5-7) já pertence à descrição da luta; assinala a força do inimigo na antítese inicial (São *muitas,* eu *pouco)* e o recuo do primeiro acento do pentassílabo (da 2ª para a 1ª) logo depois do *enjambement* –

> Algu / *mas tão fortes /*
> co / *mo um javali.*

Não se julgando louco (v. 8), o poeta não pensa em substituir por simples magia o penoso combate com a linguagem (v. 9-10). A mobilidade do ritmo nos versos 11-15 reflete os movimentos do "caçador" de palavras: o deslocamento do acento (da 2ª para a 3ª, v. 12-14), produzindo um retardamento, exprime as primeiras tentativas do caçador:

> ... lú / *cido e frio*
> apare / *ço e tento*
> apanhar / *algumas*
> para meu / *sustento*
> num di / *a de vida*

O quinto (e último) segmento da estrofe (v. 16-22) é ainda mais flexível e mais expressivo no que concerne ao ritmo. Distinguem-se aí, pela posição dos acentos, as palavras-caça quase apreendidas (no dáctilo do v. 16 e o troqueu do seguinte) –

> Dei / *xam-se enlaçar*
> ton / *tas à carícia*

sua fuga (é o retorno do acento à 2ª):

> e sú / *bito fogem*

sua perseguição (é o acento "arrastado" para a 3ª, tornado ainda mais pesado pelo polissíndeto):

não há / *ameaça*
e nem há / *sevícia*

e finalmente a resignação momentânea do caçador no retorno ao ritmo dominante (acento na 2ª) –

que as tra / *ga de novo*
ao cen / *tro da praça.*

Ao término do primeiro assalto, o caçador e sua presa estão tão distantes um do outro quanto as palavras rimadas (carícia / sevícia, ameaça / praça)...

O tecido fônico da segunda estrofe (v. 23-37) opõe a tenacidade do perseguidor (a aliteração à base de sibilante: In*s*i*s*to, *s*olerte./ Bu*s*co per*s*uadi-las./ *S*er-lhes-ei e*s*cravo/... Guardarei *s*igilo/ de no*ss*o comér*c*io.) ao desfile desdenhoso das palavras (marcado pelo timbre em – i e o efeito irônico da rima afastada: desgosto / rosto

Sem me ouvir deslizam,
perpassam levíssimas
e viram-me o rosto.

Subitamente (v. 38-50) a imagística da caça é erotizada. A caça às palavras é um combate amoroso, de início com tintas de sadismo

e que venha o gozo
da maior tortura

depois desembocando – ao menos no espírito do "caçador" (v. 61-80) – no abandono das palavras-mulheres. Essas duas estrofes parecem negar o verso 36, onde se dissera que as palavras não têm carne nem sangue, elas antes evocam, com um nada de paródia, o venerável tema bíblico do *verbum caro factum*. Entretanto, entre os dois momentos, o real e o sonhado, em que a palavra se fez carne, a quarta estrofe (v. 51-60) retoma a esquivança implacável das palavras. Os tt, símbolo da luta, se acumulam num quarteto de ritmo sabiamente equilibrado (dois versos acentuados na 2ª, outros dois na 3ª).

> *Lu / to corpo a corpo,*
> *lu / to todo o tempo,*
> *sem maior / proveito*
> *que o da ca / ça ao vento.*

o acoplamento (negação + verbo + substantivo)

> *Não encontro vestes*
> *não seguro formas*

conserva o acento na 3ª; mas é para melhor fazer sentir o verso subsequente, acentuado na 2ª, e onde a inaferrabilidade das palavras se materializa no aspecto líquido do timbre vocálico e do grupo consonantal –

> *é flUIdo InImIgo*

Infelizmente, não é o ilusório abandono sensual das palavras que se "consumará" (v. 63) – é o dia em que o duelo do poeta com a linguagem resultou inútil (v. 81-84). Enamorado, o poeta-combatente de Drummond não receberá a deliciosa visita da musa de que falou Valéry em *"Les Pas"*:

> *Si, de tes lèvres avancées*
> *Tu prépares pour l'apaiser,*
> *A l'habitant de mes pensées*
> *La nourriture d'um baiser,*
>
> *Ne hâte pas cet acte tendre,*
> *douceur d'être et de n'être pas,*
> *Car j'ai vécu de vous attendre,*
> *Et mon coeur n'était que vos pas.*

para ele, a união carnal com a poesia não passa de miragem logo desfeita –

> *Mas ai! é o instante*
> *de entreabrir os olhos:*
> *entre beijo e boca,*
> *tudo se evapora.*

A fascinante beleza da palavra não deixa de esquivar-se ao amante, e o esplendor de seu rosto atravessa a noite –

O teu rosto belo,
Ó palavra, esplende
na curva da noite

As palavras, como as ideias de Platão, atraem sem ser deste mundo. A palavra brilha à margem da noite, mas o poeta permanece cercado de escuro:

na curva da noite
que toda me envolve.

E eis que o combate vai continuar na intimidade, longe do campo aberto (v. 45) de há pouco –

Cerradas as portas,
a luta prossegue
nas ruas do sono.

Será necessário entender por essa afirmação que o poeta, desiludido, renuncia à sua caça em favor de uma eventual inspiração? O artista "lúcido e frio" (v. 11) teria perdido sua altivez? De modo algum, uma vez que "nas ruas do sono" o *combate* continua. Por conseguinte, alguma coisa *dialetiza* a oposição vigília/sono. E antes de tudo porque, desde o nível consciente da caça às palavras, o "sono" age. A teoria da literatura o reconhece, quando vê no lirismo *"an associative rhetorical process, most of it bellow the threshold of consciousness, a chaos of paronomasia, sound links, ambiguous sense-links, and memory links very like that of the dream"*.[10] Substituamos *chaos* por "rede", por exemplo – e a definição convirá estupendamente à natureza íntima do lirismo. De qualquer modo, ela designa o essencial: o papel do inconsciente na produção poética.

Atribui-se frequentemente à psicanálise uma espécie de validação moderna da estética da expressão.

---

[10] Northrop Frye, *Anatomy of Criticism*. Princeton, Princeton University Press, 1957, p. 271-72.

A arte seria o produto da neurose; logo, o espelho – ainda que deformante – do eu. Essa parece ter sido na verdade a concepção estética do próprio Freud. Obviamente, Freud não ignora a diferença entre o poema, texto fabricado, constituído por significações de valor coletivo, e o sonho, que não é composto, nem se destina à comunicação,[11] e não é menos atento à função social (e crítica) da neurose expressa – ao mesmo tempo que sublimada – pela arte. Assim, do ponto de vista da *forma*, a estética da expressão *do inconsciente*, sucedendo à ingênua expressão do *eu* (com a qual a tradição romântica pensou destronar a ideia clássica de uma equação arte = mímese do real), seria mais uma teoria *centrífuga*: a expressão do inconsciente mal se dá conta de que o poema é, antes de tudo, uma certa estrutura verbal.

Ora, Freud nos legou também o esboço de uma concepção totalmente diversa. Em *A piada e suas relações com o inconsciente* (1905), ele nos fala do prazer da libido quando, livre da urgência do desejo, se entrega à atividade combinatória do pensamento. No *mot d'esprit* e no trocadilho, o "dicionário" do inconsciente "oferece" inesperadamente a forma mais adequada à nossa intenção expressiva; o jogo consciência / inconsciente aparece como um fator de seleção de formas: o "processo primário" explora as estruturas da linguagem. Temos, pois, desta vez, uma estética *centrípeta* em relação à forma: uma psicologia da produção verbal para a qual a forma não é, absolutamente, um simples epifenômeno.[12]

Mas, por outro lado, *este papel do inconsciente na produção poética* (na medida em que esta é um desenvolvimento dos processos psíquicos visíveis no chiste e no jogo de palavras) *de modo algum exclui a atividade lúcida do poeta*. Um inconsciente "morfófilo" associado

---

[11] Muito instrutivo a esse respeito o opúsculo *A criação literária e o sonho acordado* (1908). In: *Ensaios de Psicanálise Aplicada*.

[12] A dicotomia centrífugo / centrípeto é devida ao grande historiador da arte E. H. Gombrich, "Freud's Aesthetics". *Encounter*, janeiro de 1966.

à vontade pessoal do artista[13] descreve perfeitamente o "combate nas ruas do sono", prolongando a caça às palavras de Drummond. Além disso, que melhor explicação do "processo associativo" (Frye) do lirismo em geral, e no jogo "palavra-puxa-palavra" (Othon Moacyr Garcia) em Drummond de modo especial, que esta poética psicanalítica voltada para o pseudomistério da forma?

Não poderíamos superestimar a significação de "O lutador" na obra de Drummond. Numa antologia de seus versos, organizada por ele próprio, o poeta transcreve este poema no começo da seção "poesia contemplada";[14] o que significa que o considera sua primeira real reflexão em matéria de poética. Desnecessário acrescentar que "O lutador" representa uma ruptura definitiva com a poética do vivido, sustentada até *Sentimento do Mundo*. Drummond sabe agora que a poesia "não é a arte do objeto" (tal como pensava o jovem autor de *Alguma Poesia),* mas antes a arte "do nome do objeto".[15] *Às vésperas do lirismo social de* A Rosa do Povo, *ele adota decididamente uma poética fundada na experiência da linguagem.* Nesse sentido, realiza ao menos duas proezas decisivas: além de *modernizar muito mais radicalmente a estética do modernismo*, indo, com a maior originalidade, ao encontro da alta tradição da poesia sobre-a-poesia no lirismo pós-romântico no Ocidente (Mallarmé, Pound, Valéry), anexa às novas literaturas de expressão portuguesa uma dimensão temática nova, uma dimensão que é, em si, um indício eloquente do enriquecimento intelectual da forma literária.

---

[13] É preciso lembrar a esse respeito que o reconhecimento da importância de *A Piada...* para a estética psicanalítica é obra da "psicologia do eu". Ver Ernst Kris, *Psychoanalytic Explorations in Art*. Nova York, International Universities Press, 1952, caps. 8, 13 e 14.

[14] *Arte e Sociedade em Marcuse, Adorno e Benjamin: Ensaio Crítico sobre a Escola Neo-hegeliana de Frankfurt*. Rio de Janeiro, Tempo Brasileiro, 1969.

[15] Antonio Candido, *Vários Escritos*, cit., (ver n. 23 do capítulo 1), p. 117.

2. A Rosa do Povo

A *Rosa do Povo* (1945), o livro mais longo de Drummond (55 poemas), escrito de 1943 a 1945, começa com uma poética aparentada com "O lutador": "Consideração do poema" (RP, 137). Já não se trata, entretanto, do combate com as palavras, mas das relações entre elas, e sobretudo de uma reflexão sobre a significação vital do canto lírico, apoiada na evocação de um punhado de poetas modernos –

> *Não rimarei a palavra sono*
> *com a incorrespondente palavra outono.*
> *Rimarei com a palavra carne*
> *ou qualquer outra, que todas me convêm.*
> 5 *As palavras não nascem amarradas,*
> *elas saltam, se beijam, se dissolvem,*
> *no céu livre por vezes um desenho,*
> *são puras, largas, autênticas, indevassáveis.*
>
> *Uma pedra no meio do caminho*
> 10 *ou apenas um rastro, não importa.*
> *Estes poetas são meus. De todo o orgulho,*
> *de toda a precisão se incorporaram*
> *ao fatal meu lado esquerdo. Furto a Vinicius*
> *sua mais límpida elegia. Bebo em Murilo.*[16]
>
> *Que Neruda me dê sua gravata*
> *chamejante. Me perco em Apollinaire. Adeus, Maiakóvski.*
> *São todos meus irmãos, não são jornais*
> *nem deslizar de lancha entre camélias:*
> *é toda a minha vida que joguei.*

---

[16] Vinicius de Moraes (1913-1980) publicara em 1943 *Cinco Elegias* de um neorromantismo bastante prolixo. Mais tarde, renovou a letra da canção popular, tornando-se o primeiro grande poeta de "bossa-nova". Murilo é, bem entendido, Murilo Mendes (1901-1975), poeta modernista católico, de estilo vigorosamente surrealista, nessa época autor sobretudo de *A Poesia em Pânico* (1938). A esse meio-dia do lirismo drummondiano que é *A Rosa do Povo* correspondem, em Murilo, *As Metamorfoses* (1944), *Mundo Enigma* (1945) e *Poesia Liberdade* (1947).

> *Estes poemas são meus. É minha terra*
> *e é ainda mais do que ela. É qualquer homem*
> *ao meio-dia em qualquer praça. É a lanterna*
> *em qualquer estalagem, se ainda as há.*
> *– Há mortos? há mercados? há doenças?*
> *É tudo meu...*

....

"As palavras não nascem amarradas", proclama Drummond: é sua adesão consciente ao fim da hierarquia verbal própria da escrita clássica (a legitimação da "democracia das palavras" de Spitzer). Mas é também o reconhecimento, por parte de Drummond, de que a escrita moderna é solidária de uma "literatura de experiência".[17] Assim como o demonstra a obra dos poetas-irmãos "incorporados" por Drummond, o lirismo moderno implica a recusa de todo esteticismo; na literatura moderna, a "beleza" se torna um valor subordinado; a aspiração à "autenticidade" passa na frente.

Assim, pois, à primeira vista, se retorna a uma poética do vivido, à estética – romântica, se é que há alguma – da expressão. É óbvio que se trata de um romantismo modernizado, isto é, anti-idealista e antissentimental:

> *Poeta do finito e da matéria,*
> *cantor sem piedade, sim, sem frágeis lágrimas,*
> *boca tão seca, mas ardor tão casto.*
>
> (v. 31-33)

É que, em lugar do narcisismo afetivo dos românticos, o eu lírico adota uma ética do arriscar tudo (v. 19: *é toda a minha vida que joguei*), na esperança difícil de que o canto realize com êxito sua "viagem" –

> *Dar tudo pela presença dos longínquos,*
> 35 *sentir que há ecos, poucos, mas cristal,*
> *não rocha apenas, peixes circulando*
> *sob o navio que leva esta mensagem,*

---

[17] Maurice Blanchot, "Gide et la littérature d'experience". In: *La Part du Feu*. Paris, Gallimard, 1949, p. 228.

> e aves de bico longo conferindo
> sua derrota, e dois ou três faróis,
> 40 últimos! esperança do mar negro.
> Essa viagem é mortal, e começá-la.
> Saber que há tudo...

Mensagem ética, dotada de ubiquidade (v. 45-51), aberta a tudo, pois

> Como fugir ao mínimo objeto
> ou recusar-se ao grande?...
>
> (v. 52-53)

e certamente à realidade social –

> ... Tal uma lâmina,
> o povo, meu poema, te atravessa.
>
> (v. 62-63)

Num outro poema de *A Rosa*, "Rola mundo" (RP, 153), Drummond declara o universo

> Irredutível ao canto,
> superior à poesia,

O que não impede que a poética de "Consideração do poema" aspire a fazer do canto um mapeamento do mundo, sob todos os aspectos possíveis.

Só que esse ecumenismo crítico da voz lírica ("ser explosivo, sem fronteiras", v. 25) é incapaz de esquecer a natureza *verbal* da poesia. As palavras são sempre, como em "O lutador", autônomas e impenetráveis –

> 5 As palavras não nascem amarradas
> *elas* saltam, se beijam, se dissolvem,
> no céu livre *por vezes um desenho*,
> são puras, largas, *autênticas*, indevassáveis.

a viagem do canto é um

> ... mover-se em meio
> a milhões e milhões de formas raras,
> secretas, duras...
>
> (v. 42-44)

A poética da expressão, portanto, não era senão aparência: escrever não significa antes de tudo "expressar-se", mas sim viver entre as formas da linguagem. Reencontramos sem dificuldade a "paixão da linguagem" de "O lutador". Inútil assinalar a diferença entre essas "formas raras" e a aristocracia esteticista dos estilos parnasiano e simbolista. Essas formas só são raras, secretas, porque a mensagem "mortal" (v. 41) da poesia só atinge seu fim após ter celebrado o mistério da linguagem. *A ascese do ágon com as palavras é estritamente necessária à autenticidade vital da poesia.* Pode acontecer que a dureza, a aspereza das palavras esteja em relação com a revolta reprimida do poeta diante das misérias de nossa época. A linguagem "explosiva" é, em todo caso, o idioma confessado do poema "Nosso tempo" (RP, 144), cuja primeira parte termina assim:

Calo-me, espero, decifro.
As coisas talvez melhorem.
São tão fortes as coisas!

Mas eu não sou as coisas e me revolto.
Tenho palavras *em mim buscando canal,*
são roucas *e* duras,
irritadas, *enérgicas,*
comprimidas há tanto tempo,
perderam o sentido, querem apenas explodir.

Mais profundamente, entretanto, o que há de resistente, de inapreensível nas palavras decorre da própria linguagem. Em última análise, é esta que impõe a peregrinação "em meio a milhões e milhões de formas raras" antes (de) e durante o abandonar-se do poema à sua viagem ao autêntico, para além de toda beleza decorativa. Esta ascese, nitidamente debuxada, como vimos, em "Consideração do poema", torna-se o tema explícito da segunda *ars poetica* do livro, "Procura da poesia" (RP, 138):

Não faças versos sobre acontecimentos.
Não há criação nem morte perante a poesia.

> Diante dela, a vida é um sol estático,
> não aquece nem ilumina.
> 5   As afinidades, os aniversários, os incidentes
> [pessoais não contam.
> Não faças poesia com o corpo,
> ....
> O que pensas e sentes, isso ainda não é poesia.
> Não cantes tua cidade...
> ....
> O canto não é a natureza
> nem os homens em sociedade.
> ....
> Não dramatizes, não invoques,
> não indagues. (...)
> ....
> Não recomponhas
> tua sepultada e merencória infância.
> 30 Não oscilles entre o espelho e a
> memória em dissipação.
> ....
> Penetra surdamente no reino das palavras.
> 35 Lá estão os poemas que esperam ser escritos.
> Estão paralisados, mas não há desespero,
> há calma e frescura na superfície intata.
> Ei-los sós e mudos, em estado de dicionário.
> Convive com teus poemas, antes de escrevê-los.
> 40 Tem paciência, se obscuros. Calma se te provocam.
> Espera que cada um se realize e consume
> com seu poder de palavra
> e seu poder de silêncio.
> Não forces o poema a desprender-se do limbo.
> 45 Não colhas no chão o poema que se perdeu.
> Não adules o poema. Aceita-o
> como ele aceitará sua forma definitiva e
> [concentrada no espaço.
>
> Chega mais perto e contempla as palavras.
> 50 Cada uma

> *tem mil faces secretas sob a face neutra*
> *e te pergunta, sem interesse pela resposta,*
> *pobre ou terrível, que lhe deres:*
> *Trouxeste a chave?*

55 *Repara:*
   ermas de melodia e conceito
   elas se refugiaram na noite, as palavras.
   Ainda úmidas e impregnadas de sono,
   rolam num rio difícil e se transformam em desprezo.

A tarefa primordial do poeta é, pois, entrar sem ruído no "reino das palavras"; é o *respeito* da linguagem que exclui qualquer precipitação no ato de escrever. As palavras não são necessariamente hostis; ao contrário do que se passa em "O lutador", elas não se esquivam sistematicamente ao poeta – aguardam-no, pois a linguagem "em estado de dicionário" encerra os poemas "que esperam ser escritos". O que o poema diz, e mesmo o que diz *calando* (v. 41-42), obedece a uma lei superior à simples vontade do escritor: a lei da linguagem. Nenhuma intenção expressiva se lhe poderia subtrair. As oito interdições que precedem a instigação a "penetrar no reino das palavras" (v. 1 a 32) não têm outro sentido além do reconhecimento do primado da linguagem. Toda veleidade concernente à expressão "direta" do pensamento é ilusória; para exprimir o que quer que seja, é preciso passar pelo estranho reino das palavras. Entretanto, uma vez que se tenha aí "vivido", cada uma das intenções expressivas defendidas na primeira parte do poema se torna princípio válido. Não é por acaso que o próprio Drummond muitas vezes – e precisamente em *A Rosa do Povo* – faz versos sobre acontecimentos (os da guerra, por exemplo), sobre as paixões da alma e do corpo, sobre a cidade, sobre as lembranças da infância... até mesmo "dramatizando, invocando e interrogando" muito. A relação entre o que é proibido (1ª parte) e o que se deve fazer (2ª parte) é, pois, dialeticamente irônica. "Procura da poesia" não proíbe de modo algum a vasta escala de assuntos que o lirismo universal de "Consideração do poema" acabava de autorizar, comprometendo nisso mesmo a autenticidade da poesia; proibida é apenas a abordagem dos assuntos através de uma atitude ingênua, no que diz respeito ao discurso. Drummond não pretende negar – como essa estéril vanguarda contemporânea – que o discurso poético é discurso *sobre* alguma coisa. *Para ele, a experiência da linguagem, por mais importante, por mais necessária que seja é o meio, não o fim, do discurso literário.*

Pensa na doçura das palavras. Pensa na dureza das palavras.
Pensa no mundo das palavras. *Que febre te comunicam.*
                              [Que riqueza.
Mancha de tinta ou gordura, em todo caso mancha de vida.

– diz ao homem a pomba redentora no final do diálogo em verso "Noite na repartição" (RP, 171). É por isso que ele pode inserir naturalmente o combate com as palavras, e a estada em seu reino, no quadro mais vasto de uma meditação sobre o sentido ético e humano da poesia. A poética de *"A Rosa do Povo" integra a psicologia da produção poética de "José" numa verdadeira filosofia da literatura.*

A Rosa do Povo traz ao lirismo de Drummond uma escala temática mais ampla. As vicissitudes do eu, a cena familiar, a lira erótica, o canto engajado e o drama do cotidiano, a pintura da história e o quadro de gênero, a poesia sobre a poesia e o poema filosófico partilham cerca de meia centena de textos, quase sempre de primeira ordem. Com *A Rosa do Povo* se realiza a promessa de *Sentimento do Mundo:* cantar "a vida presente". Diante da realidade burguesa do tempo da guerra, o *"sentimento do mundo" fica historicizado.* O lirismo social e engajado se desdobra em literatura "sociológica"; sem jamais visar ao simples documento, a interpretação lírica se alimenta de uma espécie de análise sociológica bem sua, mas de modo algum menos reveladora que os métodos científicos.

Esse historicismo lírico escolhe por vezes grandes assuntos no espaço, como "América" (RP, 191) –

> Esta solidão da América... Ermo e cidade grande se
> [espreitando.

ou no tempo, como o conflito mundial ("Carta a Stalingrado", RP, 195; "Visão 1944", RP, 199; "Com o russo em Berlim", RP, 201); mas é sem dúvida mais convincente quando se mantém na órbita da vida cotidiana, tão bem expressa em peças como "Morte no avião" (RP, 176) ou a quinta parte de "Nosso tempo" (RP, 144), e também pelo *fait divers* de "Morte do leiteiro" (RP, 169) ou a fantasia dramática "Noite na repartição" (RP, 171).

As mais das vezes, a prospecção do cotidiano conduz ao afastamento das pessoas, à solidão sem grandeza do *homo urbanus*. Opondo o desejo de ir de mãos dadas em *Sentimento do Mundo* ("Mãos dadas", SM, 111) às pequenas misérias da "multidão solitária", assinaladas desde José, o poeta chega a constatar o adiamento da comunhão dos homens. –

> Já não há mãos dadas no mundo.
> Elas agora viajarão sozinhas.
> Sem o fogo dos velhos contatos,
> que ardia por dentro e dava coragem.
> ("Mas viveremos", RP, 197)

De quem é a culpa? Certamente, da ubiquidade do capitalismo, maléfico poder –

> O esplêndido negócio *insinua-se no tráfego*.
> *Multidões que o cruzam não veem. É sem cor e sem cheiro.*
> Está dissimulado no bonde, por trás da brisa do sul,
> vem na areia, no telefone, na batalha de aviões,
> toma conta de tua alma e dela extrai uma porcentagem.
> ("Nosso tempo", RP, 146)

O capitalismo, ou o reino do inumano, agravado no Brasil pelo policialismo da ditadura (o "Estado Novo" de Vargas):

> *É tempo de meio silêncio,*
> *de boca gelada e murmúrio,*
> *palavra indireta, aviso*
> *na esquina. Tempo de cinco sentidos*
> *num só. O espião janta conosco.*
>
> (Ib.)

O intelectual marxizante, que é Drummond nessa época, adota assim uma concepção humanista, *moralista* de processo social, concepção que tende (do mesmo modo que vários ramos do chamado "marxismo ocidental") a confundir de maneira ingênua o capitalismo com fenômenos "imorais" que, como a usura, antes pertencem a uma etapa pré-capitalista da economia e da sociedade. Desse modo, não nos surpreenderemos ao encontrar a energia máxima do olhar sociológico de Drummond, não nessas prosopopeias antinegócio, mas na elaboração poética de instantâneos realistas. Vejamos por exemplo o começo de "A flor e a náusea" (RP, 140)

> *Preso à minha classe e a algumas roupas,*
> *vou de branco pela rua cinzenta.*
> *Melancolias, mercadorias espreitam-me.*
> *Devo seguir até o enjoo?*
> 5 *Posso, sem armas, revoltar-me?*
>
> *Olhos sujos no relógio da torre:*
> *Não, o tempo não chegou de completa justiça.*
> *O tempo é ainda de fezes, maus poemas,*
> *   [alucinações e espera.*
>
> *O tempo pobre, o poeta pobre*
> 10 *fundem-se no mesmo impasse.*
>
> *Em vão me tento explicar, os muros são surdos.*
> *Sob a pele das palavras há cifras e códigos.*
> *O sol consola os doentes e não os renova.*
> *As coisas. Que tristes são as coisas consideradas*
> *   [sem ênfase.*
>
> 15 *Vomitar esse tédio sobre a cidade.*

> *Quarenta anos e nenhum problema*
> *resolvido, sequer colocado.*
> *Nenhuma carta escrita e nem recebida.*
> *Todos os homens voltam para casa.*
> 20 *Estão menos livres mas levam jornais*
> *e soletram o mundo, sabendo que o perdem.*

Para o lirismo anti-heroico do cotidiano urbano –

> *vou...* pela rua *cinzenta*
> *Vomitar esse tédio sobre a* cidade
> Todos os homens voltam para casa

o *spleen* de Baudelaire é um motivo tradicional. Mas aqui o *tédio,* flutuando contra o horizonte da náusea

> *... seguir até o enjoo?*

difunde sobre o cenário urbano uma melancolia quase cósmica, uma tristeza desencantada de *lacrimae rerum*: "Como são tristes, as coisas..." esse sentimento abjeto e deprimente, o *taedium vitae* a vomitar, modulam-no a fundo as técnicas convocadas pelo estilo mesclado. Com o passo flexível de um monólogo, o verso livre circula entre sutis aliterações paronomásticas (O sol consola ou bem o fino achado: melancolias, *mercadorias*), o zeugma semântico (abstrato concreto: Preso *à minha classe* e *a algumas roupas*), as anáforas (o tempo, v. 8 e 9) e as metáforas (vomitar tédio; soletrar o mundo). O baixo, o sórdido invadem brutalmente o discurso: *fezes, vomitar.* O passeio melancólico do burguês (Preso à minha classe... / vou de branco) é embelezado por figuras que sublinham o turvo aspecto do ambiente, o isolamento e a impotência de seus habitantes: cromatismo antitético

> *vou de* branco *pela rua* cinzenta

a curiosa metáfora, em que *designatum* e veículo (segundo I. A. Richards) estão igualmente presentes: *os muros são surdos* – dos outros que são surdos como muros, se passa à ideia de que é aos próprios muros que o locutor, no auge da solidão, se dirige; a antítese dos versos 18-19 –

> Nenhuma *carta escrita nem recebida.*
> Todos os *homens voltam para casa.*

alusão ainda à incomunicação dos indivíduos na "multidão solitária"; enfim, o tecido fônico dos versos 20-21, onde as aliterações e a cadência em alexandrino (v. 21) –

> *Estão menos livres mas levam jornais*
> *e soletram o mundo, sabendo que o perdem.*

lançam crua luz sobre o divórcio tipicamente moderno de informação e comunicação.[18] E com que sucinta habilidade a imagem do passeante-"prisioneiro" (v. 1), atormentado pelo tédio e o espírito de revolta, conduz à segunda estrofe! O passeante alça os olhos até o relógio da torre, cronômetro coletivo da cidade (após a "rua cinzenta" (v. 2), como saber exatamente se esses "olhos sujos" não são uma hipálage? Não seria a torre acinzentada e poluída como a rua?). Entretanto, em lugar da hora, lá o poeta vê o rosto moral de seu tempo:

> *Não, o tempo não chegou de completa justiça.*
> *O tempo é ainda de fezes, maus poemas, alucinações*
> *[e espera.*

A crítica do Zeitgeist emerge do mais puro realismo do cotidiano. Conta-se que na noite do primeiro dia da Revolução de Julho, começaram subitamente a atirar de vários pontos de Paris, como se fora combinado, contra os relógios das torres da cidade. A cesura revolucionária revogava, assim, por um simbolismo espontâneo, o *continuum* da história. Em "A flor e a náusea", entretanto, o *eschaton* libertador e justiceiro ainda não chegou. O tempo do relógio continua seu curso, indiferente à espera quimérica dos homens (alucinações e espera). Não podendo ser escatológico, o "tempo pobre" (v. 9) se faz *escatologique*: é a idade dos excrementos (v. 8), o tempo

---

[18] Ver a propósito as penetrantes observações de Walter Benjamin em "Le Narrateur". In: *Poésie et Révolution,* cit. (ver n. 40 do capítulo 1), p. 139-169. Um outro poema da *Rosa,* "Nosso tempo", censura "a falsificação das palavras pingando nos jornais".

apodrecido, a longa, insuportável estação do impasse (v. 10) – o tempo morto do "prático-inerte" de Sartre.[19]

A vida reificada do "homem da rua" é menos consequência do capitalismo que da sociedade de massa. Em "Nosso tempo", que contém um admirável afresco da alienação contemporânea, a vítima do processo social não é o proletário explorado, mas o burocrata anônimo, menos escravo do "negócio" que da sociedade urbano-industrial, capitalista ou não –

> *Escuta a hora formidável do almoço*
> *na cidade. Os escritórios, num passe, esvaziam-se.*
> ....
> *Come, braço mecânico, alimenta-te, mão de papel, é*
> *tempo de comida, mais tarde será o de amor.*
> ....
> *Escuta a hora espandongada da volta.*
> *Homem depois de homem, mulher, criança, homem,*
> *roupa, cigarro, chapéu, roupa, roupa, roupa,*
> *homem, homem, mulher, homem, mulher, roupa, homem,*
> *imaginam esperar qualquer coisa,*
> *e se quedam mudos, escoam-se passo a passo, sentam-se,*
> *últimos servos do negócio, imaginam voltar para casa,*
> *já noite, entre muros apagados, numa suposta cidade,*
>   *[imaginam.*
> *Escuta a pequena hora noturna de compensação, leituras,*
>   *[apelo ao*
> *cassino, passeio na praia,*
> *o corpo ao lado do corpo, afinal distendido,*
> *com as calças despido o incômodo pensamento de escravo,*
> *escuta o corpo ranger, enlaçar, refluir,*
> *errar em objetos remotos e, sob eles soterrado sem dor,*
> *confiar-se ao que-bem-me-importa*
> *do sono.*

A reificação inspira os qualificativos: braço *mecânico*, mão *de papel*. O verso livre rivaliza com as tomadas

---

[19] Jean Paul Sartre, *Critique de la Raison Dialectique*. Paris, Gallimard, 1960, passim.

cinematográficas, colocando o mais extremo despojamento verbal – os nomes apenas e sua reiteração – a serviço das cenas de massa:

> Homem depois de homem, mulher, criança, homem,
> roupa, cigarro, chapéu, roupa, roupa, roupa,
> homem, homem, mulher, homem, mulher, roupa, homem,

No desfile do *rush*, os átomos da vaga humana ocupam o mesmo nível que os objetos: o homem, a mulher, a criança valem o chapéu, o cigarro, as roupas. Isto não se deve apenas ao "cinetismo" da imagem: é também uma consequência da reificação, pois a existência alienada dos "escravos" modernos se materializa antes de tudo através do uso dos objetos corporais. Instrumentos de um suplício tanto mais cruel por ser frequentemente anestésico, as coisas íntimas detêm o *ethos* alienado:

> com as calças despido o incômodo pensamento de escravo.

O universo materialista da cidade e do escritório consegue a mais execrável das ironias: "espiritualizar" a matéria, tornando-a signo, tanto quanto instrumento, da desumanização.

O que, em definitivo, a poesia drummondiana denuncia constantemente, do ponto de vista do comportamento humano, não é uma classe social, mas *uma classe cultural* não obrigatoriamente ligada a um *stratum* determinado da hierarquia social. O burguês em *A Rosa do Povo* é a rigor o homem de hábitos tão medíocres como regulares, o conformista medroso, afastado para sempre de toda ética da aventura. A onipresença do medo, já estigmatizada, lembremo-nos, em "Sentimento do mundo" (SM, 105; cf. p. 75 deste livro), é o tema de "O medo" (RP, 143) –

> *Assim nos criam burgueses.*
> *Nosso caminho: traçado.*
> *Por que morrer em conjunto?*
> *E se todos nós vivêssemos?*
>
> *Vem harmonia do medo,*
> *vem, ó terror das estradas,*

> susto na noite, receio
> de águas poluídas. Muletas
>
> do homem só. Ajudai-nos,
> lentos poderes do láudano.
> Até a canção medrosa
> se parte, se transe e cala-se.
>
> Faremos casas de medo,
> duros tijolos de medo,
> medrosos caules, repuxos,
> ruas só de medo e calma.
>
> E com asas de prudência,
> com resplendores covardes,
> atingiremos o cimo
> de nossa cauta subida.

No fundo do medo geral, um terror ainda mais fundo: a fuga diante da verdade. É a metamorfose da alienação em má-fé, tão sensível na conversa convencional do cotidiano –

> ... a [hora] da conversa
> com indiferentes
> ou com burros de óculos,
> gelatina humana,
> vontades corruptas,
> palavras sem fogo,
> lixo tão burguês,
> lesmas de blackout
> fugindo à verdade
> como de um incêndio.
>
> ("Uma hora e mais outra", RP, 150)

A época burguesa denunciada por Drummond não conhece sequer o prazer e a beleza reais. A reificação corrói até mesmo os ócios; em lugar do hedonismo impressionista, tem-se apenas

> o homem feio, de mortal feiúra,
> passeando de bote
> num sinistro crepúsculo de sábado.
>
> ("Nosso tempo")

"Ó fim do parnasiano, começo da era difícil, a burguesia apodrece", exclama com alegria mal dissimulada um poema cheio de "verve" satírica, "Anúncio da rosa" (RP, 159). De tudo o que pertence ao estilo de vida que ele engloba sob o nome de mundo capitalista, o poeta resolutamente se despede –

> *O poeta*
> *declina de toda responsabilidade*
> *na marcha do mundo capitalista*
> *e com suas palavras, intuições, símbolos e outras armas*
>
> *promete ajudar*
> *a destruí-lo*
> *como uma pedreira, uma floresta,*
> *um verme.*
>
> ("Nosso tempo")

Entretanto, a hostilidade em relação ao seu tempo não desemboca em pessimismo. A crítica da civilização de modo algum exclui, em Drummond, o amor à vida. Por pior que seja o peso das tristezas, por diversas que sejam as fontes da angústia e constante sua ação sobre os homens, uma espécie de aceitação cristã da existência, bem distante da simples resignação estoica, acaba por superar o desespero cotidiano. É sempre possível "vencer o desgosto", "calcando o indivíduo", descobrindo o outro,

> *pois a hora mais bela*
> *surge da mais triste.*
>
> ("Uma hora e mais outra", RP, 150)

Três poemas ao menos: "Passagem da noite" (RP, 149), "Uma hora e mais outra" e "Noite na repartição" – em que a pomba consoladora exprime um simbolismo ético que não poderia ser mais cristão – descrevem de forma essencial a superação do desespero rumo ao gosto de viver.

O auge da historicização do "sentimento do mundo" está no lirismo erótico de "O mito" (RP, 161). É a descrição de uma paixão violenta –

> *Sequer conheço Fulana,*
> *vejo Fulana tão curto,*
> *Fulana jamais me vê,*
> *mas como eu amo Fulana.*
> *..............................*
> *Amo Fulana tão forte*
> 10 *amo Fulana tão dor,*
> *que todo me despedaço*
> *e choro, menino, choro.*
>
> *Mas Fulana vai se rindo...*
> *Vejam Fulana dançando.*
> 15 *No esporte ela está sozinha.*
> *No bar, quão acompanhada.*

o espaço rítmico da redondilha maior se presta com maleabilidade ao contraste entre a intensidade do amor e a situação ridícula do enamorado, totalmente ignorado de sua dama (vejo Fulana tão curto, / Fulana jamais me vê), porque, se o patético reina, nem por isso é menos contrariado, desde o início, por notas sóbrias e desidealizantes: a ausência "pudica" dos pontos de exclamação nas proposições exclamativas (v. 4, 12 e 16), a expressão coloquial (e choro, *menino*, choro), a indeterminação do nome da mulher amada. O retrato de Fulana, a jovem moderna da alta-burguesia, o sofrimento solitário de seu pobre adorador são representados com toda a liberdade de ataque do estilo mesclado:

> *E sequer nos compreendemos.*
> *É dama de alta fidúcia,*
> *tem latifúndios, iates,*
> 20 *sustenta cinco mil pobres.*
>
> *Menos eu... que de orgulhoso*
> *me basto pensando nela.*
> *Pensando com unha, plasma,*
> *fúria, gilete, desânimo.*
>
> 25 *Amor tão disparatado.*
> *Desbaratado é que é...*
> *..............................*
> *Mas eu sei quanto me custa*

> 30 *manter esse gelo digno,*
> *esta indiferença gaia*
> *e não gritar: Vem, Fulana!*
>
> *Como deixar de invadir*
> *sua casa de mil fechos*
> 35 *e sua veste arrancando*
> *mostrá-la depois ao povo*
>
> *tal como é ou deve ser:*
> *branca, intata, neutra, rara,*
> *feita de pedra translúcida,*
> 40 *de ausência e ruivos ornatos.*

A própria intensidade da paixão já tinha sido expressa de modo insólito, com um substantivo em função adverbial (tão *dor*, v. 10); agora a ironia recorre ao vocabulário *démodé* (dama *de alta fidúcia*) e à hipérbole (sustenta *cinco mil* pobres); o discurso da obsessão amorosa une o concreto e o abstrato (com unha, plasma, *fúria*, gilete, *desânimo*), não hesita em servir-se de termos não "poéticos" (plasma, gilete), e chega até o trocadilho (disparatado / desbaratado). Mas o controle humorístico do tema não impede a fantasia do poeta de divinizar o distante objeto de seus desejos –

> *branca, intata, neutra, rara,*
> *feita de pedra translúcida,*
> *de ausência e ruivos ornatos.*

o jogo dos timbres em claro-escuro (a/eu,u: intAta, nEUtra, rAra; translÚcida: rUivos, ornAtos), o rotacismo (b*r*anca, neut*r*a, *r*a*r*a; ped*r*a t*r*anslúcida, *r*uivos, o*r*natos), o zeugma tão sugestivo (feita de... *ausência* e ruivos ornatos), tudo contribui para marcar a nudez de deusa de Fulana. Seu apaixonado mal consegue afetar um mínimo de indiferença. Sob esse "manter a aparência" que denota o clichê (esse *gelo digno*),[20] seu estado é lamentável.

---

[20] O papel expressivo do clichê acaba de ser reconhecido pela estilística estrutural: v. a esse respeito Michael Riffaterre, *Essais...* cit. (ver n. 8 do capítulo 1), p. 161-81.

O epíteto-onomatopeia *gaia* (v. 31) só faz acentuá-lo de forma mais irônica. O sofredor não tardará (v. 67-76) a lançar-se numa busca delirante da eterna ausente. Obsecado pela imagem de Fulana, não consegue esquecê-la –

> *E são onze horas da noite,*
> *são onze rodas de chope,*
> *onze vezes cai a volta*
> 80 *de minha sede; e Fulana*
>
> *talvez dance no cassino*
> *ou, e será mais provável,*
> *talvez beije no Leblon,*
> *ou talvez se banhe na Cólquida;*
>
> 85 *talvez se pinte no espelho*
> *do táxi; talvez aplauda*
> *certa peça miserável*
> *num teatro barroco e louco;*
>
> *talvez cruze a perna e beba,*
> 90 *talvez corte figurinhas,*
> *talvez fume de piteira,*
> *talvez ria, talvez minta.*
>
> *Esse insuportável riso*
> *de Fulana de mil dentes*
> 95 *(anúncio de dentifrício)*
> *é faca me escavacando.*

as anáforas traduzem implacáveis a natureza obsessiva de seu amor. A sequência assindética dos *talvez* não se modera, admitindo conjunções (*ou, e* será mais provável) senão para dar lugar à suspeita do ciúme (talvez beije no Leblon). Entretanto, a deusa, sem nada perder de seu poder de sedução, já começa a receber referências ligeiramente degradantes: o sorriso é comparado aos rostos dos anúncios publicitários (v. 95)... Não importa; esse sorriso estereotipado penetra o coração do poeta (v. as aliterações do v. 96: é *fa*ca me es*ca*vacando); acaba por desesperá-lo, sugerindo-lhe a clássica agressão dos infelizes passionais: o suicídio –

> *Quero morrer sufocado,*
> *quero das mortes a hedionda,*
> *quero voltar repelido*
> *pela salsugem do largo,*
>
> 105 *já sem cabeça e sem perna,*
> *à porta do apartamento,*
> *para feder: de propósito,*
> *somente para Fulana.*
>
> *E Fulana apelará*
> 110 *para os frascos de perfume.*
> *Abre-os todos: mas de todos*
> *eu salto, e ofendo, e sujo.*

Mas eis que o poeta recobra a lucidez. Fulana não quer saber de fracos; ela é a mulher moderna, sadia e robusta –

> *Fulana é toda dinâmica,*
> *tem um motor na barriga,*
> 135 *Suas unhas são elétricas,*
> *seus beijos refrigerados,*

"Fulana, como é sadia! os enfermos somos nós", diz o poeta (v. 139-40) –

> 141 *Sou eu, o poeta precário*
> *que fez de Fulana um mito,*
> *nutrindo-me de Petrarca,*
> *Ronsard, Camões e Capim;*
>
> 145 *que a sei embebida em leite,*
> *carne, tomate, ginástica,*
> *e lhe colo metafísicas,*
> *enigmas, causas primeiras.*

Mulher atlética e positiva. Fulana destrói o mito do amor petrarquista. Empanturrar-se de Petrarca e seus discípulos, de que o mais ilustre em português é Camões, não passa de estupidez –

> *nutrindo-me de Petrarca,*
> *Ronsard, Camões e* Capim;

("capim", o alimento do "burro"), se se trata apenas de transfigurar estupidamente mulheres – porque a transfiguração em si mesma não passa de servidão ideológica. Debaixo da "mulher fatal" – a boneca burguesa – se entrevê então uma outra eva

> 150 *Mas se tentasse construir*
> *outra Fulana que não*
> *essa de burguês sorriso*
> *e de tão burro esplendor?*

Já não temos que lidar com um patetismo circunscrito pelo humor: estamos enfim em plena sátira. O "esplendor burro" de Fulana é apenas um ídolo burguês. Num outro mundo social, a deusa se humanizaria completamente

> *e nesse mundo...*
> ....
> *E nessa fase gloriosa,*
> ....
> *... digo a Fulana: Amiga,*
> *afinal nos compreendemos.*
> 175 *Já não sofro, já não brilhas,*
> *mas somos a mesma coisa.*
>
> *(Uma coisa tão diversa*
> *da que pensava que fôssemos.)*

Em *A Rosa do Povo*, pois, o lirismo crítico de Drummond tende a recusar a ética da paixão. Este antipetrarquismo radical está nas antípodas do *"amour fou"* pregado por Breton. Esta não é, em absoluto, a última palavra de Drummond sobre o sexo e o amor. Mais tarde, para além de toda cegueira ideológica, Eros saberá reconquistar seu fascínio e prestígio. Com a leitura de "O mito", pretendemos apenas assinalar a força do realismo social drummondiano (que não deve ser confundido com qualquer "realismo socialista"), mostrando-o em ação nessa pretensa *chasse gardée* das convenções líricas: o poema de amor.

Entretanto, o realismo social, o novo historicismo do "sentimento do mundo" não suprimem outros domínios emocionais. O sentimento de culpa em particular – esse eu ético que vimos no *tournant* de *Sentimento do Mundo* chegar até o masoquismo na sua premente necessidade de autocrítica, reaparece em dois poemas, "Carrego comigo" (RP, 141) e "Movimento da espada". O primeiro é construído em torno de um símbolo secreto: o embrulho misterioso levado por ego durante toda a sua vida. Esse embrulho, adivinha-se, é o peso da consciência moral, e por isso mesmo, o penhor da solidariedade do eu em relação aos outros.

> ....
> *Sou um homem livre*
> *mas levo uma coisa.*
>
> *Não sei o que seja.*
> *Eu não a escolhi.*
> *Jamais a fitei.*
> *Mas levo uma coisa.*
>
> *Não estou vazio,*
> *não estou sozinho,*
> *pois anda comigo*
> *algo indescritível.*

A "coisa" não foi escolhida: rigorosamente necessária, como o imperativo categórico de Kant, ela impregna de sentido a experiência da liberdade (*Sou um homem livre – Não estou vazio*). "Movimento da espada" (RP, 158) realiza o voto ético de "A mão suja" (J, 131; ver supra, p. 93-94); uma vez cortado o braço "sujo", o eu do poeta pode aceder à justiça e à fraternidade –

> *Estamos quites, irmão vingador.*
> *Desceu a espada*
> *e cortou o braço.*
> *Cá está ele, molhado em rubro.*
> *Dói o ombro, mas sobre o ombro*
> *tua justiça resplandece.*

Mas nem a autocrítica severa, nem a euforia solidarista arrancam o eu drummondiano a seu antigo, inflexível individualismo. Se o narcisismo irresponsável morreu, o individualismo do *gauche* se obstina sempre em defender o direito à diferença –

> *De longe vieram chamar-me.*
> *Havia fogo na mata.*
> *Nada pude fazer,*
> *nem tinha vontade.*
> *Toda a água que possuía*
> *irrigava jardins particulares*
> *de atletas retirados, freiras surdas, funcionários demitidos.*
> ("Idade madura", RP, 186)

E é neste particularismo coriáceo do eu que bebe a altivez da revolta, o nobre orgulho do inconformista –

> *Ninguém me fará calar, gritarei sempre*
> *que se abafe um prazer, apontarei os desanimados,*
> *negociarei em voz baixa com os conspiradores,*
> *transmitirei recados que não se ousa dar nem receber,*
> *serei, no circo, o palhaço,*
> *serei médico, faca de pão, remédio, toalha,*
> *serei bonde, barco, loja de calçados, igreja, enxovia,*
> *serei as coisas mais ordinárias e humanas e também*
>   *[as excepcionais:*
> *tudo depende da hora*
> *e de certa inclinação feérica,*
> *viva em mim qual um inseto.*
> (Ib.)

Finalmente, também a solidão, amadurecida pela metamorfose moral do eu, encerra a possibilidade de comunicação com o outro; a solidão é simpatia, oferecimento generoso:

> *Portanto, é possível distribuir minha solidão, torná-la*
>   *[meio de conhecimento.*
> *Portanto, solidão é palavra de amor.*
> *Não é mais um crime, um vício, o desencanto das coisas.*
> ("América")

O outro – o outro concreto, o outro *vivido* – é antes de tudo a família. Assim como bem observou o crítico Antonio Candido, "(...) é precisamente o aguçamento dos temas de inquietude pessoal e o aparecimento dos temas sociais que levam [Drummond] à sua peculiaríssima poesia familiar (...)";[21] e ainda "é sem dúvida curioso que o maior poeta social de nossa literatura contemporânea seja, ao mesmo tempo, o grande cantor da família como grupo e tradição".[22]

No centro da família, a presença patriarcal do pai-fazendeiro, barão "feudal", chefe de guerra em caso de necessidade –

> ....
> *No casarão azul*
> *vejo a fieira de quartos sem chave, ouço teu passo*
> *noturno, teu pigarro, e sinto os bois*
> *e sinto as tropas que levavas pela Mata*
> *e sinto as eleições (teu desprezo) e sinto a Câmara*
> *e passos na escada, que sobem,*
> *e soldados que sobem, vermelhos,*
> *e armas que te vão talvez matar,*
> *mas que não ousam.*
> ("Como um presente", RP, 182)

No grande ciclo lírico da família de *A Rosa do Povo*, a sombra do pai já não vem, como em "Viagem na família" (J, 132), buscar o poeta no teatro da memória (em "Os rostos imóveis", J, 128, também os parentes mortos *vinham* ao poeta). Não se entra mais de golpe na lembrança; agora o poeta vai interrogá-la:

> *No país dos Andrades, onde o chão*
> *é forrado pelo cobertor vermelho de meu pai,*
> *indago um objeto desaparecido há trinta anos,*
> ....
> *No país dos Andrades, secreto latifúndio,*
> *a tudo pergunto e invoco; (...).*
> ("No país dos Andrades", RP, 190)

---

[21] Antonio Candido, *Vários Escritos,* op. cit., p. 110.
[22] Id. ib.

enquanto o pai permanece imóvel durante a comovente visita das recordações filiais –

> *Tua imobilidade é perfeita.*
> *(...) O frio sente-se*
> em mim, que te visito. *Em ti, a calma.*
>
> ("Como um presente")

sua condição sociocultural se precisa melhor que antes. Produto da velha sociedade senhorial –

> *Impossível reconhecer teu rosto, mas sei que és tu.*
> *Vem da névoa, das memórias, dos baús atulhados,*
> *da* monarquia, *da* escravidão, *da* tirania familiar.
>
> (Ib.)

ele é sempre o senhor da terra, o "coronel", como se diz no Brasil, munido de um

> *... domínio total sobre irmãos, tios, primos, camaradas,*
> *[caixeiros, fiscais do governo, beatas, padres,*
> *[médicos, mendigos, loucos mansos, loucos*
> *[agitados, animais, coisas:*
>
> (Ib.)

Por mais carregado de valores afetivos que seja para Drummond, o tema da família não escapa à visão histórico-social desenvolvida em *A Rosa do Povo*. As bases econômicas, a sociologia política da família patriarcal brasileira são nele mais marcadas que nas recordações pernambucanas de um Bandeira ou mesmo nos poemas sobre a escravidão de Jorge de Lima. A sociedade restrita e hierarquizada da fazenda e o ambiente moderno da grande cidade são os dois polos do lirismo sociológico de Drummond, cuja acuidade em nada cede ao realismo dos romancistas regionalistas dos anos 1930.

Talvez a dimensão objetiva e realista dos poemas sobre o círculo familiar derive da atitude ambivalente de Drummond, nessa época, em relação a essa instituição; com efeito, de um lado, ele não deixa de pôr em questão o sentido humano da família e do amor que ela nos inspira –

> *É talvez um erro amarmos assim nossos parentes.*
> *A identidade do sangue age como cadeia,*
> *fora melhor rompê-la. Procurar meus parentes na Ásia,*
> *onde o pão seja outro e não haja bens de família a*
> *   [preservar.*
> *Por que ficar neste município, neste sobrenome?*
> *Taras, doenças, dívidas; mal se respira no sótão.*
> *Quisera abrir um buraco, varar o túnel, largar minha terra,*
> *passando por baixo de seus problemas e lavouras, da*
> *   [eterna agência do correio,*
> *e inaugurar novos antepassados em uma nova cidade.*
>   (Ib.)

por outro lado, não se engana com as idealizações da memória, sabendo muito bem o que há de ilusório em toda "idade de ouro" do passado:

> *Nos* áureos *tempos*
> *que eram de* cobre
>   ("Nos áureos tempos", RP, 152)

No entanto, a lembrança é reconciliação. As confissões de amor filial são uma tardia carícia, uma efusão póstuma apagando o gosto amargo das disputas, das revoltas, dos despotismos, da incompreensão mútua. A percepção perturbadora do fato da hereditariedade –

> *a estranha ideia de família*
> *viajando através da carne.*
>   ("Retrato de família", RP, 180)

pacifica a alma do *gauche* rebelde. "Rua da madrugada" (RP, 185), um dos poemas ligados ao ciclo da recordação do pai, fala de

> *confissões exaustas*
> *e uma paz de lã.*

O mesmo se poderia dizer dessa etapa do ciclo da família no lirismo drummondiano: são os textos em que o poeta, uma vez confessados sentimentos muito tempo escondidos aos seus mortos mais caros e próximos, chega a uma serenidade benéfica, a uma espécie de beatitude sentimental, que em vão se buscaria em sua poesia erótica. Na obra de Drummond, a recordação familiar é a emoção – segundo a expressão célebre de Wordsworth – *"recollected in tranquillity"* por excelência.

A ambivalência dos sentimentos de Drummond no que refere ao núcleo familiar e também aos antepassados parece no fundo confirmar sua posição particular de homem que cavalga dois mundos sociais, dois universos de cultura: o Brasil tradicional da fazenda e o Brasil moderno, urbanizado. O autor de *A Rosa do Povo* não tem a sensibilidade conservadora de um Lins do Rego; é antes um intelectual socializante, se bem que seja bastante lúcido para falar no auge de seu engajamento ideológico – de "mitos" proletários (*in* "Idade Madura", RP, 186, v. 53); *conservará sempre o estofo de um liberal de esquerda*. Nada há, pois, de cego ou de ingênuo na sua maneira de considerar o ser social da família patriarcal: ele se dá conta, perfeitamente, de seus aspectos repressivos, até mesmo tirânicos. Contudo, em Drummond, a visão social se liga a uma autêntica crítica da cultura; à crítica da burguesia (incluindo a burguesia senhorial das fazendas), se junta uma análise não menos desencantada do estilo de vida da sociedade moderna, "burguesa" ou não. Nisso reside uma diferença fundamental entre o macrorrealismo drummondiano e a sociologia limitada e míope da maior parte da literatura socialista. Sem de forma alguma abandonar sua lucidez no tocante ao patriarcalismo, *Drummond, pelo contraste que estabelece entre o estilo existencial da sociedade patriarcal e o das massas urbanas alienadas,* se reconcilia dialeticamente com o grupo familiar de feição tradicional, seguramente menos frio e inumano que o espaço vital reificado da grande cidade. É então que a perda de Itabira se torna dolorosa, ainda que o poeta, testemunha perfeitamente consciente de uma época de transição, e sem jamais identificar-se, a rigor, com qualquer forma social, não chegue a pregar a restauração de qualquer passado.

A Rosa do Povo, apogeu da abertura social (e sociológica) do lirismo de Drummond, representa também um aprofundamento de sua dimensão *interior* ou reflexiva. Já conhecemos alguns dos principais avatares do *cogito* drummondiano: assinalamos a amplificação do motivo do eu em *Brejo das Almas*, sua "eticização" desde *Sentimento do Mundo*. *A poesia do eu* – que, por outro lado, não é forçosamente "sobre" o eu – de *"A Rosa do Povo" desloca o acento da urgência ética para uma problemática da finitude e da felicidade*. Uma problemática cuja experiência emocional de base é a consciência do tempo –

> *Até hoje perplexo*
> *ante o que murchou*
> *e não eram pétalas.*
>
> *De como este banco*
> *não reteve forma,*
> *cor ou lembrança.*
>
> *Nem esta árvore*
> *balança o galho*
> *que balançava.*
> *Tudo foi breve*
> *e definitivo.*
> *Eis está gravado*
>
> *não no ar, em mim,*
> *que por minha vez*
> *escrevo, dissipo.*
>
> ("Ontem", RP, 154)

O simbolismo vegetal, e floral em particular, pertence ao *topos* do sentimento poético da fugacidade da vida. Chegado ao *sic transit* íntimo, o pensamento se assimila ao perecer das flores. *"Je suis un vieux boudoir plein de roses fanées"*, murmurava Baudelaire, poeta tão frequentemente debruçado sobre a sensação do tempo vivido. Drummond sublinha esse *topos* metafórico, rejeitando-o:

> *ante o que murchou*
> *e não eram pétalas.*

Ele sabe tirar de um nada – da simples oposição dos tempos verbais e de seu reflexo sobre o ritmo por exemplo – a sugestão quase física do passado –

Nem esta árvore
balan / ça o galho
que balança / va.

"que balançava" prolonga o verso, evocação elegíaca do tempo passado. Por mais lacônico que seja, "Ontem" é uma variação em torno do *florebat olim*,[23] topos reanimado nessa mesma época por alguns dos mais belos poemas de Bandeira.[24] Um outro texto em versos curtos, "O Poeta escolhe seu túmulo" (RP, 155), joga explicitamente com o topos do *ubi fuit* e sua simbólica do fluido –

Onde foi Troia,
onde foi Helena,
onde a erva cresce,
onde te despi,

onde pastam coelhos
a roer o tempo,
e um rio *molha*
roupas largadas,

onde houve, não
há mais agora
o ramo inclinado,

eu me sinto bem
e aí me sepulto
para sempre e um dia.

---

[23] Sobre esses topos, ver a obra clássica de Ernst Robert Curtius, *A Literatura Europeia e a Idade Média Latina*, cap. V.

[24] Ver, por exemplo, uma peça antológica: "Profundamente", em *Libertinagem* (In: Manuel Bandeira, *Estrela da Vida Inteira*, cit., p. 121). Não é improvável que o segmento "... está gravado / *não no ar*, em mim" contenha uma alusão à arquiconhecida "Última canção do Beco", de Bandeira (In: "Lira dos Cinquent'anos"; *Estrela da Vida Inteira*, p. 170), onde o poeta nos diz que seu antigo quarto ficará, após a demolição do edifício, intato, suspenso no ar!

É altamente significativo que a dissipação do vivido não poupe a escrita:

> ... *em mim,*
> *que por minha vez*
> escrevo, dissipo.

Tomando uma direção contrária aos sonetos de Ronsard ou Shakespeare, em que o escrever resgata a brevidade da beleza ou do prazer, Drummond revela uma cumplicidade entre a escrita e a finitude. Todos nos lembramos de que uma das palavras-chave da poesia de Rilke é *Rühmung*, celebração: para o autor das *Elegias de Duíno*, a linguagem poética é aquela que, celebrando, salva o real de seu desaparecimento. Em Drummond, ao contrário, escrever é *dissipar*. Como acabamos de ver, o poeta "se sente à vontade" junto ao *ubi fuit*. A seus olhos, pois, a escrita não celebra: ela *apaga*. É surpreendente a constatação do quanto a poética própria da poesia filosófica de Drummond lembra a teoria da literatura de Maurice Blanchot.[25]

O que os poemas do ciclo de Itabira apresentam *sub specie biographiae* – o *tempo humano*[26] – torna-se, em sua essência abstrata, o objeto dos textos "filosóficos" de *A Rosa do Povo*.

> *Tudo foi prêmio do Tempo*
> *e no tempo se converte.*

afirma "Desfile" (RP, 179), que tematiza da maneira mais clara possível o que Husserl chamava *innere Zeitbewusstsein*, consciência interior do tempo. Mas a finitude não é simplesmente deplorada: muitas vezes ela é aceita, e quase com alegria. O poeta nela encontra um amadurecido paraíso, um éden feito de olvido e de

---

[25] Ver M. Blanchot, *L'Entretien Infini*, cit. (ver n. 26 do capítulo 1), passim; em particular, p. 583-95.

[26] Ver a esse respeito Georges Poulet, *Études sur le Temps Humain* I e II. Paris, Plon, 1950 e 1952.

despojamento. É o estado de beatitude que ele conjura em "Vida menor" (RP, 155):

> *A fuga do real,*
> *ainda mais longe a fuga do feérico,*
> *mais longe de tudo, a fuga de si mesmo,*
> *a fuga da fuga, o exílio*
> *sem água e palavra, a perda*
> *voluntária de amor e memória,*

A aspiração à "vida menor" evita o próprio *cogito;* ela quer

> *... a fuga de si mesmo*

o abandono de todo "suporte" individual do vivido; ela sonha uma existência sem sujeito, uma elisão do tempo:

> ....
> *vida mínima, essencial; um início; um sono;*
> *menos que terra, sem calor; sem ciência nem ironia;*
> *o que se possa desejar de menos cruel: vida*
> *em que o ar, não respirado, mas me envolva;*
> *nenhum gasto de tecidos; ausência deles;*
> *confusão entre manhã e tarde, já sem dor,*
> *porque o tempo não mais se divide em seções; o tempo*
> *elidido, domado.*
> *Não o morto nem o eterno ou o divino,*
> *apenas o vivo, o pequenino, calado, indiferente*
> *e solitário vivo.*
> *Isso eu procuro.*

Estranha vida além do tempo, aquém do destino biológico (*nenhum gasto de tecidos; a ausência deles*)! Pensamos no "desligamento" ideal de Schopenhauer,[27] no hedonismo ascético da vida contemplativa, pois a felicidade da "vida menor" é antes de tudo *ausência de dor*; é a vida "já sem dor",

---

[27] O crítico Afonso Romano de Sant'Anna ("Memória e repetição em Drummond", *Suplemento Literário do Minas Gerais* de 11 de dezembro de 1971) pensa com igual razão no "princípio do nirvana" do último Freud.

o que se possa desejar de menos cruel...

Entretanto, não se trata, como em Schopenhauer, de escapar à *"selva selvaggia"* da existência atormentada pelos apetites, em direção ao ser.

A vida a que aspiramos como paz no cansaço de Drummond não troca as quimeras do desejo por uma Verdade metafísica:

> ... *nem o eterno ou o divino,*
> *apenas o vivo, o pequenino, calado, indiferente*
> *e solitário vivo.*

A vida mínima não significa também uma renúncia absoluta, mas antes uma sabedoria mais humana – a economia vital da idade madura. Assim como está escrito no fim de "Versos à boca da noite" (RP, 188)

> *Uma ordem, uma luz, uma alegria*
> *baixando sobre o peito despojado.*
> *E já não era o furor dos vinte anos*
> *nem a renúncia às coisas que elegeu,*
> *mas a penetração no lenho dócil,*
> *um mergulho em piscina, sem esforço,*
> *um achado sem dor, uma fusão,*
> *tal uma inteligência do universo*
>
> *comprada em sal, em rugas e cabelo.*

Não obstante, com a devida ressalva, somos tentados a considerar a "inteligência do universo" de Drummond o segundo caso de schopenhauerismo das letras brasileiras, sendo o primeiro, naturalmente, Machado de Assis – uma das leituras favoritas de Drummond.

É preciso parar aqui nosso apanhado da riqueza temática de *A Rosa do Povo*. O domínio técnico do livro não é de reconhecimento menos fácil. Neste segundo período do estilo de Drummnd, melopeia e logopeia – para usar uma expressão de Ezra Pound – atingem a maturidade de expressão. Volumoso, *A Rosa* é um livro por vezes desigual; mas a maior parte dos poemas é suficiente para torná-lo a obra central da época de consolidação do modernismo.

A métrica não está ausente, desde os decassílabos ("Versos à boca da noite", RP, 188; "Mas viveremos", RP, 197; "Visão 1944", RP, 199; "Com o russo em Berlim", RP, 201) até a redondilha maior ("Medo", RP, 143; "O mito", RP, 161; "Caso do vestido", RP, 165; "Desfile", RP, 179; "Cidade prevista", RP, 194). Reencontramos o vigoroso pentassílabo, chamado verso de "redondilha menor" de "José" (recordemos o poema-título, ou bem "O lutador") nas composições "Carrego comigo" (RP, 141), "Uma hora e mais outra" (RP, 150) e no soneto irregular "Áporo" (RP, 154). "Ontem" (RP, 154) alterna versos de 4, 5 e 6 sílabas; um outro breve soneto, "O poeta escolhe seu túmulo" (RP, 155), de 4 e 5; "Morte do leiteiro" (RP, 169), de 7 e 8. Mas é bastante raro que tais poemas metrificados sejam também rimados. O verso de medidas equivalentes, ritmado por módulos sintáticos recorrentes, por rimas internas, e pela rima do fim das estrofes em refrão de "Anoitecer" (RP, 142) –

> *É a hora em que o sino toca,*
> *mas aqui não há sinos;*
> *há somente buzinas,*
> *sirenes roucas, apitos*
> *aflitos, pungentes, trágicos,*
> *uivando escuro segredo;*
> *desta hora tenho medo.*
>
> *É a hora em que o pássaro volta,*
> *mas de há muito não há pássaros;*
> *só multidões compactas*
> *escorrendo exaustas*
> *como espesso óleo*
> *que impregna o lajedo;*
> *desta hora tenho medo.*
>
> *É a hora do descanso,*
> *mas o descanso vem tarde,*
> *o corpo não pede sono,*

> *depois de tanto rodar;*
> *pede paz – morte – mergulho*
> *no poço mais ermo e quedo;*
> *desta hora tenho medo.*
>
> *Hora de delicadeza,*
> *gasalho, sombra, silêncio.*
> *Haverá disso no mundo?*
> *É antes a hora dos corvos,*
> *bicando em mim, meu passado,*
> *meu futuro, meu degredo;*
> *desta hora, sim, tenho medo.*

é exceção; bem entendido, há rimas e mesmo refrões em alguns momentos ("Resíduo", "Mas viveremos", "Visão 1944", "Com o russo em Berlim"), mas sua distribuição é sistemática. "Rola mundo" (RP, 153) – ainda uma combinação livre de versos curtos – é um bom exemplo de poesia de rimas "dispersas mas numerosas".[28] Citemos a primeira estrofe, igualmente rica em hábeis aliterações –

> *Vi moças gritando*
> *numa tempestade.*
> *O que elas diziam*
> *o vento largava,*
> *logo devolvia.*
> *Pávido escutava,*
> *não compreendia.*
> *Talvez avisassem:*
> *mocidade é morta.*
> *Mas a chuva, mas o choro,*
> *mas a cascata caindo,*
> *tudo me atormentava*
> *sob a escureza do dia,*
> *e vendo*
> *eu pobre de mim não via.*

Entretanto, *a grande maioria das peças adota o verso livre e branco.*

---

[28] Hélcio Martins, op. cit. (ver n. 9), p. 48.

Grosso modo, o *estilo mesclado* e a elocução lírica *pura*, que vimos partilhar as páginas principais de *José*, continuam a equilibrar-se; isso vale não só para os textos mais importantes em verso livre, mas também para os poemas "metrificados". Poemas livres como "A flor e a náusea" (RP, 140), "Nosso tempo" (RP, 144), "Resíduo" (RP, 165), "Morte no avião" (RP, 176), "Como um presente" (RP, 182), "No país dos Andrades" (RP, 190), "Idade madura" (RP, 186), ou "Onde há pouco falávamos" (RP, 204), "Indicações" (RP, 203) apresentam sinais evidentes de "mescla dos estilos"; em todos ressalta o contraste entre o tom problemático e as referências prosaicas e vulgares. O mesmo poderíamos dizer dos versos mais regulares de "Anoitecer", "Uma hora e mais outra", "Rola mundo", "O mito" ou "Morte do leiteiro". Assinalamos alguns desses traços de *Stilmischung* quando nos ocupamos de "*A flor e a náusea*" (ver supra, p. 121-23) "Nosso tempo" (p. 124) e "O mito" (p. 127-28). Eis alguns mais: A enumeração caótica da apóstrofe da 3ª parte de "Nosso tempo":

Ó conta, velha preta, ó jornalista, poeta, pequeno
                                     [historiador urbano,
ó surdo-mudo, depositário de meus desfalecimentos,
                                     [abre-te e conta,
moça presa na memória, velho aleijado, baratas dos
                         [arquivos, portas rangentes, solidão e asco,
pessoas e coisas enigmáticas, contai,
capa de poeira dos pianos desmantelados, contai;
velhos selos do imperador, aparelhos de porcelana,
                                      [partidos, contai;
ossos *na rua, fragmentos de jornal,* colchetes no chão
                       [da costureira, luto no braço, pombas,
                       [cães errantes, animais caçados, contai.

ou bem esta, mais concisa, do fim de "Indicações"[29]

Lençóis amarelecem, gravatas puem,
a barba cresce, cai, os dentes caem,

---

[29] Destacada por Gilberto Mendonça Teles, op. cit. (ver n. 1), p. 150.

> os braços caem,
> caem partículas de comida de um garfo hesitante,
> as coisas caem, caem, caem,
> e o chão está limpo, é liso.

a de "Idade madura" (versos citados supra, p. 134), ou ainda esta polissindética de "Resíduo":

> Mas de tudo, terrível, fica um pouco,
> e sob as ondas ritmadas
> e sob as nuvens e os ventos
> e sob as pontes e sob os túneis
> e sob as labaredas e sob o sarcasmo
> e sob a gosma e sob o vômito
> e sob o soluço, o cárcere, o esquecido
> e sob os espetáculos e sob a morte de escarlate
> e sob as bibliotecas, os asilos, as igrejas triunfantes
> e sob tu mesmo e sob teus pés já duros
> e sob os gonzos da família e da classe,
> fica sempre um pouco de tudo.
> Ás vezes um botão. Ás vezes um rato.

os detalhes deliberadamente grotescos insertos nos textos cujo espírito dominante não é absolutamente satírico, como em "Uma hora e mais outra",

> nem a pobre hora
> da evacuação:
> um pouco de ti
> desce pelos canos,
> oh! adulterado,
> assim decomposto,
> tanto te repugna,
> recusas olhá-lo:
> é o pior de ti?

o metaforismo bem concreto, no quadro dos zeugmas, do gênero

> ... não olho os cafés
> que retinem xícaras e anedotas
>
> ("Morte no avião")

e as comparações não menos concretas –

> ... *multidões compactas*
> *escorrendo exaustas*
> *como espesso óleo*
> *que impregna o lajedo*
>
> ("Anoitecer")

e enfim a imagística fantástica, surrealista –

> *Este é tempo de divisas*
> *tempo de gente cortada.*
> *De mãos viajando sem braços,*
> *obscenos gestos avulsos.*
>
> ("Nosso tempo")

> *Fulana é toda dinâmica,*
> *tem um motor na barriga.*
> *suas unhas são elétricas*
> *seus beijos refrigerados,*
>
> ("O mito")

> *No país dos Andrades, onde o chão*
> *é forrado pelo cobertor vermelho de meu pai,*
> ....

Assim, a fantasia, o humor e a ótica grotesca se dão as mãos para assegurar a vitalidade do estilo mesclado, cujo verso livre adquire em *A Rosa do Povo* o máximo de aprumo. Sirva de exemplo esta verdadeira arte do *enjambement*, e de flexibilidade rítmica que é "Onde há pouco falávamos" (RP, 204)

> *É um antigo*
> *piano, foi*
> *de alguma avó, morta*
> *em outro século.*
>
> *E ele toca e ele chora e ele canta*
> *sozinho,*
> *mas recusa raivoso filtrar o mínimo*
> *acorde, se o fere*
> *mão de moça presente.*

Ai piano enguiçado, Jesus!
Sua gente está morta,
seu prazer sepultado,
seu destino cumprido,
e uma tecla
põe-se a bater, cruel, em hora espessa de sono.
É um rato?
O vento?
Descemos a escada, olhamos apavorados
a forma escura, e cessa o seu lamento.

Mas esquecemos. O dia perdoa.
Nossa vontade é amar, o piano cabe
em nosso amor. Pobre piano, o tempo
aqui passou, dedos se acumularam
no verniz roído. Floresta de dedos,
montes de música e valsas e murmúrios
e sandálias de outro mundo em chãos nublados.
Respeitemos seus fantasmas, paz aos velhos.
Amor aos velhos. Canta, piano, embora rouco:
ele estronda. A poeira profusa salta,
e aranhas, seres de asa e pus, ignóbeis,
circulam por entre a matéria sarcástica, irredutível.
Assim nosso carinho
encontra nele o fel, e se resigna.

Entretanto, a soberania do estilo mesclado não é absoluta. Textos em verso livre como "Consideração do poema" (RP, 137), "Procura da poesia" (RP, 138), "Fragilidade" (RP, 154), "Vida menor" (RP, 155), "Movimento da espada" (RP, 158), "América" (RP, 191), "Carta a Stalingrado" (RP, 195), "Os últimos dias" (RP, 207), "Mário de Andrade desce aos infernos" (RP, 209) ou o "Canto ao homem do povo Charlie Chaplin" (RP, 212) são, como as peças metrificadas "Carrego comigo" (ver supra, p. 133), "Áporo", "Ontem", "O poeta escolhe seu túmulo" (para estes dois últimos, ver supra, p. 139-40), "Caso do vestido", "Morte do leiteiro", "Desfile", "Versos à boca da noite", "Cidade prevista", "Mas viveremos" e "Visão 1944", poemas desprovidos da tensão sério / vulgar que caracteriza o discurso lírico "mesclado".

Entre eles, há os que retomam alguma coisa do *pathos* idealizante, com um nada de grandiloquência, que encontramos em *Sentimento do Mundo*. Isso se observa, naturalmente, em passagens impregnadas de utopismo:

> ....
> *Um mundo enfim ordenado,*
> *uma pátria sem fronteiras,*
> *sem leis e regulamentos,*
> *uma terra sem bandeiras,*
> *sem igrejas nem quartéis,*
> *sem dor, sem febre, sem ouro,*
> *um jeito só de viver,*
> *mas nesse jeito a variedade,*
> *a multiplicidade toda*
> *que há dentro de cada um.*
> *Uma cidade sem portas,*
> *de casas sem armadilha,*
> *um país de riso e glória*
> *como nunca houve nenhum.*
> *Este país não é meu*
> *nem vosso ainda, poetas.*
> *Mas ele será um dia*
> *o país de todo homem.*
> ("Cidade prevista")

> ....
> *países a que aspiramos,*
> *fantásticos,*
> *mas certos, inelutáveis,*
> *terra de João invencível,*
> *a rosa do povo aberta...*
> ("Mário de Andrade desce aos infernos")

nos momentos de otimismo engajado:

> *Mas viveremos. A dor foi esquecida*
> *nos combates de rua, entre destroços.*
> *Toda melancolia dissipou-se*
> *em sol, em sangue, em vozes de protesto.*
> ("Mas viveremos")

ou em algumas tiradas satírico-ideológicas –

> *Uma cidade atroz, ventre metálico,*
> *pernas de escravos, boca de negócio,*
> *ajuntamento estúpido, já treme*
> *com o russo em Berlim.*
>
> ("Com o russo em Berlim")

Em todos os casos, esse tom traz consigo uma imagística convencional, uma linguagem que roça o insípido, de baixa voltagem poética. De uma certa maneira, *"A Rosa do Povo" mata o estilo neorromântico, formado na juventude do lirismo drummondiano, acentuando-lhe os defeitos*. Que a inclinação para o sublime, o recrudescimento do *pathos* idealizante não suporta o confronto com o verso musculoso do estilo mesclado, é o que ressalta em "A flor e a náusea" (RP, 140). Já assinalamos a força expressiva da parte *mesclada* do poema, a que descreve a náusea (ver supra p. 121-23).

Eis, entretanto, o fim:

> *Uma flor nasceu na rua!*
> *Passem de longe, bondes, ônibus, rio de aço do tráfego.*
> *Uma flor ainda desbotada*
> *ilude a polícia, rompe o asfalto.*
> *Façam completo silêncio, paralisem os negócios,*
> *garanto que uma flor nasceu.*
>
> *Sua cor não se percebe,*
> *Suas pétalas não se abrem.*
> *Seu nome não está nos livros.*
> *É feia. Mas é realmente uma flor.*
>
> *Sento-me no chão da capital do país às cinco horas*
>   *[da tarde*
> *e lentamente passo a mão nessa forma insegura.*
> *Do lado das montanhas, nuvens maciças avolumam-se.*
> *Pequenos pontos brancos movem-se no mar, galinhas*
>   *[em pânico.*
> *É feia. Mas é uma flor. Furou o asfalto, o tédio, o*
>   *[nojo e o ódio.*

É preciso reconhecer que o simbolismo fácil, as imagens inorgânicas, esses grandes nomes abstratos (tédio, nojo, ódio) enfraquecem o poema. A cor estética desses versos é tão imperceptível quanto a de seu símbolo. Em Drummond, bem entendido, o patetismo, bastante esporádico, é sempre tímido; mas são precisamente suas inibições que prejudicam o efeito, tornam o verso pouco seguro; a expressão desajeitada. Leiamos "Os últimos dias":

> *O tempo de saber que alguns erros caíram, e a raiz*
> *da vida ficou mais forte, e os naufrágios*
> *não cortaram essa ligação subterrânea entre homens e coisas:*
> *que os objetos continuam, e a trepidação incessante*
> *não desfigurou o rosto dos homens;*
> *que somos todos irmãos, insisto.*

Mesmo os trechos mais felizes,

> *E que a hora esperada não seja vil, manchada de medo,*
> *submissão ou cálculo. Bem sei, um elemento de dor*
> *rói sua base. Será rígida, sinistra, deserta,*
> *mas não a quero negando as outras horas nem as palavras*
> *ditas antes com voz firme, os pensamentos*
> *maduramente pensados, os atos*
> *que atrás de si deixaram situações.*
> *Que o riso sem boca não a aterrorize.*
> *e a sombra da cama calcária não a encha de súplicas,*
> *dedos torcidos, lívido*
> *suor de remorso.*

parecem prolixos ao lado do lirismo seco e despojado com o que Bandeira, mestre modernista da poesia sentimental, tratou o mesmo tema.[30]

Entretanto, essas extensões, essas fraquezas são bastante excepcionais. O estilo puro de *A Rosa do Povo* não é sempre "romântico" – bem ao contrário. Ele pratica sobretudo, como em *José*, um tom lírico em que a ausência

---

[30] Ver o poema "Consoada", de "Opus 10". In: Manuel Bandeira, *Estrela da Vida Inteira*, p. 221.

do picante "mesclado", entretanto, não cede lugar à eloquência duvidosa. O ideal do estilo puro do segundo Drummond não é o patetismo neorromântico: é antes a emoção pudica de Carlitos. Não é por acaso que ele lhe consagra uma homenagem tão perspicaz:

> ....
> *És condenado ao negro. Tuas calças*
> *confundem-se com a treva. Teus sapatos*
> *inchados, no escuro do beco,*
> *são cogumelos noturnos. A quase cartola,*
> *sol negro, cobre tudo isto, sem raios.*
> *Assim, noturno cidadão de uma república*
> *enlutada, surges a nossos olhos*
> *pessimistas, que te inspecionam e meditam:*
> *Eis o tenebroso, o viúvo, o inconsolado,*
> *o corvo, o nunca-mais, o chegado muito tarde*
> *a um mundo muito velho.*
>
> *E a lua pousa*
> *em teu rosto. Branco, de morte caiado,*
> *que sepulcros evoca mas que hastes*
> *submarinas e álgidas e espelhos*
> *e lírios que o tirano decepou, e faces*
> *amortalhadas em farinha. O bigode*
> *negro cresce em ti como um aviso*
> *e logo se interrompe. É negro, curto,*
> *espesso. O rosto branco, de lunar matéria,*
> *face cortada em lençol, risco na parede,*
> *caderno de infância, apenas imagem*
> *entretanto os olhos são profundos e a boca vem de longe,*
> *sozinha, experiente, calada vem a boca*
> *sorrir, aurora, para todos.*
> ("Canto ao homem do povo Charlie Chaplin")

o retrato magistral de Carlitos, personagem do romantismo negro, de Nerval ("*Le Ténébreux, Le Veuf, L'inconsolé*") e Poe ("*The Raven*"), fantasma lunar cheio de humanidade, não é somente uma imagem social,

> o que não está de acordo e é meigo

primo espiritual do *gauche* de Itabira: ele nos dá também uma estética – a do lirismo que bebe na

 ... poética e essencial atmosfera dos sonhos lúcidos

O "Canto ao homem do povo Charlie Chaplin" pertence, pois, por assim dizer, a duas áreas temáticas da poesia drummondiana: o domínio das odes de celebração e o campo da poesia-sobre-a-poesia, ou metalirismo. *A Rosa do Povo* encerra ainda uma outra grande ode epidíctica: a nênia "Mário de Andrade desce aos infernos". O desaparecimento prematuro do líder modernista, correspondente e conselheiro literário do poeta desde a sua estreia, foi profundamente lamentado. Bandeira tentou exorcizar esta morte triste entre todas:

> *Anunciaram que você morreu.*
> *Meus olhos, meus ouvidos testemunham:*
> *A alma profunda, não.*
> *Por isso não sinto agora a sua falta.*
> ....
> *Você não morreu: ausentou-se.*
> *Direi: Faz tempo que ele não escreve.*
> *Irei a São Paulo: você não virá ao meu hotel.*
> *Imaginarei: Está na chacrinha de São Roque.*
> *Saberei que não, você ausentou-se. Para outra vida?*
> *A vida é uma só. A sua continua*
> *Na vida que você viveu.*
> *Por isso não sinto agora a sua falta.*[31]

O poema de Drummond começa por uma belíssima e serena imagem órfica –

> *Daqui a vinte anos farei teu poema*
> *e te cantarei com tal suspiro*
> *que as flores pasmarão, e as abelhas,*
> *confundidas, esvairão seu mel.*

Mas o desespero não tarda a vencê-lo:

---

[31] "A Mário de Andrade ausente", de *Belo Belo*. In: *Estrela da Vida Inteira*, cit., p. 191.

É preciso tirar da boca urgente
o canto rápido, ziguezagueante, rouco,
feito da impureza do minuto
e de vozes em febre, que golpeiam
esta viola desatinada
no chão, no chão.

II

No chão me deito à maneira dos desesperados.

Estou escuro, estou rigorosamente noturno, estou vazio,
esqueço que sou um poeta, que não estou sozinho,
preciso aceitar e compor, minhas medidas partiram-se,
mas preciso, preciso, preciso.

....

O ritmo nervoso, a intensidade das repetições finais deixa transparecer o dilaceramento do amigo e companheiro de estrada. Porque Mário (1893-1945) era de alguma forma o "superego" dos modernistas, o espírito *maiêutico*, o descobridor de talentos autênticos em todo o Brasil. De sua casa na Rua Lopes Chaves, em São Paulo,

... vinha a palavra
esperada na dúvida e no cacto.
Aqui nunca pisei. Mas como o chão
sabe a forma dos pés e é liso e beija!
Todas as brisas da saudade balançam a casa,
empurram a casa,
navio de São Paulo no céu nacional,

Banida toda efusão lacrimosa, o simbolismo clássico retorna para encerrar a ode fúnebre; a sombra de Mário, herói do modernismo, deixa a amargura dos amigos e penetra no reino dos mortos dotada de permanência, uma vez que suas palavras ardentes de vida têm a solidez dos diamantes.

É um retrato, somente um retrato,
algo nos jornais, na lembrança,
o dia estragado como uma fruta,
um véu baixando, um ríctus,

> o desejo de não conversar. É sobretudo uma pausa oca
> e além de todo vinagre.
>
> Mas tua sombra robusta desprende-se e avança.
> Desce o rio, penetra os túneis seculares
> onde o antigo marcou seus traços funerários,
> desliza na água salobra, e ficam tuas palavras
> (superamos a morte, e a palma triunfa)
> tuas palavras carbúnculo e carinhosos diamantes.

José nos ensinou (ver supra, p. 102-03) que a elocução "pura", a ausência de humor e de perspectiva grotesca podem manter-se em Drummond fora do tom sublime. O gênero epidíctico em *A Rosa,* representado sobretudo por poemas de guerra ("Carta a Stalingrado", "Telegrama de Moscou" RP, 196, "Visão 1944", "Com o russo em Berlim") e pelas duas grandes odes a Mário de Andrade e a Carlitos, assinala entretanto a ascensão do *pathos* sublime, se bem que este não tome necessariamente a forma da idealização romântica. Do ponto de vista do estilo, *há, pois, em Drummond ao menos duas estéticas do sublime*: uma prolonga a elocução neorromântica nascida com *Sentimento do Mundo*; a outra aborda o sublime com a contenção, o antipatetismo característico da arte moderna. Além disso, o estilo "puro" em *A Rosa do Povo* contém três esferas temáticas *isentas de sublime*: a poesia sobre a poesia; o lirismo filosófico que já examinamos como metamorfose da expressão do eu (ver p. 139-44) e enfim, uma certa poesia do cotidiano.

Encontram-se, com efeito, em *A Rosa do Povo* textos sobre o drama do cotidiano cujo estilo é fundamentalmente diferente da *Stilmischung* que vimos atuando em, por exemplo, "A flor e a náusea", "Nosso tempo" ou "O mito". Entre esses textos, dois se tornaram (a justo título) clássicos na moderna literatura brasileira. O primeiro é "Morte do leiteiro" (RP, 169), *fait divers* carioca transfigurado pelo poeta em metade sátira, metade elegia; um burguês toma o leiteiro por um ladrão noturno e o abate a tiros de revólver. O final é um dos mais eficazes protestos humanitários de Drummond:

> 65 Meu Deus, matei um inocente.
> Bala que mata gatuno
> também serve pra furtar
> a vida de nosso irmão.
> Quem quiser que chame médico,
> 70 polícia não bota a mão
> neste filho de meu pai.
> Está salva a propriedade.
> A noite geral prossegue,
> a manhã custa a chegar,
> 75 mas o leiteiro
> estatelado, ao relento,
> perdeu a pressa que tinha.
>
> Da garrafa estilhaçada,
> no ladrilho já sereno
> 80 escorre uma coisa espessa
> que é leite, sangue... não sei.
> Por entre objetos confusos,
> mal redimidos da noite,
> duas cores se procuram,
> 85 suavemente se tocam,
> amorosamente se enlaçam,
> formando um terceiro tom
> a que chamamos aurora.

A expressão econômica (observemos as supressões do artigo, v. 66), o emprego da linguagem coloquial (v. 70-71), o adjetivo e o símbolo organicamente ligados ao sujeito (a noite *geral*; o valor simbólico da aurora atribuído à mistura do leite com o sangue), a marcha hábil da narração em redondilha maior, o verso popular por excelência em português, asseguram o mais alto nível poético a essa banal tragédia urbana.

O outro clássico do "drama do cotidiano", "Caso do vestido" (RP, 165), é menos "popular" que rústico. Cercada pelas filhas, uma mãe conta o terrível acontecimento passional que primeiro lhe levou e depois lhe devolveu o marido. O poema, em 73 dísticos (em geral brancos) heptassilábicos, se abre sob a forma de diálogo:

> *Nossa mãe, o que é aquele*
> *vestido, naquele prego?*
>
> *Minhas filhas, é o vestido*
> *de uma dona que passou.*
>
> *Passou quando, nossa mãe?*
> *Era nossa conhecida?*
>
> *Minhas filhas, boca presa*
> *Vosso pai evém*[32] *chegando.*
>
> *Nossa mãe, dizei depressa*
> *que vestido é esse vestido.*
>
> *Minhas filhas, mas o corpo*
> *ficou frio e não o veste.*

A reticência da mãe,[33] agarrando-se à chegada do marido para calar a história humilhante, escande o diálogo e a narração desde a misteriosa litotes narrativa do começo:

> *Nossa mãe, o que é aquele*
> *vestido, naquele prego?*
>
> *Minhas filhas, é o vestido*
> *de uma dona que passou.*

Mas a curiosidade das filhas é tenaz, como o prova a *tournure* reiterativa, pleonástica do v. 10:

> *Que vestido é esse vestido.*

A mãe se resigna, pois, a falar:

> *Era uma dona de longe,*
> 20 *vosso pai enamorou-se.*
>
> *E ficou tão transtornado,*
> *se perdeu tanto de nós,*

---

[32] Antônio Houaiss, *Seis Poetas*, cit. (ver n. 14 do capítulo 1), p. 66 e 75, assinalou o papel do regionalismo poeticamente enobrecido na linguagem do poema. São exemplos aqui apenas *evém* (por *vem*) e dona (por *mulher*).

[33] Ver a esse propósito as finas observações de Emmanuel de Moraes, em *As Várias Faces de uma Poesia*, cit. (ver n. 32 do capítulo 1), p. 24-25.

> se afastou de toda vida,
> se fechou, se devorou,
>
> 25 chorou no prato de carne,
> bebeu, brigou, me bateu,
>
> me deixou com vosso berço,
> foi para a dona de longe,
>
> mas a dona não ligou.
> 30 Em vão o pai implorou.
>
> Dava apólices, fazenda,
> dava carro, dava ouro,
>
> beberia seu sobejo,
> lamberia seu sapato.
>
> 35 Mas a dona nem ligou.
> Então vosso pai, irado,
>
> me pediu que lhe pedisse,
> a essa dona perversa,
>
> que tivesse paciência
> 40 e fosse dormir com ele...
>
> Nossa mãe, por que chorais?
> Nosso lenço vos cedemos.
>
> Minhas filhas, vosso pai
> chega ao pátio. Disfarcemos.
>
> 45 Nossa mãe, não escutamos
> pisar de pé no degrau.

O extravio do pai é admiravelmente traduzido pelos verbos reflexivos –

> ..., se perdeu *tanto de nós*,
> se afastou *de toda vida*,
> se fechou, se devorou,

sua cegueira agressiva, pela aliteração

> bebeu, brigou, me bateu,
> me deixou com vosso berço,

ou o acoplamento (verbo + possessivo + substantivo)

> *beberia seu sobejo,*
> *lamberia seu sapato.*[34]

Chegando ao momento mais cruel de sua narração (v. 36-40), a mãe, chorando, tenta uma última vez – em vão – calar-se. Muito habilmente, uma rima discreta (ced*emos*, disfarc*emos*) estabelece uma conexão entre essa pausa comovida e a última resistência da mãe a retomar a narração:

> *Minhas filhas, procurei*
> *aquela mulher do demo.*
>
> *E lhe roguei que aplacasse*
> 50 *de meu marido a vontade.*
>
> *Eu não amo teu marido,*
> *me falou ela se rindo.*
>
> *Mas posso ficar com ele*
> *se a senhora fizer gosto,*
> 55 *só pra lhe satisfazer,*
> *não por mim, não quero homem.*
>
> *Olhei para vosso pai,*
> *os olhos dele pediam.*
>
> *Olhei para a dona ruim,*
> 60 *os olhos dela gozavam.*
>
> *O seu vestido de renda,*
> *de colo mui devassado,*
>
> *mais mostrava que escondia*
> *as partes da pecadora.*
>
> 65 *Eu fiz meu pelo-sinal,*
> *me curvei... disse que sim.*
>
> *Saí pensando na morte,*
> *mas a morte não chegava.*

---

[34] Para o conceito de acoplamento, ver supra nota 6.

Andei pelas cinco ruas,
70 *passei ponte, passei rio,*

visitei vossos parentes,
não comia, não falava,

tive uma febre terçã,
mas a morte não chegava.

75 *Fiquei fora de perigo,*
fiquei de cabeça branca,

perdi meus dentes, meus olhos,
costurei, lavei, fiz doce,

minhas mãos se escalavraram,
80 *meus anéis se dispersaram,*

minha corrente de ouro
pagou conta de farmácia.

Vosso pai sumiu no mundo.
O mundo é grande e pequeno.

85 *Um dia a dona soberba*
me aparece já sem nada,

pobre, desfeita, mofina,
com sua trouxa na mão.

Dona, me disse baixinho,
90 *não te dou vosso marido,*

que não sei onde ele anda.
Mas te dou este vestido,

última peça de luxo
que guardei como lembrança

95 *daquele dia de cobra,*
da maior humilhação.

Eu não tinha amor por ele,
ao depois amor pegou.

Mas então ele enjoado
100 *confessou que só gostava*

de mim como eu era dantes.
Me joguei a suas plantas,

fiz toda sorte de dengo,
no chão rocei minha cara,

105 me puxei pelos cabelos,
me lancei na correnteza,

me cortei de canivete,
me atirei no sumidouro,

bebi fel e gasolina,
110 rezei duzentas novenas,

dona, de nada valeu:
vosso marido sumiu.

Aqui trago minha roupa
que recorda meu malfeito
115 de ofender dona casada
pisando no seu orgulho.

Recebei esse vestido
e me dai vosso perdão.

Olhei para a cara dela,
120 quede os olhos cintilantes?

quede graça de sorriso,
quede colo de camélia?

quede aquela cinturinha
delgada como jeitosa?

125 quede pezinhos calçados
com sandálias de cetim?

Olhei muito para ela,
boca não disse palavra.

Peguei o vestido, pus
130 nesse prego da parede.

Ela se foi de mansinho
e já na ponta da estrada

> vosso pai aparecia.
> Olhou pra mim em silêncio,
>
> 135 mal reparou no vestido
> e disse apenas: Mulher,
>
> põe mais um prato na mesa.
> Eu fiz, ele se assentou,
>
> comeu, limpou o suor,
> 140 era sempre o mesmo homem,
>
> comia meio de lado
> e nem estava mais velho.
>
> O barulho da comida
> na boca me acalentava,
>
> 145 me dava uma grande paz,
> um sentimento esquisito
>
> de que tudo foi um sonho,
> vestido não há... nem nada.
>
> Minhas filhas, eis que ouço
> 150 vosso pai subindo a escada.

As rimas imperfeitas (aplac*asse* / vont*ade*, marido / rindo) marcam o auge da humilhação; mais adiante, o cúmulo da miséria da mulher abandonada é também indicado pela rima (v. 79-80: escalavr*aram* / dispers*aram*); quando enfim termina a narração e o poema retorna ao presente, a rima de novo intervém:

> ....
> um sentimento esquisito
>
> de que tudo foi um sonho,
> vestido não há... nem nada.
>
> Minhas filhas, eis que ouço
> vosso pai subindo a escada.[35]

---

[35] Ver a esse respeito Hélcio Martins, *A Rima na Poesia de CDA*, cit. (ver n. 9), p. 44 e 46.

Do mesmo modo, outros procedimentos estilísticos reforçam a dramaticidade da narração. Ressaltemos somente outros acoplamentos, também (como o primeiro) cheios de rimas internas, assonâncias e aliterações:

> m*inh*as *m*ãos *se escalavr*aram,
> m*eus* anéis *se dispers*aram,
>
> *me pux*ei *p*elos *c*abelos,
> *me lanc*ei *na corrent*eza,
>
> *me cor*tei *de caniv*ete,
> *me a*tirei *no sumidouro,*

as anáforas (além daquela do pronome acusativo nos v. 22-24 e também nos dois últimos acoplamentos citados):

> *Dava apólice, fazenda,*
> dava *carro*, dava *ouro,*
> ....
> *passei ponte*, passei *rio*
>
> *Fiquei fora de perigo,*
> fiquei *de cabeça branca,*
>
> *Olhei para a cara dela,*
> *quede os olhos cintilantes?*
>
> quede *graça de sorriso,*
> quede *colo de camélia?*
>
> quede *aquela cinturinha*
> *delgada como jeitosa?*
>
> quede *pezinhos calçados*
> *com sandálias de cetim?*

com a inclusão da dupla

> *Olhei para vosso pai,*
> *os olhos dele pediam.*
>
> Olhei *para a dona ruim,*
> os olhos *dela gozavam.*

as anadiploses, como

> *Saí pensando na morte,*
> *mas a morte não chegava.*

e sobretudo esta, que fecha a primeira parte da narração, ao mesmo tempo que começa a última:

> *Vosso pai sumiu no mundo.*
> *O mundo é grande e pequeno.*

e, finalmente, a reiteração a modo de refrão do verso 68 (v. 74), a sucessão tão precisa dos qualificativos

> *Um dia a dona* soberba
> *me aparece já sem nada,*
>
> pobre, desfeita, mofina,
> *com sua trouxa na mão.*

e o assíndeto preparando a pacificação final, só interrompido no momento mais sugestivo:

> ....
> *Eu fiz, / ele se assentou, /*
>
> *comeu, / limpou o suor, /*
> *era sempre o mesmo homem, /*
>
> *comia meio de lado /*
> *e nem estava mais velho.*

Todos estes elementos estilísticos confirmam a justeza da observação de Antônio Houaiss: "Caso do vestido" eleva a linguagem rústica de uma "cena da vida de província" ao nível da mais alta força lírica. A anedota regional aí está perfeitamente *universalizada*. Mas este poema ilustra também, com a mesma expressividade do ciclo de Itabira, as ressonâncias emocionais da figura do pai. A submissão da mulher, a estabilidade do poder paterno – tão sensível no laconismo do fazendeiro quando da sua volta – denunciam a profunda ligação da psique brasileira ao sistema social e cultural que presidiu à formação histórica do país: o regime patriarcal. Nunca

Drummond esteve mais próximo da alma coletiva que nessa "história de uma paixão", em que os sentimentos mais intensos têm o rosto anônimo da tradição; e, no entanto, não deixa de ser significativo que, numa narrativa tão marcada pela situação patriarcal, o primeiro plano estético seja tão resolutamente conferido ao estoicismo e ao amor da *mãe*.

Dissemos que o estilo "puro" predomina também em duas outras esferas temáticas de *A Rosa* – além dos textos de celebração e dos dois clássicos do "drama do cotidiano" que acabamos de considerar. Estas duas esferas são: os poemas sobre a poesia; as páginas de interrogação existencial ou filosófica. São peças sem "sublime", mas igualmente desprovidas dos caracteres da *Stilmischung* auerbachiana. E é curioso constatar que, frequentemente, elas retomam algumas das técnicas preferidas do estilo mesclado em Drummond. É sobretudo o caso do jogo "palavra-puxa-palavra". Releiamos por exemplo os v. 32-42 de "Consideração do Poema" (RP, 137; reproduzidos por nós à p. 74. Tal como o notou Othon Moacyr Garcia, uma cadeia associativa liga as palavras cristal – rocha (rochedo) – peixes – (mar) – navio – aves de bico longo – derrota – faróis – mar negro – viagem.[36] Do mesmo modo, na outra esfera temática em causa – a da poesia da interrogação existencial – os primeiros versos de "Desfile" (RP, 197) –

> *O rosto no travesseiro,*
> *escuto o tempo fluindo*
> *no mais completo silêncio.*
> *Como remédio entornado*
> *em camisa de doente;*
> *como dedo na penugem*
> *de braço de namorada;*
> *como vento no cabelo,*
> *fluindo: fiquei mais moço.*
> *Já não tenho cicatriz.*

---

[36] O. M. Garcia, *Esfinge Clara*, cit. (ver n. 31 do capítulo 1), p. 22-224.

oferecem uma série de comparações fundadas em duas cadeias de associações semânticas: travesseiro – doente (de cama) – remédio; e travesseiro – (pluma) – penugem.[37]

Há um poema, "Fragilidade" (RP, 154), em que reflexão metapoética e interrogação filosófica parecem confluir; é com uma breve análise de sua elocução que nos propomos, não terminar, mas, simplesmente suspender nosso périplo em torno da escrita riquíssima de *A Rosa do Povo*. "Fragilidade" diz:

> *Este verso, apenas um arabesco*
> *em torno do elemento essencial – inatingível.*
> *Fogem nuvens de verão, passam aves, navios, ondas,*
> *e teu rosto é quase um espelho onde brinca o incerto*
>   *[movimento,*
> 5 *ai! já brincou, e tudo se faz imóvel, quantidades e*
>   *[quantidades*
> *de sono se depositam sobre a terra esfacelada.*
> *Não mais o desejo de explicar, e múltiplas palavras*
>   *[em feixe*
> *subindo, e o espírito que escolhe, o olho que visita,*
>   *[a música*
> *feita de depurações e depurações, a delicada*
>   *[modelagem*
> 10 *de um cristal de mil suspiros límpidos e frígidos:*
>   *[não mais*
> *que um arabesco, apenas um arabesco*
> *abraça as coisas, sem reduzi-las.*

Cada uma das duas estrofes tem seis versos livres e brancos. A primeira joga com a oposição entre a frase nominal dos versos 1-2 e a frase composta dos seguintes, dominada por proposições verbais. O poeta tira excelente partido desta diferença: na verdade, a parte inicial da estrofe fala da relação (negativa) entre a poesia e o "essencial", ao passo que a segunda parte consiste num discurso sobre o fugaz e o incerto. O *arabesco*, aos olhos de Drummond,

---
[37] Esfinge Clara, cit., p. 10-11.

não passa de uma forma do *gratuito:* da arte entregue a si mesma, fora de todo contato íntimo com a verdade. Numa de suas mais belas crônicas, a "Contemplação de Ouro Preto" do livro *Passeios na Ilha* (1952), o que o impressiona na arte sacra do barroco, após o declínio do espírito religioso, é justamente o delírio sensual, puramente estético, dos "arabescos que se emaranham e se geram a si mesmos".[38]

> *Este verso,* apenas *um arabesco*

"em torno" da inapreensível essência das coisas. A esta modéstia do conhecimento poético, que se limita a evoluir à margem da verdade, a segunda parte acrescentará o sentido da finitude. Diversos verbos de movimento (fogem, passam, brinca o movimento, *se fez* imóvel, se depositam) indicam a extrema fugacidade do vivido, até o momento em que o "movimento incerto" cede lugar à lenta acumulação do "sono". Por outro lado, este não deixa de recordar a "vida menor" (ver supra, p. 141); pois a "vida menor" era justamente

> *vida mínima, essencial; um início; um sono;*
> menor que terra, (...)

– um bom eco para as "quantidades e quantidades de sono que se depositam sobre a terra esfacelada" de nosso poema. A fragilidade da vida, o desejo de *entropia* em todas as coisas – essa destinação à imobilidade de todo movimento vital – o alcance emocional de tudo isso é expresso em oito traços de estilo: a) a anteposição dos verbos de movimento ligados aos sujeitos do mundo fugaz (fogem, passam, brinca). Precedendo os respectivos sujeitos, esses verbos – sobretudo os dois primeiros – aceleram a marcha dos versos e se opõem ao mesmo tempo ao movimento de suspensão de *se fez* e *se depositam,* movimento esse reforçado pela posição proclítica dos pronomes *se* fez, *se* depositam); b) os sujeitos de *fogem* e de *passam* são coisas essencialmente *móveis,* que iniciam, por outro

---

[38] Ver Carlos Drummond de Andrade, *Obra Completa.* 2ª ed. Rio de Janeiro, Aguilar, 1967, p. 651.

lado, claramente, duas cadeias associativas: nuvens – aves; navios – ondas, tradicionalmente aproximadas pela poesia (céu / mar); c) com *teu rosto é quase um espelho, ego* (tantas vezes, como se sabe, tuteado por Drummond) reconduza a si o caráter transitório do mundo; d) a alma humana reflete, assim, o movimento cuja *incerteza* é sublinhada pela anteposição do epíteto, justamente antes; e) da extensão do motivo da fugacidade *no próprio eu*, tão bem materializada no advento do passado:

> (...) *onde brinca o* incerto *movimento,*
> *ai! já* brincou, (...)

f) os sintagmas exprimindo esses dois aspectos do frágil – fugaz: passagem das coisas, brevidade da vivência humana, são interiormente soldados pelo assíndeto (fogem... passam...; teu rosto é quase um espelho onde brinca... ai! já brincou), ao passo que sua ligação dialética prefere a conjunção *e* teu rosto...); g) após *imóvel,* isto é, desde a entrada em cena do motivo da entropia, negação do movimento fugaz, reúnem-se polissílabos que denotam a lenta acumulação do "sono" (quantidades – valorizado pelo *enjambement* e pela *geminatio cum separatione: quantidades / e / quantidades* –; depositam; esfacelada); h) e enfim, o ritmo de toda a segunda parte da estrofe, emoldurado pelo verso longo mais estável entre as medidas que vão além do decassílabo: o verso de 15 sílabas – contribui também para o contraste do "incerto movimento" com a lentidão final.

Na segunda estrofe, o arabesco, até então apresentado como deficiência da poesia ante a essência inapreensível do ser, aparece sob luz mais positiva. O arabesco "abraça as coisas, sem reduzi-las" (v. 12). O pensamento de contorno possui desse modo, ao menos, o mérito de evitar os reducionismos – o que não é magra vantagem. O novo aspecto da poesia-arabesco constitui a palavra final: supõe o afastamento das paixões intelectuais e criadoras do eu:

> *Não mais o desejo de explicar, e múltiplas palavras em feixe*
> *subindo, e o espírito que escolhe, o olho que visita, a música*
> *feita de depurações e depurações, a delicada* modelagem
> de um cristal *de mil suspiros límpidos e frígidos:..*

Do ponto de vista da humilde sabedoria do arabesco, essas paixões *puras* (v. 8) não são menos fugazes e ilusórias que o "incerto movimento", antes descrito. Razão por que sua direção – vertical, como o atestam os feixes das palavras subindo dos v. 7-8, e a exalação dos suspiros do v. 10 – contraria a descida do sono, com que termina a primeira estrofe, encontrando, em compensação, a *altura* das nuvens e dos pássaros e a dos navios e das vagas (no que toca à profundeza marítima). A ambição explicativa é bem marcada pelos acoplamentos

> ... o espírito / que / escolhe, / o olho / que / visita,...

a *fragilidade* das paixões cognitivas e criadoras não deixa dúvida: trata-se da delicada modelagem de um "cristal". A ideia de cristal conota a de pureza desde "Consideração do poema" –

> *sentir que há ecos, poucos,* mas cristal,
> não rocha apenas,...

Agora, temos um cristal de suspiros "límpidos". Mas todas as aspirações puras e verticais não valem o saber cético do verso-arabesco – é o que nos sugere o ritmo da última estrofe, que encurta de súbito seus versos, logo após o mais longo (v. 10: 22 sílabas), retesado pela violência do *enjambement,* para dar lugar à melodia tranquila de duas linhas calmas, cúmplices em sua cadência (4-11, 4-9) –

> *que um arabes/co, apenas um arabesco*
> *abraça as coi/sas, sem reduzi-las.*

Nesses versos, o poeta explicita, por meio de verbos incisivos, aquilo que a natureza nominal da abertura do poema havia deixado na sombra: a verdadeira função do arabesco, órgão poético do nirvana da "vida menor". O ciclo se fecha, demonstrando mais uma vez a maestria artesanal da poesia gnômica de *A Rosa do Povo* – poesia votada a uma evolução sem paralelo no terceiro período do estilo de Drummond.

3. A SEGUNDA FASE DO ESTILO LÍRICO DE DRUMMOND: O MEIO-DIA DA ESCRITA

Com *José* e *A Rosa do Povo*, isto é, com sua poesia composta de 1941 a 45, Drummond traz ao modernismo três conquistas decisivas para o desenvolvimento da literatura brasileira: um realismo social excepcionalmente penetrante, muito acima do lirismo declamatório da poesia engajada; uma poesia *metapoética*, nutrida de uma espécie de reflexão introspectiva da escrita; um lirismo, enfim, de interrogação existencial, preludiando o desenvolvimento do poema filosófico que caracterizará os livros posteriores como *Claro Enigma*.

É óbvio que essas contribuições ficariam no nível de simples curiosidades temáticas, se o estilo de Drummond não as tivesse tornado matéria-prima de um notável amadurecimento técnico. O autor de *Alguma Poesia*, modernista radical, era sobretudo uma voz original; o autor de *A Rosa do Povo*, conservando essa originalidade, torna-se o *miglior fabbro* da poesia modernista.

De modo particular, o poema *longo*, tentado por Mário de Andrade, que o modernismo tendia a usar em substituição às formas curtas da canção romântica e do soneto de tradição parnasiana, ganha em Drummond um mestre incontestável.[39]

Vindo após a "escorregadela" neorromântica de *Sentimento do Mundo*, o lirismo de *A Rosa do Povo* se divide entre a ótica grotesca em "estilo mesclado" e um estilo "puro" *não menos moderno*. Desencadeia-se, assim, uma verdadeira *classicização do modernismo*, análoga, em certos aspectos, à evolução por volta de 1930, do estilo poético de um T. S. Eliot, após a *Stilmischung* de *The Waste Land*. Sabe-se que tal classicização nada tem de "reacionária" do ponto de vista da técnica do verso. Em Drummond – e aqui termina a semelhança com

---

[39] Antônio Houaiss foi o primeiro a notar o alongamento progressivo dos poemas de Drummond. Ver *Seis Poetas*, cit., p. 68.

Eliot – o novo estilo "puro" não trouxe consigo sequer uma "restauração" ideológica. Bem ao contrário: como o provam sua "metapoesia" e seu lirismo filosófico-existencial, ambos escritos em estilo "puro" – a modernidade e a autonomia intelectual do lirismo drummondiano não cessam de crescer.

Em geral, a crítica considerou *A Rosa do Povo* como "poesia social" no sentido de arte engajada,[40] levando em conta sobretudo, se não exclusivamente, os trechos ideológicos e o lirismo "coral" dos poemas de guerra. Entretanto, como vimos, a profundidade maior, a dimensão verdadeiramente *sociológica* da visão social de Drummond, reside antes nos textos mais "subjetivos" como "A flor e a náusea", "O mito" e os poemas do ciclo de Itabira. É preciso, pois, libertar a crítica do mau hábito de confundir o "social" em poesia com o "reflexo" da sociedade ou a propaganda ideológica. Tal como Theodor W. Adorno, polemizando contra esses equívocos gêmeos, o naturalismo e o "realismo socialista", nos advertiu, "*gerade das nicht Gesellschaftliche am lyrischen Gedicht solle nun sein Gesellschaftliches sein*" (precisamente o que *não* é social no poema lírico deve ser seu elemento social).[41] Não esqueçamos que a essência do lirismo é subjetivação (v. supra, p. 58), nem que o isolamento do eu é inerente ao discurso lírico: "*the lyric is the genre in which the poet (...) turns his back on his audience*". Não é nos seus hinos de guerra, não é sequer nos seus afrescos da sociedade de massa que Drummond aprofunda a significação social de sua obra – é antes no lirismo "individualista" das paixões do eu – e até mesmo no sentido *cultural*, no *ethos* crítico, esboçado por sua poesia filosófica. O realismo urbano, a evocação sociológica da vida patriarcal são firmemente construídos sobre o eixo subjetivo da linguagem lírica.

---

[40] A condenação do mundo injusto e a esperança de seu contrário são para Péricles Eugênio da Silva Ramos – "O Modernismo na Poesia". In: *A Literatura no Brasil*. Rio de Janeiro, Ed. Sul Americana, 1970, p. 125-27, vol. V. (obra coletiva dirigida por Afrânio Coutinho) – a tese geral do livro.

[41] Theodor W. Adorno, "Rede über Lyrik und Gesellschaft". In: *Noten zur Literatur* I. Frankfurt, Suhrkamp, 1958, p. 83.

José e *A Rosa do Povo* constituem o momento meridiano do lirismo de Drummond. É a idade média de sua obra, o luminoso meio-dia de sua expressão, que dirige o olhar ao mesmo tempo para trás, em direção ao humor ácido do seu estilo de juventude, e para a frente, para as nobres meditações clássicas de sua poesia outonal. Na esplêndida reverberação desta primeira maturidade do verso drummondiano, a promessa poética do modernismo encontra sua primeira grande realização. Mas o "meio-dia da escrita" assinala também, pela mestria do discurso, uma das etapas mais significativas desta *revivificação geral* (ainda que inconsciente) *do fenômeno retórico*, tão característica da vanguarda da literatura contemporânea. Revivificação do retórico não enquanto normativismo prescrito, bem entendido; mas sim, enquanto rede das técnicas graças às quais o poema, com seu poder de palavra ("Procura da poesia") se torna plenamente capaz de suscitar as emoções humanas.

Capítulo III

VERSO UNIVERSO DO FAZENDEIRO DO AR
(1946-1958)

Poesia, sobre os princípios
e os vagos dons do universo:

a máquina do mundo se entreabriu
para quem de a romper já se esquivava
e só de o ter pensado se carpia
..
e nas tuas pupilas, sob o tédio,
É a vida um suspiro sem paixão.

A música se embala no possível,
no finito redondo, em que se crispa
uma agonia moderna. O canto é branco,
foge a si mesmo, voos! Palmas lentas
sobre o oceano estático: balanço
de anca terrestre, certa de morrer.

1. O QUARTETO METAFÍSICO DE DRUMMOND

No conjunto da evolução lírica de Drummond, a poesia meridiana de *A Rosa do Povo*, com sua multiplicidade de temas e sua escrita heterogênea, não foi – a despeito de sua qualidade artística – senão a colheita de um breve instante: os anos finais da guerra e, no Brasil, a ditadura de Vargas (1937-1945). Em 1948, Drummond reúne seus versos em *Poesia até Agora* (Ed. José Olympio, Rio). A única parte nova do volume, composta em 1946 e 1947, difere já sensivelmente, seja pelo conteúdo, seja pela forma, de *A Rosa do Povo*. Na verdade, as doze peças dos *Novos Poemas* de 1948 anunciavam, como pouco antes os de *José*, uma mutação capital do lirismo drummondiano. Com *Claro Enigma* (1951), *Fazendeiro do Ar* (1953) e *A Vida Passada a Limpo* (1959), os *Novos Poemas* constituem uma idade específica do estilo de Drummond – sua segunda maturidade, em nada menos complexa que a primeira.

Uma coisa chama de saída a atenção em *Novos Poemas*: a ausência quase absoluta da poesia do cotidiano e da história, tão ricamente representada em *A Rosa do Povo*. Certamente, o livro encerra uma das mais belas realizações da poetização do *fait divers* de todo o modernismo: "Desaparecimento de Luísa Porto" (NP, 221). O ponto de partida é uma nota de jornal em que uma pobre doente pede notícias de sua filha – solteirona – misteriosamente desaparecida. Os enunciados acumulam, com mão de mestre, os detalhes realistas com um mínimo de distância no tocante à fala da mãe anônima:

> Pede-se a quem souber
> do paradeiro de Luísa Porto
> avise sua residência
> à Rua Santos Óleos, 48.
> Previna urgente
> solitária mãe enferma
> entrevada há longos anos
> erma de seus cuidados.

> *Pede-se a quem avistar*
> *Luísa Porto, de 37 anos,*
> *que apareça, que escreva, que mande dizer*
> *onde está.*
> *Suplica-se ao repórter-amador,*
> *ao caixeiro, ao mata-mosquitos, ao transeunte,*
> *a qualquer do povo e da classe média,*
> *até mesmo aos senhores ricos,*
> *que tenham pena de mãe aflita*
> *e lhe restituam a filha volatilizada*
> *que pelo menos deem informações.*
> *É alta, magra,*
> *morena, rosto penugento, dentes alvos,*
> *sinal de nascença junto ao olho esquerdo,*
> *levemente estrábica.*
> *Vestidinho simples. Óculos.*
> *Sumida há três meses.*

Pouco a pouco, através de sutis inflexões de tom (inclusive o humorístico), o longo poema passa da "transcrição" do discurso da mãe, recheado de clichês populares, ao comovente retrato da infelicidade dos humildes –

> *Somem tantas pessoas anualmente*
> *numa cidade como o Rio de Janeiro*
> *que talvez Luísa Porto jamais seja encontrada.*
> *Uma vez, em 1898*
> *ou 9,*
> *sumiu o próprio chefe de polícia*
> *que saíra à tarde para uma volta no Largo do Rocio*
> *e até hoje.*
> *A mãe de Luísa, então jovem,*
> *leu no* Diário Mercantil,
> *ficou pasma.*
> *O jornal embrulhado na memória.*
> *Mal sabia ela que o casamento curto, a viuvez,*
> *a pobreza, a paralisia, o queixume*
> *seriam, na vida, seu lote*
> *e que sua única filha, afável posto que estrábica,*
> *se diluiria sem explicação.*

No final, uma linguagem menos característica predomina; o implorar realista da pobre mulher se transforma em puro cântico do amor maternal –

Mas
se acharem que a sorte dos povos é mais importante
e que não devemos atentar nas dores individuais,
se fecharem ouvidos a este apelo de campainha,
não faz mal, insultem a mãe de Luísa,
virem a página:
Deus terá compaixão da abandonada e da ausente,
erguerá a enferma, e os membros perclusos
já se desatam em forma de busca.
Deus lhe dirá:
Vai,
procura tua filha, beija-a e fecha-a para sempre em
[*teu coração.*

Como o indicam essas variações do discurso,[1] "Desaparecimento de Luísa Porto" é obra de um virtuose do estilo mesclado – do estilo mesclado que Drummond se dispõe justamente a abandonar, ao mesmo tempo em que os temas históricos ou o drama do cotidiano. Este belo poema é assim – no limiar da terceira época do poeta – uma soberba despedida de todo um gênero de elocução literária.

Doravante, na verdade, e até 1962, contar-se-ão pelos dedos os textos de estilo mesclado. Nos livros desse período, eles não ultrapassam a margem de aproximadamente um décimo do total – 98 – dos poemas. Os únicos textos "mesclados" de *Novos Poemas* são, além do "Desaparecimento de Luísa Porto", "Pequeno mistério policial ou a morte pela gramática" (NP, 226) e "Composição" (NP, 228) – portanto, três em doze. Mas entre as 42 peças de *Claro Enigma*, apenas quatro, "Evocação mariana" (CE, 255), "Canto negro" (CE, 258), "Os bens e o sangue" (CE, 259)

---

[1] Muito finamente observados por Paulo Rónai na sua introdução a Carlos Drummond de Andrade, *José & Outros*. Rio de Janeiro, José Olympio, 1967, p. XVII-XIX.

e "A mesa" (CE, 267) apresentam traços mesclados; em *Fazendeiro do Ar,* esse número se reduz a um, "Eterno" (FA, 284), em 20 composições; enfim, os 24 poemas de *A Vida Passada a Limpo* não comportam, a rigor, mais de três casos de mescla dos estilos, "Ciclo" (VPL, 307), "A um bruxo, com amor" (VPL, 311) e "A um hotel em demolição" (VPL, 313).

Assim, pois, temos, para todo o terceiro período, apenas dez textos "mesclados" em noventa e oito. Durante doze anos de produção poética (1946-1958), somente esses poemas prolongam o sentido do grotesco, os efeitos psicológicos resultantes da tensão entre *res* e *verba* elevados, e *res* e *verba* prosaicos e baixos: somente eles se alimentam da *contradição entre intenção problemática e referência vulgar,* que Erich Auerbach nos ensinou a considerar como inspiradora do discurso ambivalente do lirismo "mesclado". Essa contradição é a alma do estilo mesclado, e é óbvio que ela não conseguiria impor-se à leitura se os elementos "baixos" não se mostrassem como tais. As simples incidências de palavras e de coisas "baixas" em posição discreta, eliminando-se o choque entre o tom sério e a matéria vulgar, compromete a vivacidade do estilo mesclado. O não nobre, o desagradável, não arrastam *per se,* automaticamente, o efeito estético característico da *Stilmischung.* Várias passagens do "terceiro Drummond" o confirmam. Nas estrofes medianas de "Brinde no banquete das musas" (FA, 277), por exemplo,

> *Deixaste-nos mais famintos,*
> *poesia, comida estranha,*
> *se nenhum pão te equivale:*
> *a mosca deglute a aranha.*
>
> *Poesia, sobre os princípios*
> *e os vagos dons do universo:*
> *em teu regaço incestuoso,*
> *o belo câncer do verso.*

os traços "sórdidos" não parecem ter função diacrítica marcada. Não figuram no contexto como antítese dos temas "nobres", mas apenas como metáforas, tão iluminadoras quanto insólitas. Aliás, imagens de inseto já tinham sido empregadas no lirismo metapoético de João Cabral de Melo Neto, fora de toda a "mescla de estilos".[2]

Do mesmo modo, *a atenuação do realismo do cotidiano e dos assuntos históricos coincide com o exílio da elocução mesclada,* cujo papel teve a importância que se sabe na formação do estilo de Drummond. De fato, o terceiro período se situa, nitidamente, sob a hegemonia do lirismo de interrogação existencial e filosófico. A metade dos textos de *Novos Poemas* pertence a essa esfera temática. *Claro Enigma* consagra-lhe ao menos dezoito peças francamente especulativo-existenciais: "Dissolução" (CE, 235), "Remissão" (CE, 235), "A ingaia ciência" (CE, 236), "Legado" (CE, 236), "Confissão" (CE, 236), "Perguntas em forma de cavalo-marinho" (CE, 237), "Os animais do presépio" (CE, 237), "Sonetilho do falso Fernando Pessoa" (CE, 238), "Um boi vê os homens" (CE, 238), "Memória" (CE, 239), "A tela contemplada" (CE, 239), "Ser" (CE, 239), "Sonho de um sonho" (CE, 241), "Cantiga de enganar" (CE, 242), "Opaco" (CE, 245), "Aspiração" (CE, 246), "A máquina do mundo" (CE, 271) e "Relógio do Rosário" (CE, 273). *Fazendeiro do Ar* acrescenta-lhes nove: "Habilitação para a noite" (FA, 277), "No exemplar de um velho livro" (FA, 277), "Domicílio" (FA, 277), "Retorno" (FA, 278), "A distribuição do tempo" (FA, 279), "O enterrado vivo" (FA, 281), "Eterno" (FA, 284), "Elegia" (FA, 286), "A Luís Maurício infante" (FA, 290). *A Vida Passada a Limpo,* cinco: "Nudez" (VPL, 295), "Ar" (VPL, 301), "Ciência" (VPL, 301), "Especulações em torno da palavra homem" (VPL, 302) e "Inquérito" (VPL, 313).

Estes quarenta poemas filosófico-existenciais adotam, por vezes, uma perspectiva "biográfica", deixando a especulação metafísica emergir da alusão a uma

---

[2] Ver a vespa da "Fábula de Anfíon" e a aranha de "Psicologia da composição", ambas de 1947. In: João Cabral de Melo Neto, *Duas Águas.* Rio de Janeiro, José Olympio, 1956, p. 87 e 98.

situação "vivida". Esta perspectiva biográfico-fatual não deve ser confundida com o discurso em primeira pessoa. Tomemos a abertura de *Fazendeiro do Ar*, "Habilitação para a noite".

> *Vai-me a vista assim baixando*
> *ou a terra perde o lume?*
> *Dos cem prismas de uma joia,*
> *quantos há que não presumo.*

Vê-se claramente que a interrogação feita por um "eu" nada tem aqui de particularmente "pessoal"; nada que diga respeito a uma vivência individual. O eu fala da condição humana mais que de si mesmo, e isso, não no sentido do resultado universal de toda mensagem poética autêntica, mas no sentido de uma universalidade de princípio. O eu não fala da vida a partir de *uma vida* – ele aborda diretamente *a* vida, mesmo se se trata de exaltar, sem paradoxo, a instância da consciência pessoal:

> *E não quero ser dobrado*
> *nem por astros nem por deuses,*
> *polícia estrita do nada.*
>
> *Quero de mim a sentença*
> *como, até o fim, o desgaste*
> *de suportar o meu rosto.*

Entretanto, a perspectiva "biográfica"[3] não está presente na maior parte de nossos quarenta poemas filosóficos. Predominando de maneira maciça em *Fazendeiro do Ar*, é quase nula em *Novos Poemas* ou – a despeito do título – *A Vida Passada a Limpo*. Tudo somado, a diferença entre o lirismo da existência no sentido do "vivido" e a poesia de investigação existencial de tom impessoal nada tem de decisivo. Drummond passa sem a menor dificuldade de uma a outra, pois sua arte filosófica nunca é poesia "intelectualista". Para ser filosófico, seu lirismo

---

[3] Será necessário precisar o que dizem estas aspas – que se trata do "biográfico" *ao nível da elocução*, e não da existência real do poeta, de que não nos ocupamos aqui?

não cultiva o gênero sentencioso; ele está completamente afastado dos filosofemas versificados da tradição neoclássica, que tão frequentemente caía naquilo que Poe condenou sob o nome de "heresia didática".

O poema filosófico em estilo "puro" não nasceu no terceiro período do verso drummondiano. Nós já o encontramos em páginas de *A Rosa do Povo* como "Fragilidade" (RP, 154) ou "Vida menor" (RP, 155). O que caracteriza a terceira época é antes a hipertrofia. De *Novos Poemas* à "Vida", o poema filosófico dá o tom. Ele exerce, além disso, uma espécie de atração sobre outras zonas temáticas, sobretudo a musa erótica, o lirismo da província, o ciclo de Itabira e as odes epidícticas. "Estâncias" (NP, 230), "Amar" (CE, 247), "Entre o ser e as coisas" (CE, 247), "Tarde de maio" (CE, 248), "Fraga e sombra" (CE, 249), "Rapto" (CE, 250), "O quarto em desordem" (FA, 278), "Escada" (FA, 285), "Instante" (VPL, 296), "Os poderes infernais" (VPL, 297), "Leão-marinho" (VPL, 297), "Ciclo" (VPL, 307) e "Véspera" (VPL, 310), ou seja, a grande maioria dos poemas eróticos destes quatro livros, inclina-se toda, mais ou menos, para uma *metafísica* do amor. Eles não se limitam a figurar emoções, eles se entregam a uma interpretação filosófica de Eros.

Da mesma maneira, no interior do tema da província natal, "Morte das casas de Ouro Preto" (CE, 257) e "Prece de mineiro no Rio" (VPL, 304) resolvem a evocação de Minas numa meditação bastante próxima do questionamento dos poemas "existenciais". No "ciclo de Itabira", isto é, na poesia sobre a família e seus mortos, "Canto negro" (CE, 258), "Os bens e o sangue" (CE, 259), "Convívio" (CE, 264) e "Morte de Neco de Andrade" (FA, 282) seguem caminho análogo. Nesses poemas, o anedótico não é simplesmente ultrapassado, como antes em "Viagem na família" (e como será o caso em "A mesa", de *Claro Enigma*), no sentido de uma concentração puramente emocional nas imagens tornadas arquetípicas dos parentes, nem de um retrato "sociológico" do círculo patriarcal, semelhante aos de *A Rosa do*

Povo – agora, a matéria anedótica é transfigurada em benefício de uma reflexão ética sobre o destino do indivíduo e suas relações com o outro.

Quanto aos textos de celebração, há os que se cercam de uma aura metafísica: "O chamado" (nova homenagem a Bandeira; CE, 253), "Viagem de Américo Facó" (FA, 280), "A Goeldi" (VPL, 503) e o poema sobre Machado de Assis, "A um bruxo, com amor" (VPL, 311). Por outro lado, mais que antes, Drummond subordina a celebração à análise moral, bem aprofundada nos textos dedicados ao gravador Goeldi e à psicologia de Machado de Assis. Enfim, nos mais importantes entre os raros poemas de assunto histórico-social dessa fase, "Contemplação no banco" (CE, 240) e "A um hotel em demolição" (VPL, 313), a cena cotidiana é apenas um pretexto para as questões de ordem filosófica. Ao núcleo dos quarenta poemas especificamente "filosóficos" se anexam vinte e seis composições tematicamente periféricas, recolocando assim dois terços do total das peças sob o império da musa filosofante. Mas não esqueçamos de acrescentar as sete peças *metapoéticas* dessa época: "Canção amiga" (NP, 221), "Aliança" (NP, 228), "Oficina irritada" (CE, 245), "Brinde no banquete das musas" (FA, 277), "Conclusão" (FA, 279), "Canto órfico" (FA, 288) e "Poema-orelha" (VPL, 293) – pois a poesia sobre a poesia integra naturalmente a órbita do lirismo reflexivo.

À parte a rarefação do estilo mesclado, a grande característica técnica dos quatro livros surgidos entre 1948 e 1959 é *a predominância das formas métricas sobre o verso livre*. Vimos, por um lado, como o verso livre se tornava frequentemente em Drummond uma espécie de "compromisso com o metro"; por outro lado, constatamos inúmeras vezes a presença dos metros curtos (de cinco, seis e/ou sete sílabas) em alguns dos momentos mais vigorosos de seu lirismo. Entretanto, até então os versos longos pares e as estrofes regulares não tinham desempenhado um grande papel na melopeia drummondiana. Ora, a partir de *Claro Enigma*, Drummond não só multiplica o uso da redondilha maior (ver CE: "Sonho de um sonho", "Cantiga de enganar", "Canção para álbum de moça", "Morte das casas de Ouro Preto", "Canto negro", "A mesa"), mas ainda confia ao decassílabo, sozinho ou em posição hegemônica, algumas de suas mais densas mensagens poéticas: é suficiente citar "A máquina do mundo" (CE), "Elegia" (FA), "Canto órfico" (FA), "Nudez" (VPL), "Procura" (VPL). Além disso, recorre de bom grado ao soneto: em *Novos Poemas* há apenas um, mas *Claro Enigma* contém nove, *Fazendeiro do Ar*, dez, e *A Vida Passada a Limpo*, seis – que no total constituem um quarto dos poemas da época. Vinte e três desses vinte e seis sonetos são escritos em decassílabos; dezesseis obedecem ao cânon clássico no que respeita às rimas. Porque também a rima passa a ser de uso mais constante e mais variado desde *Claro Enigma*, como o mostrou Hélcio Martins num estudo modelo[4] – embora o número de poemas não rimados continue superior.

Se tomamos a hipertrofia do poema filosófico, a supressão do estilo mesclado e a expansão das formas métricas do verso como eixo de nossa análise, é possível examinar estes quatro livros conjuntamente. Sua homogeneidade temática e formal o permite, e nosso objetivo principal – a interpretação estilística – só poderá ganhar com isso, em virtude do que se poderá obter graças à concentração maior em alguns poemas decisivos.

Todos se lembram (ver p. 138-44) de que *A Rosa do Povo* realizara a metamorfose do sentimento do eu em tema de finitude e em aspiração a um nirvana liberado das servidões do tempo-vivência. Ao mesmo tempo, o lirismo existencial introduzira o tema do *amorfo*, da demolição, explicitado por um texto como "Fragilidade" (RP, 154; ver supra p. 167-70), e refletido pelo tema da escrita-dissipação de "Ontem" (RP, 154). "Fragilidade" cantava o amorfo tanto como termo beatífico de "todo incerto movimento", amorfo *hipnótico* –

> ... *e tudo se fez imóvel, quantidades e quantidades de sono se depositam sobre a terra esfacelada.*

---

[4] *A Rima na Poesia de Carlos Drummond de Andrade*, cit., p. 65 e 79.

de que o correlato artístico só pode ser o *arabesco;* o arabesco, antiforma de um saber, ou, antes, de uma sabedoria, no fundo mais próxima desta *"pensée du dehors"* que Michel Foucault atribui a Maurice Blanchot.[5]

Na fase de *Novos Poemas,* o tema do amorfo esboça de alguma forma um movimento regressivo: o amorfo não é, no momento, objeto de louvação, sonho do desejo; ele ressurge antes como ferida, chaga, cicatriz da finitude lamentando o fim dos tempos felizes passados. Assim em "Composição" (NP, 228) –

> *E é sempre a chuva*
> *nos desertos sem guarda-chuva,*
> *algo que escorre, peixe dúbio,*
> *e a cicatriz, percebe-se, no muro nu.*
>
> 5 *E são dissolvidos fragmentos de estuque*
> *e o pó das demolições de tudo*
> *que atravanca o disforme país futuro.*
> *Débil, nas ramas, o socorro do imbu.*
> *Pinga, no desarvorado campo nu.*
>
> 10 *Onde vivemos é água. O sono, úmido,*
> *em urnas desoladas. Já se entornam,*
> *fungidas, na corrente, as coisas caras*
> *que eram pura delícia, hoje carvão.*
>
> *O mais é barro, sem esperança de escultura.*

O inexorável curso do elemento líquido, a demolição pela água, a imagem do peixe associada à ruína (materializada pelas metáforas) do tempo vivido são velhos conhecidos: encontramo-los em "Noturno oprimido" de *José* (J, 130; aqui p. 57). Por outro lado, não deixa de ser interessante comparar a imagística aquática do "Noturno", em que as conotações obsessivas investem a matéria cotidiana (a água corrente dos imóveis modernos) com a chuva simbólica de "Composição", emblema do abstracionismo lírico da terceira época de Drummond.

---

[5] Ver Michel Foucault "La Pensée du dehors". *Critique*, n. 229, jun. 1966, p. 523-46.

"Composição" é uma melodia em u – um *u* cercado de fonemas umidificadores: a sibilância palatal de *ch* (*ch*Uva, guarda-*ch*Uva, peix*e* d*Ú*bio), os ii de d*Ú*b*i*o, d*i*sforme pa*í*s, *i*mbU, Úm*i*do, f*u*ngIdas, pUra delÍc*i*a). Este vocalismo sombrio só se torna seco – de uma secura acusada pelas consonâncias oclusivas – quando evoca a queda surda dos muros demolidos –

... fragmentos de estuque
e o pó das demolições de tudo
que atravanca o disforme país futuro.

Mas a litania do obscuro não tardará a se reliquefazer, com a doçura, apenas interrompida, das consoantes seguintes –

Débil, nas ramas, o socorro do imbu.
Pinga, no desarvorado campo nu.
Onde vivemos é água. O sono, úmido,
   em urnas desoladas.

   O real, o vivido, a felicidade,

... as coisas caras
que eram pura delícia...

não serão um frágil estuque, um muro rachado? A série de proposições aditivas dos versos 1 a 7, seu valor iterativo denunciado pelo polissíndeto, a violência do *enjambement*

... de tudo /
que atravanca o disforme país futuro.

conferem a todos esses versos um só impulso rítmico, interrompendo o espaço das linhas e das estrofes. Todo socorro é frágil em meio ao dilúvio da vida. O sono não é mais um consolo à vista, antes parece fazer parte da lamentação da chuva

O sono, úmido
em urnas desoladas.

O sentimento do amorfo se proíbe todo futuro:

O mais é barro, sem esperança de escultura.

No quadro da demolição do vivido, o ser não é senão um enigma aflitivo, barreira opaca e obscura. Numa belíssima prosa apologal, "O enigma" (NP, 231), o poeta imagina as pedras como rebanho interceptado por uma Coisa insólita. Sua marcha se detém para sempre sob o impacto da Coisa-medusa; desde então, sua inteligência e sua sensibilidade ficam votadas à dor. Congeladas sob um luar imemorial, essas ex-"pedras vivas", pungentes como as rochas do período toscano de Magnelli, testemunham por meio da fábula a impotência do homem diante da falta de sentido da existência. A única salvação é a poesia, diz "O arco" (NP, 230) –

> *Que quer o anjo? chamá-la.*
> *Que quer a alma? perder-se.*
> *Perder-se em rudes guianas*
> *para jamais encontrar-se.*
>
> *Que quer a voz? encantá-lo.*
> *Que quer o ouvido? embeber-se*
> *de gritos blasfematórios*
> *até quedar aturdido.*
>
> *Que quer a nuvem? raptá-lo.*
> *Que quer o corpo? solver-se,*
> *delir memória de vida*
> *e quanto seja memória.*
>
> *Que quer a paixão? detê-lo.*
> *Que quer o peito? fechar-se*
> *contra os poderes do mundo*
> *para na treva fundir-se.*
>
> *Que quer a canção? erguer-se*
> *em arco sobre os abismos.*
> *Que quer o homem? salvar-se*
> *ao prêmio de uma canção.*

"O arco" inscreve o pessimismo do pensamento existencial em estrofes de um rigor matemático. Cada um dos primeiros versos se refere, por meio do pronome acusativo, a um substantivo só revelado no verso seguinte, enquanto ao menos dois versos por estrofe acabam com o sintagma infinitivo + pronome, o que produz, como bem viu Hélcio Martins,[6] uma espécie de rima lógica. Há, pois, efetivamente, um arco ligando os versos e as estâncias entre si. A estrutura do poema é uma metáfora do objetivo da canção, "arco sobre os abismos". Encaixado nessa geometria lírica, um vocabulário raro (guianas, aturdido, solver-se, delir) atesta o enobrecimento da elocução. Ele é acompanhado em surdina pela anáfora (Que quer...), a anadiplose (perder-se / Perderse), o efeito de epanadiplose

> *delir memória de vida*
> *e quanto seja memória.*

um sutil afastamento do uso corrente (ao preço > ao prêmio), a metáfora (embeber-se de gritos), e finalmente pelas aliterações (r*u*des g*u*ianas, que*d*ar atur*d*ido, poderes do mun*d*o / para na treva fun*d*ir-se) e as assonâncias (cham*á*-la, *a*lma; jam*ais* encontr*ar*-se; del*i*r memória de v*i*da). Uma ourivesaria poética excepcionalmente cuidada sublinha assim o niilismo do texto, cuja visão negra se exprime em termos espiritualistas extremos: o anjo convoca a alma, o céu tenta seduzir o corpo, e o coração, recusando-se à paixão pelo gosto do nada, repele ao mesmo tempo, como um bom "pneuma" gnóstico.

> *... os poderes do mundo.*

Entretanto, o amorfo e o nada, o que sobrevive às "demolições", não é apenas um *nihil negativum*. *Claro Enigma* já o apresenta sob nova luz. A "Vida menor" (RP, 155) experimentada como paz e fadiga faz sua entrada:

> *E nem destaco minha pele*
> *da confluente escuridão.*
> *Um fim unânime concentra-se*
> *e pousa no ar. Hesitando.*

---

[6] Hélcio Martins, *A Rima...*, cit., p. 50.

> *E aquele agressivo espírito*
> *que o dia carreia consigo,*
> *já não oprime. Assim a paz,*
> *destroçada.*
>
> ("Dissolução", CE, 235)

Da obscuridade do amorfo, eis que aflora uma nova ordem ontológica –

> *Pois que aprouve ao dia findar,*
> *aceito a noite.*
>
> *E com ela aceito que brote*
> *uma ordem outra de seres*
> *e coisas não figuradas.*
> ....
>
> (Ib.)

O céu cristão se esvazia, mas o nada que o substitui, "mais vasto" que o antigo além, se enche de misteriosas povoações:

> *Vazio de quanto amávamos,*
> *mais vasto é o céu. Povoações*
> *surgem do vácuo.*
> *Habito alguma?*
>
> (Ib.)

Por uma vez, em lugar da argila amorfa "sem esperança de escultura", o poeta nos propõe o sonho bem *plástico* de um cosmos de utopia: uma *aetas aurea* eterna, *millenium* lunar ignorado dos homens, mas ardentemente buscado desde os antigos até nós:

> *Sonhei que estava sonhando*
> *e que no meu sonho havia*
> *um outro sonho esculpido.*
> ....
> *Sonhava que estava alerta,*
> *e mais do que alerta, lúdico,*
> *e receptivo, e magnético,*
> *e em torno a mim se dispunham*
> *possibilidades claras,*
> *e, plástico, o ouro do tempo*

vinha cingir-me e dourar-me
para todo o sempre, para
um sempre que ambicionava
mas de todo o ser temia...
Ai de mim! que mal sonhava.

Sonhei que os entes cativos
dessa livre disciplina
plenamente floresciam
permutando no universo
uma dileta substância
e um desejo apaziguado
de ser um com ser milhares,
pois o centro era eu de tudo,
como era cada um dos raios
desfechados para longe,
alcançando além da terra
ignota região lunar,
na perturbadora rota
que antigos não palmilharam
mas ficou traçada em branco
nos mais velhos portulanos
e no pó dos marinheiros
afogados em mar alto.

("Sonho de um sonho", CE, 241)

O conteúdo quimérico da utopia é bem confessado –

Sonhava, ai de mim, sonhando
que não sonhara... Mas via
na treva em frente a meu sonho,
nas paredes degradadas,
na fumaça, na impostura,
no riso mau, na inclemência,
na fúria contra os tranquilos,
na estreita clausura física,
no desamor à verdade,
na ausência de todo amor,
eu via, ai de mim, sentia
que o sonho era sonho, e falso.

(Ib.)

O que importa, entretanto, é seu valor antitético, seu poder de repúdio. O cosmos edênico "esculpido" pelo sonho é o negativo da selva *selvaggia* das paixões desenfreadas, a antítese do universo agressivo. A idade dourada entrevista em sonho nega as ambições particularistas, os apetites do "ego"ísmo; satisfazendo apenas o desejo purificado do eu reconciliado com o Todo –

... um desejo apaziguado
de ser um com ser milhares,
pois o centro era eu de tudo,
como era cada um dos raios,
desfechados para longe.

Lá onde a existência é ao mesmo tempo o centro e o círculo, a dor da finitude é finalmente aliviada:

....

Sonhei que o sonho existia
não dentro, fora de nós,
e era tocá-lo e colhê-lo,
e sem demora sorvê-lo,
gastá-lo sem vão receio
de que um dia se gastara.

(Ib.)

Tal é a fisionomia utópica da "vida menor". Pois, não há dúvida, trata-se realmente dela: é de fato, por trás do brilho dourado do paraíso sonhado, a fadiga, benfazeja, a obscura quietude do nirvana:

....

Obscuridade! Cansaço!
Oclusão de formas meigas!
Ó terra sobre diamantes!

....

(Ib.)

Mas a utopia não passa de sonho, o mundo não tem sentido:

O mundo,
        meu bem,
                não vale
a pena, e a face serena
vale a face torturada.
Há muito aprendi a rir,
de quê? de mim? ou de nada?
O mundo, valer não vale.
Tal como sombra no vale,
a vida baixa... e se sobe
algum som deste declive,
não é grito de pastor
convocando seu rebanho.
Não é flauta, não é canto
de amoroso desencanto.
Não é suspiro de grilo,
voz noturna de nascentes,
não é mãe chamando filho,
não é silvo de serpentes
esquecidas de morder
como abstratas ao luar.
Não é choro de criança
para um homem se formar.
Tampouco a respiração
de soldados e de enfermos,
de meninos internados
ou de freiras em clausura.
Não são grupos submergidos
nas geleiras do entressono
e que deixem desprender-se,
menos que simples palavra,
menos que folha no outono,
a partícula sonora
que a vida contém, e a morte
contém, o mero registro
de energia concentrada.
Não é nem isto, nem nada.
É som que precede a música,
sobrante dos desencontros

> *e dos encontros fortuitos,*
> *dos malencontros e das*
> *miragens que se condensam*
> *ou que se dissolvem noutras*
> *absurdas figurações.*
> *O mundo não tem sentido.*
> *O mundo e suas canções*
> *de timbre mais comovido*
> *estão calados, e a fala*
> *que de uma para outra sala*
> *ouvimos em certo instante*
> *é silêncio que faz eco*
> *e que volta a ser silêncio*
> *no negrume circundante.*
> *Silêncio: que quer dizer?*
> *Que diz a boca do mundo?*
> *Meu bem, o mundo é fechado,*
> *se não for antes vazio.*
> *O mundo é talvez: e é só.*
> *Talvez nem seja talvez.*
> *O mundo não vale a pena,*
> *mas a pena não existe.*
>
> ("Cantiga de enganar", CE, 242)

Drummond se recusa contudo a tirar da constatação do *desconcierto del mundo* sua conclusão barroca: o sentimento trágico da existência. "Há muito aprendi a rir", diz ele, justamente antes do belo trocadilho –

> *O mundo, valer não vale.*
> *Tal como sombra no vale,*
> *a vida baixa...*

e a fina musicalidade da sequência bucólica

> *... e se sobe*
> *algum som deste declive,*
> *não é grito de pastor*
> *convocando seu rebanho.*
> *Não é flauta, não é canto*
> *de amoroso desencanto.*

> *Não é suspiro de grilo,*
> *voz noturna de nascentes,*
> *não é mãe chamando filho,*
> *não é silvo de serpentes*
> *esquecidas de morder*
> *como abstratas ao luar.*

Um pouco mais adiante, reencontramos a imagística de inverno e de outono, o simbolismo do frio e da decadência:

> *Não são grupos submergidos*
> *nas geleiras do entressono*
> *e que deixam desprender-se,*
> *menos que simples palavra,*
> *menos que folha no outono,*

O comprazimento com que o estilo "puro" cultiva a métrica rimada (ainda que de maneira irregular) não hesita em revogar as interdições da *Stilmischung* – como no caso dos primeiros versos de A Rosa do Povo (RP, 137)

> *Não rimarei a palavra sono*
> *com a incorrespondente palavra outono.*

Mas vê-se logo a diferença: ninguém tomaria uma imagem tão sugestiva e funcional como "geleiras do entressono" como exemplo da linguagem mecânica já condenada em nome da autenticidade lírica. O estilo puro afasta o discurso mesclado – mas ambos evitam decididamente os clichês literários.

Num mundo que não tem sentido – anticosmos grotesco – nenhuma substância do eu pode subsistir. A existência zomba do sujeito e sua pretensa continuidade:

> *Onde nasci, morri.*
> *Onde morri, existo.*
> *E das peles que visto*
> *muitas há que não vi.*
>
> *Sem mim como sem ti*
> *posso durar. Desisto*
> *de tudo quanto é misto*
> *e que odiei ou senti.*

> *Nem Fausto nem Mefisto,*
> *à deusa que se ri*
> *deste nosso oaristo,*
>
> *eis-me a dizer: assisto*
> *além, nenhum, aqui,*
> *mas não sou eu, nem isto.*
>
> ("Sonetilho do falso Fernando Pessoa", CE, 238)

A vida destrói as ilusões do para-si. Pois fora do espaço paradisíaco da utopia, onde, com o si-mesmo e o outro vibrando em uníssono, a suprema interioridade não difere da extrema alteridade, a vida do eu se experimenta como dispersão. Aos olhos dos animais, o homem parece um ser essencialmente "desestruturado". Escutemos o que dele pensa o boi

> *... e que*
> *impossibilidade de se organizarem em formas calmas,*
> *permanentes e necessárias. Têm, talvez,*
> *certa graça melancólica (um minuto) e com isto se fazem*
> *perdoar a agitação incômoda e o translúcido*
> *vazio interior que os torna tão pobres e carecidos*
> *de emitir sons absurdos e agônicos: desejo, amor, ciúme*
> *(que sabemos nós?), sons que se despedaçam e tombam*
> > *[no campo*
> *como pedras aflitas e queimam a erva e a água,*
>
> ("Um boi vê os homens", CE, 238)

Portador de um "vazio interior", o homem é surdo aos acordes sábios da natureza; ora, sua solidão torna-o triste e enfurece-o:

> *... Coitados, dir-se-ia não escutam*
> *nem o canto do ar nem os segredos do feno,*
> *como também parecem não enxergar o que é visível*
> *e comum a cada um de nós, no espaço. E ficam tristes*
> *e no rasto da tristeza chegam à crueldade.*
>
> (Ib.)

No fundo, entretanto, a tristeza não se limita ao gênero humano; ela é um atributo de todo o universo, uma qualidade inerente à vida da matéria. "Relógio do Rosário" (CE, 273) fala do

> ... *choro pânico do mundo*

choro *pânico* – medo de tudo, diz a etimologia fantasiosa:

> *dor de tudo e de todos, dor sem nome,*
> *ativa mesmo se a memória some,*
>
> *dor do rei e da roca, dor da cousa*
> *indistinta e universa,...*

Existir é sofrer:

> *... nada basta*
> *nada é de natureza assim tão casta*
>
> *que não macule ou perca sua essência*
> *ao contacto furioso da existência.*
>
> *Nem existir é mais que um exercício*
> *de pesquisar de vida um vago indício,*
>
> *a provar a nós mesmos que, vivendo,*
> *estamos para doer, estamos doendo.*

Para além, pois, da cena predatória que nos descreve o fim do "Sonho de um sonho", para além da maldade das pessoas, existe uma realidade ainda mais visceral: a dor. Eis-nos de novo nos braços de uma *Weltanschauung* à Schopenhauer, baseada num sentimento agudo da desordem do mundo. Tocada por esse espetáculo cruel, e ainda mais doloroso que cruel, a alma chega mesmo a afastar a ideia de uma conformação ética da existência –

> *Aspiro antes à fiel indiferença*
> *mas pausada bastante para sustentar a vida*
> *e, na sua indiscriminação de crueldade e diamante,*
> *capaz de sugerir o fim sem a injustiça dos prêmios.*
>
> ("Aspiração", CE, 246)

O pensamento lírico de Drummond se distancia assim de toda teodiceia. Deplora o mundo, não o justifica. O amorfo ora é motivo de dor, ora princípio (caótico) do ser; a ordem do mundo nunca é celebrada. Pode-se, quando muito, reconhecer nesta lucidez intransigente, neste anticonformismo tão moderno, pausas de um certo otimismo. A arte de viver de "A Luís Maurício, infante" (FA, 290) seria o melhor exemplo, mas estes dísticos rimados, às vezes um pouco forçados, não chegam a pesar diante dos textos desiludidos do quarteto metafísico. O otimismo drummondiano é menos uma crença que um penhor de liberdade de espírito; uma recusa a enfeudar-se às visões unívocas do mundo, excessivamente infiéis à irredutível imprevisibilidade da vida. Não é verdade que, de quando em quando, a memória pode vencer a finitude?

> *Nesta boca da noite,*
> *cheira o tempo a alecrim.*
> *Muito mais trescalava*
> *o incorpóreo jardim.*
> ....
>
> *Neste abismo da noite,*
> *erra a sorte em lavanda.*
> *Um perfume se amava,*
> *colante, na varanda.*
>
> *A narina presente*
> *colhe o aroma passado.*
> *Continuamente vibra*
> *o tempo, embalsamado.*
>
> ("Ar", VPL, 296)

E a sabedoria do olhar maduro, pactuando com a obscuridade do real, encontrar apesar de tudo encanto no drama da existência?

> *Começo a ver no escuro*
> *um novo tom*
> *de escuro.*
>
> *Começo a ver o visto*
> *e me incluo*
> *no muro.*
>
> *Começo a distinguir*
> *um sonilho, se tanto,*
> *de ruga.*

> *E a esmerilhar a graça*
> *da vida, em sua*
> *fuga.*
>
> ("Ciência", VPL, 301)

Todavia, acima de todas as máscaras terríveis ou afáveis do mundo, persiste a consciência comovida dessa "paixão inútil" que é o homem; do homem para sempre separado das antigas certezas, atormentado pelo gosto amargo de sua nudez ontológica, e, não obstante, orgulhoso ainda de sua sede de permanência. Mesmo se a eternidade não é – segundo "Eterno" (FA, 284) – senão a intensidade do vivido, a raiva (efêmera) de viver:

> *E que eu desapareça mas fique este chão varrido onde*
>   *[pousou uma sombra*
> *e que não fique o chão nem fique a sombra*
> *mas que a precisão urgente de ser eterno boie como uma*
>   *[esponja no caos*
> *e entre oceanos de nada*
> *gere um ritmo.*

Pois nem a demolição da existência, nem o caos do universo, nem as derrotas do eu e da consciência roubam o que quer que seja à dignidade do exercício inalienável da lucidez existencial. Para Drummond, se a ordem do mundo se desqualifica, o sentido da individualidade moral é em consequência reforçado –

> *E não quero ser dobrado*
> *nem por astros nem por deuses,*
> *polícia estrita do nada.*
>
> *Quero de mim a sentença*
> *como, até o fim, o desgaste*
> *de suportar o meu rosto.*
>
> ("Habitação para a noite", FA, 277)

Eis, por outro lado, a verdadeira dimensão ética do personagem *gauche:* a independência moral, ainda que ao preço da marginalização. Mesmo subscrevendo a agonia do "sujeito" idealista, solidário com a morte das teodiceias, Drummond conserva um forte sentido da diferença do eu, do valor da consciência individual.

Do ponto de vista da história das ideias, o pensamento lírico de Drummond se move numa encruzilhada característica de uma época de transição como a nossa. De um lado, na verdade, sua poesia acolhe o agnosticismo generalizado que sucedeu ao esgotamento do cristianismo como centro da civilização ocidental; de outro, ela abriga vários motivos ligados à moral cristã, e isso tanto no nível da crítica do comportamento – levada a efeito com um espírito de reprovação do *homo homini lupus* coberto, senão encorajado pelo hedonismo contemporâneo – quanto no nível decisivo do valor emprestado à jurisdição ética da consciência individual. *Este apego fortemente judeu-cristão à personalidade moral matiza de maneira bem sensível o lado "budista", "schopenhaueriano" da visão do mundo de Drummond.*

É preciso não tomar os aspectos heterogêneos da reflexão existencial de Drummond como indícios de uma pretensa "incoerência" poética. O pensamento estético não é, de modo algum, menos lógico ou menos organizado que os sistemas dos filósofos, tantas vezes formigantes de contradições fecundas. As mudanças de ótica em Drummond, poeta-filósofo, são antes devidas à profundidade de seu *humor*. Drummond é sem dúvida o maior humorista da literatura brasileira depois de Machado de Assis. Ora, como haver humor autêntico sem "pluriperspectivismo"? A faculdade de mudar de perspectiva caracteriza o pensamento humorístico, não em razão de uma qualquer inferioridade lógica em relação ao entendimento sistemático, mas precisamente porque o sistema repugna à inteligência humorista. Carnaval do pensamento, o humor repele a ordem "de mão única" do pensamento de sistema – este logos imperialista que, sob a forma de dialética, chega a apropriar-se da própria contradição, reduzindo por todo lado o diferente ao idêntico. O espírito alado, o espírito dançarino do humor não honra a dinastia dos Descartes e dos Hegel; prefere olhar do lado dos Montaigne e dos

Nietzsche. O humor zomba com seriedade não só da razão triunfalmente desfraldada, mas também da reconciliação laboriosa dos contrários. Não segue a linha reta do racionalismo, nem a espiral do andamento dialético: é o (anti)logos não linear, o pensamento radicalmente *plural*, pensamento íntimo do impensável.

No lirismo do quarteto que começa com *Novos Poemas* e termina com *A Vida Passada a Limpo*, a raridade dos efeitos grotescos e a classicização da linguagem poética não revogam, absolutamente, o humor. Lembremo-nos de que o humor drummondiano nunca se reduziu a pura piada. O poeta insistiu em precisá-lo – mantendo distância em relação ao "poema-piada" modernista: "Pretendi fazer humorismo, porém, não piada, em meus versos".[7] À altura de *Claro Enigma*, o humor se torna um rio subterrâneo, uma inspiração tanto mais profunda quanto mais interiorizada. O que não o impede, apesar de tudo, de subir, brincalhão, à superfície. Em *Fazendeiro do Ar*, por exemplo – o mais decididamente clássico dos volumes do quarteto – o "problemático" poema "Eterno" (de que citamos a última estrofe na p. 142) começa neste tom:

> *E como ficou chato ser moderno.*
> *Agora serei eterno.*
>
> *Eterno! Eterno!*
> *O Padre Eterno,*
> *a vida eterna,*
> *o fogo eterno.*
>
> (Le silence éternel de ces espaces infinis m'effraie.)
> – O que é eterno, Yayá Lindinha?
> – Ingrato! é o amor que te tenho.
> *Eternalidade eternite eternaltivamente*
>   *eternuávamos*
>   *eternissíssimo*
> *A cada instante se criam novas categorias do eterno.*

---

[7] Depoimento incorporado por Gilberto Mendonça Teles às suas notas para Carlos Drummond de Andrade, *Seleta em Prosa e Verso*. Rio de Janeiro, José Olympio, 1971, p. 181.

Eis combinados a linguagem familiar (chato), a enumeração irreverente dos dogmas cristãos, uma citação "clássica" (Pascal), uma réplica ingênua de "sinhazinha", trocadilhos (eternite, eternaltivamente, eternuávamos, fr. *éternuer*), e, enfim, a afirmação da tese lírica: a presença da eternidade na própria finitude, tese que o resto do poema desenvolverá. A quarta parte de "Cemitérios" (FA, 281) não passa de um *flash* de humor:

> *Do lado esquerdo carrego meus mortos.*
> *Por isso caminho um pouco de banda.*

Quando reeditou seus livros anteriores com *Fazendeiro do Ar*, Drummond houve por bem inserir esta nota: "A publicação de 'obras completas' não implica a aceitação, pelo autor, de tudo quanto ele já compôs. Há partes que o tempo tornou peremptas, mas que não podem ser riscadas do conjunto, *como a vida não pode ser passada a limpo*".[8] Pois bem, seu livro seguinte (discreta atenuação do pessimismo de *Claro Enigma*) se intitula justamente *A Vida Passada a Limpo*... De Minas, numa soberba prosa sobre os profetas do Aleijadinho, Drummond disse que é a terra do "paradoxo mesmo"[9] – terra de cupidez e de misticismo, de universalismo e isolamento, de pessimismo e de revolta, de melancolia e de impulsos messiânicos. Arte e sabedoria do paradoxo, não é surpreendente que o humor se exprima tão bem pela voz do mineiro Carlos Drummond de Andrade, poeta atraído e tocado como poucos por tudo o que há de desconcertante na experiência do homem moderno.

Tentemos agora uma aproximação maior da elocução "pura" do lirismo filosófico de Drummond. Elocução que não se priva (todos os críticos estão de acordo) de um certo hermetismo. Tomemos por exemplo o único soneto de *Novos Poemas*, "Jardim" (NP, 227) –

---

[8] Ver Carlos Drummond de Andrade, *Fazendeiro do Ar & Poesia até Agora*. 2ª ed. Rio de Janeiro, José Olympio, 1955, p. 549 (o grifo é nosso).

[9] Ver "Colóquio das estátuas" (do livro *Passeios na Ilha*). In: *Obra Completa*. 2ª ed. Rio de Janeiro, Aguilar, 1967, p. 645.

> *Negro jardim onde violas soam*
> *e o mal da vida em ecos se dispersa:*
> *à toa uma canção envolve os ramos,*
> *como a estátua indecisa se reflete*
>
> 5 *no lago há longos anos habitado*
> *por peixes, não, matéria putrescível,*
> *mas por pálidas contas de colares*
> *que alguém vai desatando, olhos vazados*
>
> *e mãos oferecidas e mecânicas,*
> 10 *de um vegetal segredo enfeitiçadas,*
> *enquanto outras visões se delineiam*
>
> *e logo se enovelam: mascarada,*
> *que sei de sua ausência (ou não a tem),*
> *jardim apenas, pétalas, presságio.*

O primeiro verso, único decassílabo sáfico (acentos na 4ª, 8ª e 10ª) entre treze heroicos (acentos na 6ª e 10ª), é um rico acorde tonal: os timbres *e* (fechado), *i*, *o* (aberto) e *o* (fechado) escandem-no harmoniosamente. Expressivas fricativas (*v*iolas *s*oam), sutilmente anunciadas pela doce palatal do início da palavra-título (*j*ardim) sobrevêm numa quase-onomatopeia logo depois dos dd de jar*d*im on*d*e. Ora, a principal sequência fônica, *soam*, cuja primazia melódica sobre o sujeito *violas* é atestada por sua posição no fim do verso, se apoia numa consoante bem próxima destes dd (que de mais próximo das linguodentais, na verdade, do ponto de vista da zona de articulação, que as alveolares?); o *soam* dá assim a réplica à explosiva dental de j*a*rdim onde, cuja reiteração é, por outro lado, sublinhada pela proximidade das sílabas acentuadas; JarDIM ONde, criadora de um espaço de tensão rítmica.[10] Ao mesmo tempo, o *o* fechado de *soam*,

---

[10] Há muito tempo a poesia em português tira partido desses encontros de acentos. Recordemos somente, em Cláudio Manuel da Costa,
> Àquela cinta azul, que o céu estende
> Á nossa mão esquerda; aquele grito,
> Com que esTÁ TOda a noite o corvo aflito
> Dizendo um não sei quê, que não se entende:

ainda mais ensurdecido pelo *ão* seguinte (soam) – nasal como o *im* de jard*im* e o *on* de *on*de –, replica por sua vez à claridade da vogal tônica de viOlas.

O segundo verso não se limita a falar-nos de ecos: é *construído* em torno deles: o timbre acentuado de dispErsa é o eco de Ecos; o *m* de *mal*, o das nasalidades do primeiro verso; VIda, o de *vi*olas, enquanto o *da* fraco de *vida* repete o *da* do genitivo (mal *da vida*) e o *s* de *dispersa*, o pronome reflexivo *(se* dispersa). Mesmo o ritmo do verso 1 encontra algum reflexo no acento na 4ª: e o mal da vi / da em e / cos se disper / sa. O verso 3 continua a propagar ressonâncias. *À toa* rima com *soam*; os tons nasais se multiplicam *(uma canção* envolve os *ramos*;[11] o vibrato do *v* de *v*iolas e *v*ida se exacerba em en*v*olve.

À toa uma canção envolve os ramos / *como* a estátua indecisa se reflete / no lago... Mallarmé queria banir o "como" da poesia; Drummond poetiza-o aqui, cercando--o de um halo de puro mistério. Qual o vínculo comparativo entre a canção e esta "indecisa estátua" refletida no lago? A menos que seja à toa, em anástrofe: "Uma canção envolve os ramos, *à toa*, / como a estátua..." pois é possível suspeitar de uma afinidade entre a "indecisão" da estátua e a gratuidade com que a canção, esse *arabesco*, envolve os ramos. O que é certo, em todo caso, é a importância do qualificativo. *Indecisa* ocupa o acento médio do verso heroico; além do que, sua natureza de anapesto (__ __ / / __), fundida graças à elisão na terminação do dátilo *estátua* (__ / / __ __), materializa musicalmente a oscilação da estátua, do mesmo modo por que o *d* de *in*decisa abrandando as dentais explosivas de es*t*á*t*ua e *r*e*fl*ete, e seus ii fluidos, opostos aos timbres puros das duas últimas palavras, introduzem uma sugestão de languidez e de instabilidade no meio do verso.

O verso 5 deve sua beleza à marcha jâmbica do primeiro membro (__ / __ / __ / /nos...), à aliteração *(lago, longos)* e à assonância modulada por uma incidência nasal (l*a*go h*á* l*o*ngos *a*nos h*a*bit*a*do), assonância

---

[11] Na pronúncia brasileira, o *a* de *ramos* é fortemente nasal.

cujo timbre retoma o *a* forte de *estátua*. As aliterações dominam igualmente os versos 6 (*por peixes... putrescível*), onde o efeito onomatopáico de *putrescível* é bem ressaltado, e 7 (*por pálidas contas de colares*). O verso 7 retorna, por outro lado, à melodia em o / A da abertura da estrofe, que não esqueceu duas outras heranças da quadra inicial: a nasalidade, preservada em *no, longos, anos, não, matéria, mas, contas, alguém,* desat*ando,* e o vibrato (*vai, vazados*). A nasalidade só se calará no último verso (*mãos, mecânicas, um, enfeitiçadas, enquanto, delineiam, enovelam, mascarada, essência, não, tem,* jard*im,* ape*nas*). O vibrato dos *vv*, em compensação, se detém no décimo segundo (*vegetal, visões, enovelam*), endurecido por ecos em *ff* (o*f*erecidas, en*f*eitiçadas); mas seu impulso de base – a sonoridade das fricativas – irá também até o fim do poema, através das sibilantes e palatais (o*f*erecidas, *s*egredo, en*f*eitiçadas, *s*e delineiam, *s*ei de *s*ua e*ss*ência; *v*egetal, *j*ardim). De maneira bastante significativa, a enigmática palavra final, pre*s*ágio, reúne as duas consonâncias que secundaram o canto das violas. De resto, é o tecido fônico inteiro que conserva seu charme variado, o que se verifica escutando a discreta retomada do lambdacismo nos versos 11-12 (... se de*l*ineiam / e *l*ogo se enove*l*am...) ou bem a bela aliteração do fecho:

> *jardim apenas, pétalas, presságio.*

Qual é o "vegetal segredo" desse "negro jardim" onde a vida animal só existe em efígie, cega e enfeitiçada? A imagem do jardim e a ideia da "indecisão" tinham aparecido isoladamente num poema de *A Rosa do Povo*, "Equívoco" (RP, 158) –

> *Um* jardim *sempre meu, de funcho e de coral,*
> *ergueu-se pouco a pouco, e eram flores de velho,*
> *murchando sem abrir,* indecisas *no mal.*

A relação entre esses alexandrinos, com seu jardim de pólipos e suas flores "de velho", e nosso lago imemorial (há longos anos...) juncado de pétalas-pérolas não parece duvidosa; mas não é fácil precisá-la. Por outro lado, um curto poema de *A Vida...*, "Ar" (ver supra, p. 197-98) louvava "o incorpóreo jardim" da memória, enquanto a "Cantiga de enganar" (CE, 242) reunia, como vimos, "canção (ões)", "ecos" e "negro" –

> ....
> *O mundo não tem sentido.*
> *O mundo e suas canções*
> *de timbre mais comovido*
> *estão calados, e a fala*
> *que de uma para outra sala*
> *ouvimos em certo instante*
> *é silêncio que faz eco*
> *e que volta a ser silêncio*
> *no negrume circundante.*

Tudo indica, por conseguinte, que temos o direito de pensar no "negro jardim" (esse adjetivo anteposto – posição expressiva em português – é, com "pálidas", a única nota literalmente cromática do soneto; as outras cores resultam da sinestesia: são timbres), como uma espécie de templo do nirvana a que aspira a sabedoria da idade madura. O mundo é silêncio e negrume, disso resulta que se sonhe com um lugar onde o mal de viver se disperse. Lugar quimérico talvez ou incognoscível (v. 12-14), lugar enganador, já que negro, a despeito da vibrante claridade de seu conteúdo; e, contudo, presságio possível da beatitude que jaz na superação das paixões vitais. O negro jardim com um lago e estátuas onde soam violas, bosquezinho sedutor à Watteau, não seria o *hortus conclusus* do glacial quietismo da "vida menor"? O refúgio-símbolo da volúpia no nada em Drummond? Seja como for, trata-se antes de qualquer outra coisa de um soneto magnificamente estruturado. A serena cadência de sua frase única, emoldurada pela palavra-regente, *jardim,* é uma aplicação magistral dessa técnica de "enlace", em que Helmut Hatzfeld viu a grande contribuição de Camões à forma do soneto.[12]

---

[12] Helmut Hatzfeld, "Estilo manuelino en los sonetos de Camões". In: *Estudios sobre el Barroco*. Madrid, Gredos, p. 208-13 e p. 240.

Como Camões, Drummond prefere enlaçar vigorosamente os elementos sintéticos, ao invés de deixar às partes tradicionais do soneto sua autonomia lógica e gramatical.

Em "Jardim", o poema esotérico em que se fala de "envolver" e "enovelar", de ecos, reflexos e colares, a técnica do enlaçamento estrutura o espaço do soneto de maneira bem mais cerrada que simples rimas. Não se trata, para Drummond, de evitar sistematicamente a rima; logo veremos como se vai servir delas em sonetos clássicos bem ortodoxos. Apenas, ele não pretende confiar o essencial da arquitetura dos catorze versos aos esquemas de sua "gramática" elementar; além disso, fazendo assim, vai por vezes ao encontro da lição dos melhores mestres do gênero, como Petrarca, Ronsard, Camões, Góngora, Shakespeare, Milton, Baudelaire, Mallarmé ou Rilke. Um dos mais penetrantes analistas dos sonetos de Shakespeare acaba de assinalar como a *"multiplication of sound patterns (...) increases the reader's sense of order, while at the same time it diminishes the sense of limitation that a dominant pattern* (como seria a rede de rimas, na ausência de outros esquemas complexos) *can add to the limitation inherent in the focusing of the reader's attention on particular subjects in particular relationships"*.[13] Um soneto não rimado como "Jardim", em que o "enlaçamento" dos padrões fônicos *(sound patterns)* une tão fortemente o que a sucessão aparentemente gratuita dos enunciados deixa em liberdade, aumenta, com efeito, o "sentido da ordem" no leitor.

O lirismo secreto de "Jardim" não é a única linguagem do soneto filosófico de Drummond. Tomemos, em *Claro Enigma,* "A ingaia ciência" (CE, 236) –

> *A madureza essa terrível prenda*
> *que alguém nos dá, raptando-nos com ela,*
> *todo sabor gratuito de oferenda*
> *sob a glacialidade de uma estela,*

---

[13] Stephen Booth, *An Essay on Shakespeare's Sonnets.* New Haven, Yale University Press, 1969, p. 176.

> *a madureza vê, posto que a venda*
> *interrompa a surpresa da janela,*
> *o círculo vazio, onde se estenda,*
> *e que o mundo converte numa cela.*
>
> *A madureza sabe o preço exato*
> *dos amores, dos ócios, dos quebrantos,*
> *e nada pode contra sua ciência*
>
> *e nem contra si mesma. O agudo olfato,*
> *o agudo olhar, a mão, livre de encantos,*
> *se destroem no sonho da existência.*

As rimas são dispostas de maneira estritamente clássica. O ritmo começa em estreita analogia com os dois primeiros versos de "Jardim": o v. 1 é um sáfico, o v. 2, um heroico cujo membro inicial imita a marcha sáfica (acento na 4ª). O movimento sintático também não se detém na estrofe I, ocupada inteiramente pela aposição; o predicado de que *madureza* é o sujeito só aparece na segunda estrofe. Ele será substituído (mas não seu sujeito) no primeiro terceto, ao passo que o último só afastará *madureza* em proveito de um sinônimo composto: *o agudo olfato, / o agudo olhar, a mão, livre de encantos* são na verdade sinédoques da maturidade enquanto lucidez; são *partes pro toto*.

"A ingaia ciência" problematiza a sabedoria da idade madura. Aqui, a claridade mineral –

> *sob a glacialidade / de uma estela,*

o frio imobilismo da "vida menor" inspiram desgostos. Mesmo a clarividência da maturidade não é completamente estimável; seu olhar já não conta com "a surpresa da janela" (a percepção ingênua?). Os pp dos versos 5 e 6 (*p*osto que a venda / interrom*p*a a sur*p*resa da janela) indicam a incidência brutal do olhar maduro destruindo a contemplação espontânea do universo. Do mesmo modo a aliteração do v. 5 (a madureza *v*ê, posto que a *v*enda) assinala o amargo defeito da visão consciente. A sonoridade dos versos seguintes (7-8) é também um comentário depreciativo sobre as vantagens da lucidez; o *c*írculo *v*azio, onde se estenda / e que o mundo con*v*erte numa *ce*la; a reprodução das consonâncias (sibilante; explosiva velar dura; líquida; fricativa labial branda; dental, branda e dura) ironiza o destino do "círculo vazio" mudado em cela. A idade madura não traz gaio saber, grita o ritmo – um retomo ao sáfico – do verso 11:

> *e nada po / de contra su / a ciência*

E, o que é ainda pior, não chega a abster-se das armadilhas da existência: os sentidos agudos, o espírito lúcido

> *se destroem no sonho da existência*

O grupo consonantal *tr*, o clamor do ditongo (óem) medem o naufrágio da maturidade nas vertigens – simbolizadas por nasais (... o*em n*o s*onh*o da exist*ên*cia) – do *"la vida es sueño"*.

A economia de nossa análise não nos permite escrutar em detalhe todos os outros sonetos que se distribuem de *Claro Enigma* até *A Vida Passada a Limpo*. É verdade que às vezes o modelo clássico se degenera em técnica um tanto fácil; é o caso por exemplo dos alexandrinos de rimas quase automáticas dos tercetos de "Legado" (CE, 236), alusão entretanto não desprovida de interesse ao verdadeiro totem modernista em que se transformou "No meio do caminho" (AP, 61; ver supra, p. 55) –

> *Não deixarei de mim nenhum canto radioso,*
> *uma voz matinal palpitando na bruma*
> *e que arranque de alguém seu mais secreto espinho.*
>
> *De tudo quanto foi meu passo caprichoso*
> *na vida, restará, pois o resto se esfuma,*
> *uma pedra que havia no meio do caminho.*

É o caso também de certos sonetos de *Fazendeiro do Ar*.

Entretanto, afirmar, como Álvaro Lins, que o soneto "não é uma forma de expressão adequada" a Drummond[14] não deixa de ser temeridade crítica. Na verdade, Drummond participou com brio da renascença do soneto

---

[14] Álvaro Lins, *Jornal de Crítica*, sétima série. Rio de Janeiro, Ed. O Cruzeiro, 1963, p. 23.

no modernismo classicizado dos anos 1940 e 1950, quando um Manuel Bandeira *(Lira dos Cinquent'anos,* 1940; *Estrela da Tarde,* 1963), um Jorge de Lima *(Livro de Sonetos,* 1949), um Murilo Mendes *(Sonetos Brancos,* 1959) asseguraram a essa forma a densidade poética que ela corria o risco de perder nas mãos dos medíocres neoparnasianos da "geração de 45". Enquanto Jorge de Lima cultivava o "efectismo" gongorista, enquanto Bandeira revigorava o soneto eclético (romântico-parnasiano-simbolista) à Luís Delfino (1834-1910), Drummond e Murilo, indo ao encontro de Rilke, abriram o soneto ao lirismo filosófico. Murilo escreveu em soneto alguns de seus mais fortes poemas religiosos; Drummond dele faz uma das formas de predileção de sua poesia "existencial". Ele chegará a pôr em catorze versos a mais curiosa de suas poéticas, nesse período tão marcado pela consciência artesanal –

> *Eu quero compor um soneto duro*
> *como poeta algum ousara escrever.*
> *Eu quero pintar um soneto escuro,*
> *seco, abafado, difícil de ler.*
>
> 5 *Quero que meu soneto, no futuro,*
> *não desperte em ninguém nenhum prazer.*
> *E que, no seu maligno ar imaturo,*
> *ao mesmo tempo saiba ser, não ser.*
>
> *Esse meu verbo antipático e impuro*
> 10 *há de pungir, há de fazer sofrer,*
> *tendão de Vênus sob o pedicuro.*
>
> *Ninguém o lembrará: tiro no muro,*
> *cão mijando no caos, enquanto Arcturo,*
> *claro enigma, se deixa surpreender.*
>
> ("Oficina irritada", CE, 245)

Por suas imagens violentas (v. 11, 12 e 13), esse voto de hermetismo injurioso coloca o estilo "puro" no extremo limite de seu campo léxico e psicológico. O poeta se serviu de uma disciplina propositalmente exagerada (as rimas da oitava continuam nos tercetos) para formular um voto *performativo:* porque este soneto de tons sombrios e ritmo desordenado (o primeiro quarteto é todo em decassílabos insólitos, acentuados na 5ª e 8ª (v. 1 e 3), na 5ª e 7ª, na 4ª e 7ª – em suma, nem heroicos nem sáficos) já *faz* o que se propõe... O conhecimento pela agressão: tal parece ser a moral de uma poética em que o sadismo (v. 10) e a visão escatológica (v. 13) coincidem com o momento em que as estrelas do Boieiro se abandonam, "claro enigma", ao olhar do homem. "Mitos que sufocam" – como o "soneto duro" de "Oficina irritada" – mitos que sufocam, recuando em direção à noite, tornando-se "constelação" "no charco", associados ao "vazio mais branco" são evocados em "A tela contemplada" (CE, 239), que se dizia sugerida por certos quadros de Chirico ou Delvaux –

> *Pintor da soledade nos vestíbulos*
> *de mármore e losango, onde as colunas*
> *se deploram silentes, sem que as pombas*
> *venham trazer um pouco do seu ruflo;*
>
> *traça das finas torres consumidas*
> *no vazio mais branco e na insolvência*
> *de arquiteturas não arquitetadas,*
> *porque a plástica é vã, se não comove,*
>
> *ó criador de mitos que sufocam*
> *desperdiçando a terra, e já recuam*
> *para a noite, e no charco se constelam,*
>
> *por teus condutos flui um sangue vago,*
> *e nas tuas pupilas, sob o tédio,*
> *é a vida um suspiro sem paixão.*

e que se poderia também considerar uma verdadeira arte da aliteração (baste-nos indicar o papel dos ll no primeiro quarteto, e a figura etimológica do verso 7: *arquitetu*ras não *arquitet*adas).

A nova *poesia do amor* de Drummond, refletindo a preocupação especulativa afirmada na terceira fase de seu estilo, toma de bom grado a forma do soneto

> A sombra azul da tarde nos confrange.
> Baixa, severa, a luz crepuscular.
> Um sino toca, e não saber quem tange
> é como se este som nascesse do ar.
>
> Música breve, noite longa. O alfanje
> que sono e sonho ceifa devagar
> mal se desenha, fino, ante a falange
> das nuvens esquecidas de passar.
>
> Os dois apenas, entre céu e terra,
> sentimos o espetáculo do mundo,
> feito de mar ausente e abstrata serra.
>
> E calcamos em nós, sob o profundo
> instinto de existir, outra mais pura
> vontade de anular a criatura.
>
> ("Fraga e sombra", CE, 249)

Semelhante a "A ingaia ciência" (q.v.), eis um soneto ortodoxo, em métrica e rima. A estrutura sintática é, entretanto, bem diferente: proposições autônomas se sucedem desde o primeiro quarteto. A primeira enche completamente, majestosa, o verso de abertura. O sintagma inicial faz sobressair as sibilantes (dura e branda: *s*ombra *a*zul); a distribuição dos timbres acentuados (on, u / a / an) cerca a palavra t*a*rde, como a sombra vesperal circunda e aflige os enamorados. Este verso dá também o tom, por seu ritmo (acentos na 4ª e 6ª), a outros quatro (v. 2, 4, 5 e 6); musicalmente, é, pois, um tema dominante. O verso seguinte termina rimando com t*a*rde, após uma cascata de tonalidades sombrias (l*u*z cresp*u*sc*u*). No rico azul da paisagem crepuscular, o som do sino, música efêmera na longa noite (v. 5), é apenas uma digressão estridente (de onde a mudança rítmica: verso sáfico cercado de heroicos – *Um sino toca...*) logo neutralizada pelas nasais (e *n*ão saber qu*em* t*an*ge / é co*m*o se este so*m n*ascesse do ar) e pelo piano, piano (v. 4).

Do v. 5 ao 6, o piano se torna pianíssimo, pois a metáfora da lua crescente ceifando o céu[15] com seu delicado

---

[15] Ressaltada por Gilberto Mendonça Teles à p. 159 de Carlos Drummond de Andrade, *Seleta...* cit. (ver nota 7).

enjambement (O alfanje /...), suas aliterações[16] incrustadas nos iambos

que so / no e so / nho cei / fa devagar

e seus dois abrandamentos *(que gar; fa devagar)*, é um adágio etéreo, uma lenta e longínqua música lunar. As sibilantes do v. 6 repercutem no fim da estrofe (... esque*c*idas de pa*ss*ar), após uma segunda aliteração quase soprada: *f*ino, ante a *f*alanje, e também enriquecida de uma assonância (*an*te a *f*al*an*je, como s*o*no e s*o*nho). Subitamente, a incidência do troqueu no começo do v. 7 (MAL se desenha...) parece acelerar o movimento do alfanje, mas o intervalo átono (mal se desenha, fino = / ___ ___ / ___ /) e, sobretudo, a simetria retardadora do v. 8 (das nuvens esquecidas de passar: ___ / ___ ___ ___ v ___ ___ ___ /) reestabelecem sem esforço a serenidade do ritmo.

Uma nova passagem ao sáfico procede a um *close* dos amantes entre fraga e sombra, invadidos pela angústia com a chegada da noite. A fraga domina a geografia da cena lírica. Os amantes estão "entre céu e terra" (v. 9), contemplam um horizonte "feito de mar ausente e abstrata serra" (v. 11). A paisagem de montanhas e penhascos sem mar visível recorda irresistivelmente Minas; a "fraga" evoca a "penha" de certos poemas da Arcádia do século XVIII.[17]

Unidos na sua solidão, os amantes calcam sob o "instinto de existir" (v. 12-13) a angústia que os oprime. Todavia.... os enérgicos heroicos do terceto final, cujas cesuras correspondem a divisões sintáticas, negam através de sua melopeia o que afirmam. Embora "calcada" (v. 12), a vontade de anular a criatura – a volúpia do nada drummondiana – conserva o primeiro plano estético.

---

[16] Id., ib.

[17] Antonio Candido (*Formação da Literatura Brasileira*. São Paulo, Martins,1959, vol. 1, p. 80-81 e 89) descobriu em Cláudio Manuel da Costa uma "imaginação da pedra" bem próxima do mineralismo itabirano de Drummond.

Observamo-lo no vigor com que "empurra" no ritmo o "instinto de existir", reconhecemo-lo no relevo adquirido pelo impulso de morte no fecho do soneto –

> ... *sob o profundo*
> *instinto de existir, outra mais pura*
> *vontade de anular a criatura.*

A voz solitária dos amantes cogita a vitória de Eros, mas a linguagem soberana do poema invoca as seduções de Tânatos.

A angústia contida de tom hierático de "Fraga e sombra" cede lugar, em outros sonetos eróticos, a ritmos mais nervosos. Observemos as imagens dinâmicas de "Instante" (VPL, 296), soneto branco cujos dois últimos versos rimam, entretanto, à inglesa –

> *Uma semente engravidava a tarde.*
> *Era o dia nascendo, em vez da noite.*
> *Perdia amor seu hálito covarde,*
> *e a vida, corcel rubro, dava um coice,*
>
> *mas tão delicioso que a ferida*
> *no peito transtornado, acaso em festa*
> *acordava, gravura enlouquecida,*
> *sobre o tempo sem caule, numa promessa.*
>
> *A manhã sempre-sempre, e dociastutos*
> *seus caçadores a correr, e as presas*
> *num feliz entregar-se, entre soluços.*
>
> ....

ou bem a sintaxe espasmódica, o tom exaltado de um outro soneto branco de coda "inglesa", "O quarto em desordem" (FA, 278) –

> *Na curva perigosa dos cinquenta*
> *derrapei neste amor. Que dor! que pétala*
> *sensível e secreta me atormenta*
> *e me provoca à síntese da flor*
>
> *que não se sabe como é feita: amor,*
> *na quinta-essência da palavra, e mudo*

> *de natural silêncio já não cabe*
> *em tanto gesto de colher e amar*
>
> *a nuvem que de ambígua se dilui*
> *nesse objeto mais vago do que nuvem*
> *e mais defeso, corpo! corpo, corpo,*
>
> *verdade tão final, sede tão vária,*
> *e esse cavalo solto pela cama,*
> *a passear o peito de quem ama.*

ou ainda as antíteses e oximoros metafóricos de "Os poderes infernais" (VPL, 297) –

> *O meu amor faísca na medula,*
> *pois que na superfície ele anoitece.*
> *Abre na escuridão sua quermesse.*
> *É todo fome, e eis que repele a gula.*
>
> *Sua escama de fel nunca se anula*
> *e seu rangido nada tem de prece.*
> *Uma aranha invisível é que o tece.*
> *O meu amor, paralisado, pula.*
>
> ....

"Fraga e sombra" mostra o amor dividido, exposto à influência corrosiva dos impulsos niilistas; nossos três sonetos inflamados designam a paixão crepitante no coração de um só amante. Um poema longo de *A Vida,* "Ciclo" (VPL, 307) perscruta o amor sob o ângulo da confrontação intersubjetiva. Drummond percebe a guerra dos sexos por trás dos costumes eróticos –

> *Sorrimos para as mulheres bojudas que passam como*
> *   [cargueiros adernando,*
> *sorrimos sem interesse, porque a prenhez as circunda.*
> ....
> *Assistimos ao crescimento colegial das meninas, e*
> *   [como é rude*
> *infundir ritmo ao puro desengonço, forma ao espaço!*
> *Nosso desejo, de ainda não desejar, não se sabe desejo,*
> *   [e espera.*

> *Como o bicho espera outro bicho.*
> *E o furto espera o ladrão.*
> ....

A retomada do estilo mesclado introduz o tema da caça à mulher, os machos à espreita, tratando as meninas como "véspera" do prazer. Assinalemos a comparação "baixa" (mulheres que passam como carguciros adernando), dando nascimento ao adjetivo metafórico (mulheres *bojudas*) e também a hipálage humorística (crescimento *colegial* das meninas). Subitamente, entretanto, a véspera se torna atualidade. A elocução se reenobrece:

> *De repente, sentimos um arco ligando ao céu nossa*
>   [*medula,*
> *e no fundamento do ser a hora fulgura.*
> *É agora, o altar está brunido*
> *e as alfaias cada uma tem seu brilho*
> *e cada brilho seu destino.*
> *Um antigo sacrifício já se alteia*
> *e no linho amarfanhado um búfalo estampou*
> *a sentença dos búfalos.*

A rima intervém, a imagem se hieratiza, o desejo é assimilado ao sagrado. A fulguração de "Instante", de "Os poderes infernais", passa ao símbolo do altar. Conjugada com a nasalidade palatal (li*nh*o amarfa*nh*ado), a violência do dáctilo *búfalo* (que evoca, por outro lado, paronomasticamente, a palavra *falo*) assegura uma intensidade especial ao símbolo: a posse carnal, no que ela tem de mais selvagem, aparenta-se com o sacrifício ritual. Porque os comportamentos *habituais* denotados pelo presente (sorrimos ... assistimos) se tranformaram em ritos, ritos de um culto antigo e bárbaro: o de Eros. Entretanto, essas ressonâncias solenes não tardam a desaparecer; o poema aprofunda o motivo da *separação do outro sub specie amoris*. A mulher é *o outro*, numa alteridade agravada pela diferença de idade –

> ....
> *Tristeza de nudez que se sabe julgada,*

comparação de veia antiga a pele nova,
....

O outro escapa ao desejo-caçador; a "posse" é ilusória:

As crianças estão vingadas no arrepio
com que vamos à caça: no abandono
de nós, em que se esfuma nossa posse.
(Que possuímos de ninguém, e em que nenhuma região
                              [nos sabemos pensados,
sequer admitidos como coisas vivendo
salvo no rasto de coisas outras, agressivas?)

Voltamos a nós mesmos, destroçados.

Mas a "caça" continua; o encontro dos sexos é bem um *ciclo*. Assim o quer o amor, o deus-feiticeiro de que somos apenas escravos. Pois a confrontação dos amantes obedece às leis obscuras e cruéis do instinto –

Assim teus namorados se prospectam:
um é mina do outro; e não se esgota
esse ouro surpreendido nas cavernas
de que o instinto possui a esquiva rota.

Serão cegos, autômatos, escravos
de um deus sem caridade e sem presença?
Mas sorriem os olhos, e que claros
gestos de integração, na noite densa!

Não ensaies demais as tuas vítimas,
ó amor, deixa em paz os namorados.
Eles guardam em si, coral sem ritmo,
os infernos futuros e passados.
                                             ("Véspera", VPL, 310)

Eros zomba da razão humana:

Olha, amor, o que fazes desses jovens
(ou velhos) debruçados na água mansa,
relendo a sem-palavra das estórias
que nosso entendimento não alcança.
                                                   (Ib.)

Mas as miragens do amor iluminam nossa condição, iludem suas servidões –

Contempla este jardim: os namorados,
dois a dois, lábio a lábio, vão seguindo
de teu capricho o hermético astrolábio,
e perseguem o sol no dia findo.

Lúcida ou não, a paixão erótica é uma das maneiras louvadas pelo poeta agnóstico de viver a eternidade na finitude. "Eterno", "Ciclo" termina com uma alusão à "promessa contínua"; "Instante" já a havia aproximado não só da "caça", mas também do motivo do ultrapassar do tempo:

> ....
> sobre o tempo sem caule, *uma promessa.*

A manhã sempre-sempre, e dociastutos
seus caçadores a correr, e as presas
num feliz entregar-se, entre soluços.

Assim a caça erótica é um topos ilustre no verso em português, ao menos desde o canto IX de *Os Lusíadas*. É o amor como eternização gloriosa que vai reter a atenção de Drummond:

... Sim, ouvi de amor, em hora
infinda, *se bem que sepultada na mais rangente areia*
que os pés pisam, pisam, e por sua vez – é lei – desaparecem.
E ouvi de amar, como de um dom a poucos ofertado; ou
　　　　　　　　　　　　　　　　　　　　　[de um crime.
De novo essas vozes, peço-te. Escande-as em tom sóbrio,
　　[ou senão, grita-as à face dos homens; desata os
　　[petrificados; aturde os caules no ato de crescer;
　　[repete: amor, amar.
O ar se crispa, de ouvi-las; e para além do tempo ressoam,
　　　　　　　　　　　　　　　　　　　　　　　　[remos
de ouro batendo a água transfigurada; *correntes*
tombam. Em nós ressurge o antigo; o novo; o que de nada
extrai forma de vida; e não de confiança, de desassossego
　　　　　　　　　　　　　　　　　　　　　　　　[se nutre.

> *Eis que a posse abolida na de hoje se reflete, e confundem-se,*
> *e quantos desse mal um dia (estão mortos) soluçaram,*
> *habitam nosso corpo reunido e soluçam conosco.*
>
> ("Estâncias", NP, 230)

O que Rilke (3ª Elegia do Duíno) cantara com espírito angustiado e perplexo – a presença ancestral da espécie na paixão amorosa –, Drummond situa sob o signo dourado de uma transfiguração que ressuscita o passado e supera a finitude.

Entretanto, sabemos quanto toda idealização, toda estilização *mítica* da existência é estranha ao lirismo drummondiano, lirismo penetrado de pessimismo e lucidez. O poder transfigurador, a eternidade "intensiva" do amor carismático (dom a poucos ofertado) permanece permeável à dor. Eros alimenta seus eleitos de desassossego. Um dos mais belos poemas eróticos do quarteto será precisamente uma lamentação sobre a finitude. A escada do poema "Escada" (FA, 285) simboliza a ascensão dos amantes à "eternidade" dos instantes mágicos do vivido –

> *Na curva desta escada nos amamos,*
> *nesta curva barroca nos perdemos.*
> *O caprichoso esquema*
> *unia formas vivas, entre ramas.*

Mas eis que a finitude corrói a obstinação dos amantes:

> *... Entrelaçados,*
> *insistíamos em ser; mas nosso espectro,*
> *submarino à flor do tempo ia apontando,*
> *e já noturnos, rotos, desossados,*
> *nosso abraço doía*
> *para além da matéria esparsa em números.*

Sua paixão os elevava acima da terra, roubava-os a este mundo –

> *Lembras-te, carne? Um arrepio telepático*
> *vibrou nos bens municipais, e dando volta*
> *ao melhor de nós mesmos,*
> *deixou-nos sós, a esmo,*

> *espetacularmente sós e desarmados,*
> *que a nos amarmos tanto eis-nos morridos.*
> *E mortos, e proscritos*
> *de toda comunhão no século (esta espira*
> *é testemunha, e conta), que restava*
> *das línguas infinitas*
> *que falávamos ou surdas se lambiam*
> *no céu da boca sempre azul e oco?*

A disposição estrófica pinta sabiamente a arquitetura da escada em espiral; o "caprichoso esquema" convém estupendamente aos indefectíveis *enjambements* drummondianos. O audacioso *concetto* do final – *no céu da boca sempre azul e oco* –, magnífica revitalização da catacrese popular (céu da boca = palato), reúne de maneira expressiva os significados de sensualidade (beijo) e ascensão (céu). O céu, como sempre no agnóstico Drummond, é vazio (oco). O *concetto* voltará na última estrofe,

> ....
> *escada, ó assunção,*
> *ao céu alças em vão o alvo pescoço,*
> *que outros peitos em ti se beijariam*
> *sem sombra, e fugitivos,*
> *mas nosso beijo e baba se incorporam*
> *de há muito ao teu cimento, num lamento.*

entre as rimas internas (*alç*as / *alv*o; cim*ento* / lam*ento*) e as aliterações (*a*ssunção, *a*o *c*éu *c*alças; *b*eijo e *b*a*b*a): a boca dos amantes se transformava em céu, a escada de seus amores em pescoço. "Escada" é uma peça de *metaphysical poetry*; como em Donne, o mais sutil intelectualismo imagístico desenha a mais ardorosa e pungente das evocações eróticas. Mas tudo se inscreve nos limites dessa procura escatológica, dessa *preocupação de exame filosófico*, característica do terceiro lirismo de Drummond. Esta é sua contribuição maior – após a "sociologização" do amor de *A Rosa do Povo* – ao lirismo erótico em português, que quase sempre ficou no plano sentimental. Poeticamente, o amor drummondiano é um eros *psychopompos*: guia o poeta para as camadas profundas da experiência humana, para a interrogação incessante dos paradoxos existenciais. Desde *Razón de Amor* de Salinas, as literaturas ibéricas não tinham conhecido um tão grande aprofundamento intelectual dos sentimentos eróticos.

As evocações da família fazendeira e de Minas formam uma esfera temática bem delimitada no quarteto do terceiro período do lirismo drummondiano. Isso é particularmente sensível em *Claro Enigma* (1951), pois este livro, cuja quinta parte se compõe de poemas sobre temas "mineiros" (biográficos ou não) será, com *Alguma Poesia* e até *Lição de Coisas*, o mais povoado de lembranças da província natal do autor. Alguns desses poemas, como "A mesa" (CE, 267), figuram entre os textos mais amplamente conhecidos e apreciados de Drummond. O pai-patriarca preside ao banquete imaginário do clã –

> *E não gostavas de festa...*
> *Ó velho, que festa grande*
> *hoje te faria a gente.*
> *E teus filhos que não bebem*
> 5 *e o que gosta de beber,*
> *em torno da mesa larga,*
> *largavam as tristes dietas,*
> *esqueciam seus fricotes,*
> *e tudo era farra honesta*
> 10 *acabando em confidência.*
> *Ai, velho, ouvirias coisas*
> *de arrepiar teus noventa.*
> *E daí, não te assustávamos,*
> *porque, com riso na boca,*
> 15 *e a nédia galinha, o vinho*
> *português de boa pinta,*
> *e mais o que alguém faria*
> *de mil coisas naturais*
> *e fartamente poria*
> 20 *em mil terrinas da China,*
> *já logo te insinuávamos*
> *que era tudo brincadeira.*
> *Pois sim. Teu olho cansado,*

mas afeito a ler no campo
25 *uma lonjura de léguas,*
e na lonjura uma rês
perdida no azul azul,
entrava-nos alma adentro
e via essa lama podre
30 *e com pesar nos fitava*
e com ira amaldiçoava
e com doçura perdoava
(perdoar é rito de pais,
quando não seja de amantes).
35 E, pois, todo nos perdoando,
por dentro te regalavas
de ter filhos assim... Puxa,
grandessíssimos safados,
me saíram bem melhor
40 que as encomendas. De resto,
filho de peixe... Calavas,
com agudo sobrecenho
interrogavas em ti
uma lembrança saudosa
45 e não de todo remota
e rindo por dentro e vendo
que lançaras uma ponte
dos passos loucos do avô
à incontinência dos netos,
50 sabendo que toda carne
aspira à degradação,
mas numa via de fogo
e sob um arco sexual,
tossias. Hem, hem, meninos,
55 não sejam bobos. Meninos?
Uns marmanjos cinquentões,
calvos, vividos, usados,
mas resguardando no peito
essa alvura de garoto,
60 *essa fuga para o mato,*
essa gula defendida
e o desejo muito simples

>   *de pedir à mãe que cosa,*
>   *mais do que nossa camisa,*
> 65 *nossa alma frouxa, rasgada...*
>
> ....

A "redondilha maior" se presta, flexível, aos índices[18] realistas da linguagem coloquial (*a gente*, em lugar de *nós;* farra; puxa; grandessíssimos safados; marmanjos), inclusive expressões proverbiais ("sair melhor do que a encomenda"; "filho de peixe, peixe é"); e também aos jogos fônicos (rima: por exemplo, v. 30-32; assonância: v. 20; aliterações, simples: uma *l*onjura de *l*éguas, e complexas: que *l*ançaras uma *p*onte / dos *p*assos *l*oucos do avô / à incontinência dos *n*etos), à metáfora eminentemente funcional (coser camisa / coser alma, v. 63-65) e às numerosas figuras de repetição: a palilogia (*azul azul*); a anáfora (essa alvura... *essa* fuga... *essa* gula...) a anáfora no interior do polissíndeto (*e com,* v. 29-32); a paronomásia (em torno da mesa larga, / *largavam* as tristes dietas) o poliptóton (E teus filhos que não bebem / e o que gosta de *beber*); a antanáclase (e não gostavas de festa... / Ó velho, que *festa* grande / hoje te faria a gente).[19]

Neste poema, o espectro do pai, durante muito tempo hegemônico nas recordações familiares de Drummond, já não ocupa sozinho o primeiro plano. Dialogando com o pai (o *tu* do poema), a "câmera" lírica visita sucessivamente os filhos, detendo-se no poeta – filho pródigo, o *gauche* – e termina seu *travelling* na comovedora velhice da mãe:

>   *Oh que ceia mais celeste*
>   *e que gozo mais do chão!*
> 300 *Quem preparou? que inconteste*

---

[18] Empregamos aqui o conceito de Peirce: o índice é o signo "que atua essencialmente pela contiguidade de fato entre seu significante e seu significado". Ver a esse respeito Robert M. Browne, "Typologie des signes littéraires". *Poétique,* Paris, Seuil, n. 7.

[19] Algumas outras figuras de repetição, no fim do poema, foram assinaladas por Gilberto Mendonça Teles, *Drummond – a Estilística da Repetição,* cit., p. 135 e 145.

> *vocação de sacrifício*
> *pôs a mesa, teve os filhos?*
> *quem se apagou? quem pagou*
> *a pena deste trabalho?*
> 305 *quem foi a mão invisível*
> *que traçou este arabesco*
> *de flor'em torno ao pudim,*
> *como se traça uma auréola?*
> *quem tem auréola? quem não*
> 310 *a tem, pois que, sendo de ouro,*
> *cuida logo em reparti-la,*
> *e se pensa melhor faz?*
> *quem senta do lado esquerdo,*
> *assim curvada? que branca,*
> 315 *mas que branca mais que branca,*
> *tarja de cabelos brancos*
> *retira a cor das laranjas,*
> *anula o pó do café,*
> *cassa o brilho aos serafins?*
> 320 *quem é toda luz e é branca?*
> *Decerto não pressentias*
> *como o branco pode ser*
> *uma tinta mais diversa*
> *da mesma brancura... Alvura*
> 325 *elaborada na ausência*
> *de ti, mas ficou perfeita,*
> *concreta, fria, lunar.*
> *Como pode nossa festa*
> *ser de um só que não de dois?*
> 330 *Os dois ora estais reunidos*
> *numa aliança bem maior*
> *que o simples elo da terra.*
> *Estais juntos nesta mesa*
> *de madeira mais de lei*
> 335 *que qualquer lei da república.*

Os traços realistas e cômicos de "A mesa" nunca provocam efeitos de distanciamento; o próprio realismo já não tem como eixo a observação sociológica que enriquecia a poesia familiar de *A Rosa do Povo*, mas antes a etnologia intimista de um Gilberto Freyre, centrada nos costumes lusotropicais do patriarcalismo brasileiro. Em Drummond, o *gauche*, "A mesa" é o ponto alto do sentimento de reconciliação com a ordem familiar (o que não exclui, como se verá, o reaparecimento dos conflitos "edipianos"). Não é à toa que a homenagem aos pais é feita contrastando a excelência do lar patriarcal com o Estado –

> ... *nesta mesa*
> *de madeira* mais de lei
> que qualquer lei da república.

Esta antanáclase final (lei-lei) é em si mesma um perfeito símbolo da formação sociológica do Brasil tradicional, arquipélago de baronias, em que o poder dos senhores da terra primava tão obviamente sobre a ordem estatal.

De um certo ponto de vista, o patético conteúdo de "A mesa" singulariza este longo poema dentro do lirismo familiar e/ou provinciano do quarteto. Na maior parte deste, na verdade, predomina uma *inflexão metafísica* análoga à que vimos impor-se na poesia de amor. Se "Morte de Neco Andrade" (FA, 282) ainda se limita a projetar nossa velha conhecida, a eticização do tema do eu, sobre as lembranças de Itabira, os três grandes poemas "mineiros" de *Claro Enigma* reencontram o motivo da finitude e a dissipação. Assim o tempo rói "existencialmente" as casas de Ouro Preto –

> *Sobre o tempo, sobre a taipa,*
> *a chuva escorre. As paredes*
> *que viram morrer os homens,*
> *que viram fugir o ouro,*
> 5 *que viram finar-se o reino,*
> *que viram, reviram, viram,*
> *já não veem. Também morrem.*
>
> *Assim plantadas no outeiro,*
> *menos rudes que orgulhosas*
> 10 *na sua pobreza branca,*
> *azul e rosa e zarcão,*

> *ai, pareciam eternas!*
> *Não eram. E cai a chuva*
> *sobre rótula e portão.*
> ("Morte das casas de Ouro Preto", CE, 257)

Desde as aliterações do primeiro verso, a linguagem imita pelo som, por repetições em contato (v. 6) e à distância (anáforas, v. 4-6) a insistência sem trégua da chuva alegórica. De que forma admirável os tt, rr e kk da segunda estrofe põem em evidência o contraste entre a localização, a cor e a arquitetura das casas (rótula e portão) com a fluidez da chuva e da morte! –

> *Assim plantadas no outeiro,*
> *menos rudes que orgulhosas*
> *na sua pobreza branca,*
> *azul e rosa e zarcão,*
> *ai, pareciam eternas!*
> *Não eram. E cai a chuva*
> *sobre rótula e portão.*

Infelizmente, a alegre aparência de suas fachadas simples, modestas por altivez –

> *Azul e rosa e zarcão*

não resiste ao chamado do nada, do chão-nada que obseda cada vez mais o pensamento de Drummond:

> *O chão começa a chamar*
> 30 *as formas estruturadas*
> *faz tanto tempo. Convoca-as*
> *a serem terra outra vez.*

As belas janelas luso-árabes sugerem uma belíssima comparação fúnebre modulada pelos rr e v

> 15 *Vai-se a rótula crivando*
> *como a renda consumida*
> *de um vestido funerário.*

O gosto barroco do *memento mori*, a consciência de que a vida é apenas pó, reina sobre a vinheta arquitetônica do funcionário da Diretoria do Patrimônio

Histórico e Artístico Nacional (êmulo brasileiro de Prosper Mérimée)

> *A chuva desce, às canadas.*
> *Como chove, como pinga*
> *no país das remembranças!*
> *Como bate, como fere,*
> 40 *como traspassa a medula,*
> *como punge, como lanha*
> *o fino dardo da chuva*
>
> *mineira, sobre as colinas!*
> *Minhas casas fustigadas,*
> 45 *minhas paredes zurzidas,*
> *minhas esteiras de forro,*
> *meus cachorros de beiral,*
> *meus paços de telha-vã*
> *estão úmidos e humildes.*

Mas as anáforas (*como...*; *minhas...*; *meus...*), a metáfora (*o fino dardo da chuva*) confere uma intensidade especial à prosopopeia: a morte das antigas casas é dolorosa, ela estremece de humildade (observemos os epítetos paronomásticos do v. 49) as altivas (v. 9) construções da legendária Vila Rica. A morte humana das casas de Ouro Preto aguça em Drummond a prospecção lírica do sentimento da finitude:

> *Não basta ver morte de homem*
> *para conhecê-la bem.*
> *Mil outras brotam em nós,*
> 75 *à nossa roda, no chão.*
> *A morte baixou dos ermos,*
> *gavião molhado. Seu bico*
> *vai lavrando o paredão*
>
> *e dissolvendo a cidade.*
> *Sobre a ponte, sobre a pedra,*
> 80 *sobre a cambraia de Nize,*
> *uma colcha de neblina*
> *(já não é a chuva forte)*

> *me conta por que mistério*
> *o amor se banha na morte.*

O metaforismo transfigura da maneira mais poética os elementos de cor local (gavião); e deles nasce, por outro lado, como se vê em

> *sobre a* cambraia de Nize,
> *uma* colcha de neblina

sendo Nize o nome (anagramático) de uma musa do lirismo da Arcádia, cara a Cláudio Manuel da Costa, poeta e magistrado em Vila Rica. Com uma rima quase apagada (forte / morte), a neblina sucede à chuva, deixando a voz lírica mergulhada em plena meditação existencial.

Encontra-se a mesma síntese de evocação histórico-realista e tendência filosófica num outro poema em redondilha, "Canto negro" (CE, 258), em que a extrema docilidade dos negros, no quadro da sociedade patriarcal, inspira o poeta, através da lembrança de seus amores ancilares –

> *... que vosso preço,*
> *ó corpos de antigamente,*
> *somente estava no dom*
> *de vós mesmos ao desejo,*
> *num entregar-se sem pejo*
> *de terra pisada.*
> *Amada,*
> *talvez não, mas que cobiça*
> *tu me despertavas, linha*
> *que subindo pelo artelho,*
> *enovelando-se no joelho,*
> *dava ao mistério das coxas*
> *uma ardente pulcritude,*
> *uma graça, uma virtude*
> *que nem sei como acabava*
> *entre as moitas e coágulos*
> *da letárgica bacia*
> *onde a gente se pasmava,*
> *se perdia, se afogava*
> *e depois se ressarcia.*

Bacia negra, o clarão
que súbito entremostravas
ilumina toda a vida
e por sobre a vida entreabre
um coalho fixo lunar,
neste amarelo descor
das posses de todo dia,
sol preto sobre água fria.

O belo cromatismo cultista da última estrofe citada intensifica o movimento conceptual do poema, que vai da pintura da sensualidade submissa das negras (à *Essa Negra Fulô* de Jorge de Lima) às questões existenciais.

"Os bens e o sangue" (CE, 259) é um longo texto em oito partes que se abre em forma de pseudocontrato da época imperial –

Às duas horas da tarde deste nove de agosto de 1847
nesta fazenda do Tanque e em dez outras casas de rei q
    [não de valete,
em Itabira Ferros Guanhães Cocais Joanésia Capão
diante do estrume em q se movem nossos escravos e da
    [viração
perfumada dos cafezais q trança na palma dos coqueiros
fiéis servidores de nossa paisagem e de nossos fins
primeiros, deliberamos vender, como de fato vendemos,
    [cedendo posse jus e domínio
e abrangendo desde os engenhos de secar areia até o ouro
    [mais fino,
nossas lavras mto. nossas por herança de nossos pais e
    [sogros bem-amados

q dormem na paz de Deus entre santas e santos martirizados.
....

Uma nota de *Fazendeiro do Ar & Poesia até Agora*[20] precisa que o poema nasceu da leitura de documentos relativos à venda das terras auríferas descobertas em 1781 no maciço de Itabira por João Francisco de Andrade,

---

[20] Citado à nota 8; a nota se encontra à p. 549.

um antepassado de Drummond. O poeta transformou a vetusta operação comercial numa espécie de maldição: vendendo suas terras, os antepassados deserdaram todos os seus descendentes e, entre eles, o poeta Carlos Drummond de Andrade, o *gauche,* fazendeiro... do ar –

> *Mais que todos deserdamos*
> *deste nosso oblíquo modo*
> *um menino inda não nado*
> *(e melhor não fora nado)*
> *que se nada lhe daremos*
> *sua parte de nonada*
> *e que nada, porém nada*
> *o há de ter desenganado.*
>
> *E nossa rica fazenda*
> *já presto se desfazendo*
> *vai-se em sal cristalizando*
> *na porta de sua casa*
> *ou até na ponta da asa*
> *de seu nariz fino e frágil,*
> *de sua alma fina e frágil,*
> *de sua certeza frágil*
> *frágil frágil frágil frágil*
>
> *mas que por frágil é ágil,*
> *e na sua mala-sorte*
> *se rirá ele da morte.*
> *. . . . .*
> *Este hemos por bem*
> *reduzir à simples*
> *condição ninguém.*
> *Não lavrará campo.*
> *Tirará sustento*
> *de algum mel nojento.*
> *Há de ser violento*
> *sem ter movimento.*
> *Sofrerá tormenta*
> *no melhor momento.*

*Não se sujeitando
a um poder celeste
ei-lo senão quando
de nudez se veste,
roga à escuridão
abrir-se em clarão.
Este será tonto
e amará no vinho
um novo equilíbrio
e seu passo tíbio
sairá na cola
de nenhum caminho.*

"Os bens e o sangue", momento catártico do lirismo drummondiano, tematiza a fusão de três motivos: o complexo itabirano, o destino do *gauche* e o motivo existencial da dissipação, geralmente associado a imagens minerais (terra–sal–cristal). A decadência dos proprietários de terras, o efêmero das riquezas mundanas foi a fada madrinha do *desdichado* Drummond: essa é a grotesca profecia dos urubus:

VI

Os urubus no telhado:

*E virá a companhia inglesa e por sua vez comprará tudo
e por sua vez perderá tudo e tudo volverá a nada
e secado o ouro escorrerá ferro, e secos morros de ferro
taparão o vale sinistro onde não mais haverá privilégios,
e se irão os últimos escravos, e virão os primeiros camaradas;
e a besta Belisa renderá os arrogantes corcéis da monarquia,
e a vaca Belisa dará leite no curral vazio para o menino
                                    [doentio,
e o menino crescerá sombrio, e os antepassados no cemitério
se rirão se rirão porque os mortos não choram.*

O polissíndeto, tão frequente em Drummond, indica, em resumo, a evolução histórica da região mineira.

Termina com o riso macabro dos antepassados místicos,[21] pois este poema entremeado de "estilemas" "mesclados" não pretende tragicizar. Do fundo de sua desgraça, o *gauche* infeliz, que não aspira senão a esconder-se no fundo da mina (VII parte), vai cultivar seu humor obstinado:

> *e na sua mala-sorte*
> *se rirá ele da morte.*

Irá até a aceitação da *moira* no espírito de sábia reconciliação que domina, em sua maturidade, a poesia de Itabira. E tanto mais quanto, finalmente, a maldição dos antepassados não era senão oculta justiça, prelúdio necessário ao nascimento de uma poesia profunda e crítica. Esta é, com efeito, a verdade última dos Andrades dissipadores –

> *– Ó meu, ó nosso filho de cem anos depois,*
> *que não sabes viver nem conheces os bois*
> *pelos seus nomes tradicionais... nem suas cores*
> *marcadas em padrões eternos desde o Egito.*
> *Ó filho pobre, e descorçoado, e finito*
> *ó inapto para as cavalhadas e os trabalhos brutais*
> *com a faca, o formão, o couro... Ó tal como quiséramos*
> *para tristeza nossa e consumação das eras,*
> *para o fim de tudo que foi grande!*
>   *Ó desejado,*
> *ó poeta de uma poesia que se furta e se expande*
> *à maneira de um lado de pez e resíduos letais...*
> *És nosso fim natural e somos teu adubo,*
> *tua explicação e tua mais singela virtude...*
> *Pois carecia que um de nós nos recusasse*
> *para melhor servir-nos. Face a face*
> *te contemplamos, e é teu esse primeiro*
> *e úmido beijo em nossa boca de barro e de sarro.*

---

[21] Gilberto Mendonça Teles (*Drummond – a Estilística da Repetição*, p. 143) assinalou justamente o valor acústico da epanalepse *se rirão se rirão*, que ressoa em surdina no *ão* de *choram*.

Com seus nobres versos longos regidos pelo alexandrino espanhol, com suas rimas variadas, externas e internas, o "parlamento" dos mortos afasta o discurso lírico da *Stilmischung,* consagra a assimilação poética do tema do *gauche* e do tema de Itabira no tom e ótica do lirismo de especulação existencial. Como Rilke, o Drummond de *Claro Enigma* sabe anexar seus mortos ao eu introspectivo e filósofo.

> *Cada dia que passa incorporo mais esta verdade, de que*
> *[eles não vivem senão em nós*
> ("Convívio", CE, 264)

sabe-se condenado a

> Amar, depois de perder
> ("Perguntas", CE, 265)

e aprendeu a submeter os seus e sua província a uma espécie de redução eidética tanto mais carregada de sentido quanto capaz de universalizar toda anedota, todo localismo restritivo. Assim o "espírito de Minas" é invocado no Rio – não como um *ethos* regional, mas como uma maneira de ser fiel ao

> *secreto semblante da verdade.*
> ("Prece de mineiro no Rio", VPL, 304)

Em nenhum outro lugar, talvez, o poder magnético do lirismo existencial é tão sensível quanto no realismo do cotidiano. De *Novos Poemas* a *A Vida Passada a Limpo,* só um grande texto retoma os afrescos da vida moderna tão importantes em *A Rosa do Povo:* "A um hotel em demolição" (VPL, 313). Em metro variado, combinado com o verso livre, é um longo poema em estilo mesclado sobre o Avenida, velho hotel no centro do Rio, onde se hospedavam milhares de provincianos (era o hotel em que ficava Mário de Andrade quando ia à capital). Toda uma sociedade e toda uma época revivem nestes versos elétricos, plurilíngues, nestes versos ao mesmo tempo realistas e visionários, cheios de alusões literárias e de *flashes* cômicos –

> *Casais entrelaçados no sussurro*
> *de carvão carioca, bondes fagulhando, políticos*
> *politicando em mornos corredores*
> *estrelas italianas, porteiros em êxtase*
> > *cabineiros*
> *em pânico:*
> *Por que tanta suntuosidade se encarcera*
> *entre quatro tabiques de comércio?*
> *A bandeja vai tremulargentina:*
> *desejo café geleia matutinos que sei eu.*
> *A mulher estava nua no quarto e recebeu-me*
> *com a gravidade própria dos deuses em viagem:*
> *Stellen Sie es auf den Tisch!*

Mas o frenesi vital do hotel encobre a pulsação do tempo humano –

> *Todo hotel é fluir...*

pois a vida numa casa tende a fixar-se, mas a existência passageira num hotel põe a nu, através da solidão da massa desenraizada, a fragilidade radical do homem. Somente sua demolição, em suma, inspira ao poeta do dissipado o desejo de cantá-lo:

> *e onde abate o alicerce ou foge o instante*
> *estou comprometido para sempre.*

Em outra escala espacial e social, o Hotel Avenida proporciona a Drummond o mesmo *memento mori* que lhe tinham murmurado as velhas casas de Ouro Preto.

Assim o realismo do cotidiano não é mais explorado *per se*; ele também sofre uma conversão "metafísica". Do mesmo modo, os raros momentos utópicos do quarteto já não mais delineiam o aspecto sociológico do mundo ideal; antes o desconcretizam, retendo-lhe apenas uma figura metafórica. Já o observamos a propósito de "Sonho de um sonho" (ver p. 135); isso é ainda mais visível em "Contemplação no banco" (CE, 240), em que o objeto contemplado – o novo homem, sonho utópico – e os sentimentos do poeta que o invoca quase não deixam espaço para a cena realista, o banco. De resto, esse abstracionismo tem a vantagem de purificar o discurso utópico drummondiano, afastando-o de todo clichê quiliástico. O esboço da utopia ganha em força poética renunciando ao descritivismo.

> *Triste é não ter um verso maior que os literários,*
> *é não compor um verso novo, desorbitado,*
> *para envolver tua efígie lunar, ó quimera*
> *que sobes do chão batido e da relva pobre.*

A "conversão metafísica" afeta enfim o gênero epidíctico: entre os poemas comemorativos de *Fazendeiro do Ar* e de *A Vida Passada a Limpo*, os mais importantes são meditações filosóficas em torno de um herói da cultura brasileira. É verdade que uma das mais belas celebrações de Drummond, a nênia "Pranto geral dos índios" (VPL, 305), escapa a essa tendência. Os versos livres do "Pranto" cantam em Rondon menos o "civilizador", que o caboclo fundamentalmente *simpático* aos índios:

> *Eras um dos nossos voltando à origem*
> ....
> *Ó Rondon, trazias contigo o sentimento da terra*
>
> *Uma terra sempre furtada*
> *pelos que vêm de longe e não sabem*
> *possuí-la*
> *terra cada vez menor*
> *onde o céu se esvazia da caça e o rio é memória*
> *de peixes espavoridos pela dinamite*
> *terra molhada de sangue*
> *e de cinza estercada de lágrimas*
> *e lues*
> *em que o seringueiro o castanheiro o garimpeiro o*
>   [*bugreiro colonial e moderno*
> *celebram festins de extermínio*

Empregando com grande felicidade palavras indígenas e metáforas ecológicas de feição "primitiva", o poema liriciza uma atitude autenticamente antropológica, mostrando, no seu rousseauísmo, a que ponto o "fazendeiro do ar" recusa os etnocentrismos modernos –

> *A manada dos rios emudece*
> *Um apagar de rastos um sossego*
> *de errantes falas saudosas, uma paz*
> *coroada de folhas nos roça*
> *e te beijamos*
> *como se beija a nuvem na tardinha*
> *que vai dormir no rio ensanguentado*

Prestando homenagem ao indianismo de Rondon, Drummond permanece fiel ao espírito "antropofágico" do modernismo e à significação liberadora do mito do bom selvagem.[22]

Mas a tendência filosófica se impõe nas outras duas obras-primas do lirismo de celebração: "A Goeldi" (VPL, 303), em que o gravador expressionista brasileiro Oswaldo Goeldi (1895-1961) é considerado como um

> ... pesquisador da noite moral sob a noite física.[23]

e sobretudo "A um bruxo, com amor" (VPL, 311). Composto em parte por trechos de frases de Machado de Assis e de referências a suas narrações, este poema em verso livre mesclado é uma página de uma acuidade crítica excepcional, sobretudo porque o modernismo – a começar por Mário de Andrade – não pecou por excesso de compreensão em relação ao maior autor brasileiro. Lúcido e perplexo, Drummond cede e resiste ao mesmo tempo ao turvo encanto do pessimismo humorista de Machado –

---

[22] É óbvio que não atribuímos aqui qualquer conotação pejorativa à palavra mito. A propósito das ressonâncias revolucionárias da teoria do bom selvagem, ver Afonso Arinos de Melo Franco, *O Índio Brasileiro e a Revolução Francesa*. Rio de Janeiro, José Olympio, 1937.

[23] Além de seu valor poético, a definição é em si mesma de uma perspicácia crítica certa. Drummond, por outro lado, foi amigo e interlocutor de vários líderes do modernismo plástico no Brasil: Cândido Portinari, Emiliano Di Cavalcanti, Tomás Santa Rosa.

> *Todos os cemitérios se parecem,*
> *e não pousas em nenhum deles, mas onde a dúvida*
> *apalpa o mármore da verdade, a descobrir*
> *a fenda necessária;*
> *onde o diabo joga dama com o destino,*
> *estás sempre aí, bruxo alusivo e zombeteiro,*
> *que revolves em mim tantos enigmas.*

Com o "Canto ao homem do povo Charlie Chaplin", *A Rosa do Povo* introduzira a ótica social e a poética drummondianas na musa epidíctica. As peças comemorativas do terceiro período acrescentam uma nova dimensão: a inquietude existencial. Já vimos (ver p. 119) como o lirismo metapoético de *A Rosa do Povo* integrara a psicologia da escrita de "O lutador" numa filosofia – e uma ética – da literatura. Essa filosofia da literatura, que se poderia definir (bem entendido, de modo excessivamente esquemático) como *uma ética da autenticidade, vivida na e pela experiência não menos autêntica da linguagem,* já a tínhamos visto, desde *A Rosa,* abrir-se aos cuidados especulativos de Drummond, debruçado sobre os paradoxos da finitude e os prazeres obscuros do princípio do nirvana ("Ontem", RP, 154; ver p. 94-96). A aproximação entre a poesia sobre a poesia e a reflexão existencial destinada a desenvolver-se no quarteto 1946-1948 já se colocava, na verdade, na época de *A Rosa,* sob o signo da equação "blanchotiana" escrita = dissipação. A poética do quarteto recolhe e explicita esse motivo –

> *Poesia, marulho e náusea,*
> *poesia, canção suicida,*
> *poesia, que recomeças*
> *de outro mundo, noutra vida.*
> . . . .
> *Azul, em chama, o telúrio*
> *reintegra a essência do poeta,*
> *e o que é perdido se salva...*
> *Poesia, morte secreta.*
>
> ("Brinde no banquete das musas", FA, 277)

A imagem química da última estrofe não explica o sentido palingenésico da primeira? O telúrio (< lat. *tellus*) "reintegra" o poeta... Queimado, restituído à terra, morto para este mundo, o poético acede à vida. E é dessa maneira, como agente destrutor –

> *Poesia, sobre os princípios*
> *e os vagos dons do universo:*
> *em teu regaço incestuoso,*
> *o belo câncer do verso.*
>
> (Ib.)

que a poesia consegue viver sua relação com a verdade, chega à sua plena dignidade epistemológica –

> *Poesia, sobre os princípios*
> *e os vagos dons do universo:*

A escrita só afirma o real através da sua negação radical. Para *dizer*, ela deve primeiro *apagar*. É a extrema dificuldade dessa relação essencialmente *oblíqua* com a verdade que parece motivar, em última análise, a cólera metapoética de "Oficina irritada" (ver p. 209-10), e o ressentimento não menos irritado de "Conclusão" (FA, 279) –

> ....
> *e o que não é poesia não tem fala.*
> *Nem o mistério em si nem velhos nomes*
> *poesia são: coxa, fúria, cabala.*
>
> *Então desanimamos. Adeus, tudo!*
> *A mala pronta, o corpo desprendido,*
> *resta a alegria de estar só, e mudo.*
>
> *De que se formam nossos poemas? Onde?*
> *Que sonho envenenado lhe responde,*
> *se o poeta é um ressentido, e o mais são nuvens?*

Preso por seu compromisso com o obscuro, agarrado por sua fidelidade radical à *opacidade* do real, o discurso poético é sempre

> ....
> *o que já de si repele*
> *arte de composição.*
>
> ("Aliança", NP, 228)

e, confundindo o vivido e o inventado, não chega a dar "notícias humanas" sem passar pela ascese da escrita – supressão; pois

> *... a poesia mais rica*
> *é um sinal de menos.*
>
> ("Poema-orelha", VPL, 293)

Na medida em que a predominância do lirismo filosófico determina, no terceiro período, um recuo geral das referências histórico-sociais concretas, pode-se dizer que os grandes monumentos da poética drummondiana – "O lutador" (J), "Consideração do poema" (RP) e "Procura da poesia" (RP) – anunciaram, no que se refere ao seu conteúdo, o "abstracionismo" histórico da poesia classicizada do quarteto. A natureza genérica, "atemporal" do tema da poesia, favorecia, bem entendido, esse abstracionismo, que as alusões aos poetas e objetos contemporâneos de "Consideração do poema" só na aparência interrompiam, e que as peças metapoéticas do terceiro período que acabamos de citar insistiram em prolongar. Assim, pois, é, à primeira vista, surpreendente a constatação de que a maior e mais substancial "poética" do quarteto – "Canto órfico" (FA, 288) – decididamente se mostre como uma reflexão essencialmente *histórica* –

> *A dança já não soa,*
> *a música deixou de ser palavra,*
> *o cântico se alongou do movimento.*
> *Orfeu, dividido, anda à procura*
> 5 *dessa unidade áurea, que perdemos.*
>
> *Mundo desintegrado, tua essência*
> *paira talvez na luz, mas neutra aos olhos*
> *desaprendidos de ver; e sob a pele,*
> *que turva imporosidade nos limita?*

> 10   *De ti a ti, abismo; e nele, os ecos*
>   *de uma prístina ciência, agora exangue.*
>
> *Nem tua cifra sabemos; nem captá-la*
> *dera poder de penetrar-te. Erra o mistério*
> *em torno de seu núcleo. E restam poucos*
> 15   *encantamentos válidos. Talvez*
>   *um só e grave: tua ausência*
>   *ainda retumba em nós, e estremecemos,*
>   *que uma perda se forma desses ganhos.*

Após a psicologia da escrita de "O lutador" e a filosofia da literatura de *A Rosa do Povo*, eis que a metapoética de Drummond se dá uma perspectiva histórica. A questão da palavra poética é colocada em termos de "história da cultura": para dizer o mundo, nosso tempo busca a unidade perdida. O "desencanto do mundo", em que Max Weber viu um dos sintomas fundamentais desta racionalização da vida que define os tempos modernos, só deixou aos homens, cegos e isolados (v. 7-9), a nostalgia da plenitude. A única presença do universo em nós é a lembrança já antiga de sua ausência –

> *... E restam poucos*
> *encantamentos válidos. Talvez*
> *um só e grave: tua ausência*
> *ainda retumba em nós...*

Em versos augustos, aristocratizados por formas verbais clássicas (alongar-se, prístina, o mais-que-perfeito em função condicional: dera), a questão órfica – questão da linguagem lírica – se alimenta, como em Rilke, de toda uma *Zeitkritik*. Pois o logos poético já não enuncia a harmonia do cosmos –

> a música deixou de ser palavra

Drummond reflete sobre o advento do que Schiller, o criador da profunda fórmula "desencanto do mundo", batizou com o nome de "poesia sentimental": poesia da subjetividade, do dilaceramento da alma moderna, separada da natureza, estranha à realidade sensível, refugiada na ideia por falta de integração cósmica. Em Drummond, entretanto, uma *skepsis* bem século XX não mais permite a transposição da poesia da inquietude ao reino das Ideias, ao domínio suprassensível do idealista Schiller; nele, a "agonia moderna" não é senão consciência da finitude –

> *A música se embala no possível,*
> *no finito redondo, em que se crispa*
> *uma agonia moderna. O canto é branco,*
>
> *foge a si mesmo, voos! palmas lentas*
> 40 *sobre o oceano estático: balanço*
> *de anca terrestre, certa de morrer.*

O poder dessas imagens assegura a densidade poética da meditação sobre o estado histórico da palavra de Orfeu. Movimento de palmas sobre o mar imóvel, o canto corresponde à cadência do corpo "certo de morrer". A arte drummondiana do *enjambement* produz aqui duas interrupções sucessivas, de alta expressividade:

> *... palmas lentas /*
> *sobre o oceano estático: balanço /*
> *de anca terrestre, certa de morrer.*

O *a* nasal (oce*a*no, bal*a*nço, *a*nca) reúne o canto (pelo *balanço*, base da comparação entre canto e corpo), o mar e a anca *terrestre*. Esta contrasta, é certo, com *oceano*. Por outro lado, o canto-corpo, após ter-se "crispado" (já que a anca, metáfora do canto, já estava prefigurada no *finito redondo*, no v. 37), num voo rápido, traduzido pelas fricativas, se demora em dois troqueus e um anapesto sobre o mar estático:

> *... O canto é branco*
> *foge a si mesmo, voos! / / pAl / mas lEn / tas*
> *sobre o o / ce / A / no estático*

O todo parece opor os elementos *móveis* da existência à *imobilidade* do mar; como se a finitude do canto, signo da finitude votada a ela própria após a perda da "unidade de ouro", experimentasse a tentação do aniquilamento, a sedução do mergulho nesse Todo cuja distância, justamente, aflige o homem e sua linguagem. A grave nostalgia de uma intimidade com o cosmos não é, no fundo, senão uma revivescência do "sentimento oceânico" de Freud, estado de alma inerente ao narcisismo primário, isto é, ao pretenso período da vida psíquica em que o eu não se sente separado do mundo ambiente.[24] O oceano é a imagem do Todo, o símbolo do nirvana em que o dilaceramento moderno sonha encontrar a paz ultrapassando a dor dos desejos em conflito.

O Valéry de *Charmes* fez da palma o signo da "anunciação" poética –

De sa grâce redoutable
Voilant à peine l'éclat,
Un ange met sur ma table
Le pain tendre, le lait plat;
Il me fait de la paupière
Le signe d'une prière
Qui parle à ma vision:
– Calme, calme, reste calme!
Connais le poids d'une palme
Portant sa profusion!

Pour autant qu'elle se plie
A l'abondance des biens,
Sa figure est accomplie,
Ses fruits lourds sont ses liens.
Admire comme elle vibre,
Et comme une lente fibre
Qui divise le moment,

---

[24] Ver Sigmund Freud, *Malaise dans la Civilisation*. Paris, PUF, 1971, cap. 1, p. 5-16. Alguns psicanalistas contemporâneos, influenciados pela reafirmação do caráter fundamentalmente *especular* do narcisismo nos escritos de Jacques Lacan, tendem a repelir o conceito de narcisismo primário. Ver, por exemplo, Jean Laplanche e J. B. Pontalis, *Vocabulaire de la Psychanalyse*. Paris, PUF, 1967, p. 261-65. "Sentimento oceânico" é uma noção muito mais apropriada a uma psicanálise misticizante como a de Jung, que entretanto não emprega essa expressão.

> *Départage sans mystère*
> *L'attirance de la terre*
> *Et le poids du firmament!*
>
> *Ce bel arbitre mobile*
> *Entre l'ombre et le soleil,*
> *Simule d'une sybille*
> *La sagesse et le sommeil.*
> *Autour d'une même place*
> *L'ample palme ne se lasse*
> *Des appels ni des adieux...*
> *Qu'elle est noble, qu'elle est tendre!*
> *Qu'elle est digne de s'attendre*
> *A la seule main des dieux!*
> (Palme, Oeuvres, ed. da Pleiade, vol. 1, p. 153-54)

Aqui reconhecemos três figuras do "Canto órfico": a palma e sua lentidão, os deuses, a sibila. Mas a *Palma* valéryana não é senão um *pendant* para *La Pythie* – um texto sobre a felicidade da inspiração – ao passo que Drummond, tendo ultrapassado a ideia mítica da inspiração desde "O lutador", se concentra no destino *historial* da poesia.[25] O quadro temático das imagens é, pois, tão diferente quanto seu contexto estilístico; sua presença em Drummond poderia quando muito constituir um indício de sua familiaridade com Valéry, este mestre do verso metapoético, a quem tomou, aliás, a epígrafe de *Claro Enigma*.

"Canto órfico" termina sob uma luz utópica –

> *Orfeu, dá-nos teu número*
> 50 *de ouro, entre aparências*
> *que vão do vão granito à linfa irônica.*
> *Integra-nos, Orfeu, noutra mais densa*

---

[25] Utilizamos esta palavra no sentido de Heidegger: a historialidade diz respeito às *raras* maneiras de relação com o Ser, definindo por sua vez as grandes épocas (bem mais vastas que as simples idades históricas) da humanidade. Ver Martin Heidegger, *Chemins qui ne Mènent nulle Part*. Paris, Gallimard, 1962, p. 261, 275. Já Walter Benjamin louvava Kafka pelo fato de pensar *por eras*, ao invés de permanecer prisioneiro de uma mesma órbita histórica.

>   *atmosfera do verso antes do canto,*
>   *do verso universo, latejante*
> 55 *no primeiro silêncio,*
>   *promessa de homem, contorno ainda improvável*
>   *de deuses a nascer, clara suspeita*
>   *de luz no céu sem pássaros,*
>   *vazio musical a ser povoado*
> 60 *pelo olhar da sibila, circunspecto.*

"Tudo é belo, porque tudo encerra o número", dizia o muito platônico Santo Agostinho. Invocando Orfeu e seu *metro*, Drummond parte da realidade inessencial de nosso tempo, objeto de humor e de jogo –

> *... entre aparências*
> *que vão do vão granito à linfa irônica*

para a poesia universal, linguagem adâmica, suspeita do futuro –

> *... verso universo...*
> ....
> *promessa de homem...*

A paronomásia da utopia responde à da ironia. Reintegrada no cosmos, a poesia permanece lúdica tanto quanto musical. Porque, se o poeta se lembra do desmembramento de Orfeu

>   *Orfeu, reúne-te! chama teus dispersos*
>   *e comovidos membros naturais*
>   *e límpido reinaugura*
> 45 *o ritmo suficiente...*

sabe também que basta tomar consciência do mal de nosso tempo para vencer a "turva imporosidade que nos limita" (v. 9). A crítica historial da poesia é uma *anamnese* libertadora

> *Orfeu, que te chamamos, baixa ao tempo*
> *e escuta:*
> *só de ousar-se teu nome, já respira*
> *a rosa trismegista, aberta ao mundo.*

O *verso universo* se realiza já na profundidade intelectual e crítica da poesia-do-pensamento praticada por alguns dos mais altos espíritos de nosso século, entre os quais não hesitamos em colocar Carlos Drummond de Andrade.

Não seria desprovido de interesse comparar o orfismo drummondiano, orientado para a reintegração do herói retalhado pelas bacantes, simbolizando a reconquista do sentido cósmico do lirismo, com o orfismo "selvagem" de um Murilo Mendes, que, explorando antes as relações entre vidência e violência, insiste na dilaceração.[26] Limitemo-nos, entretanto, a assinalar a significação central, na obra de Drummond, da poética historicizada do "Canto órfico". Escrita no mais rigoroso estilo "puro", essa poética epocal desvela melhor que qualquer outro poema do quarteto as intenções filosóficas do modernismo classicizado de seu autor.

O "Canto órfico" é a tematização do fundamento *histórico-cultural* do lirismo "existencial" de Drummond. De resto, a própria extensão do poema, assim como o seu léxico, colocam-no naturalmente ao lado das duas elegias mais desenvolvidas e mais estruturadas do quarteto: "Elegia" (FA, 286) e "Nudez" (VPL, 195), em estrofes irregulares, ao mesmo tempo em que se mantém próximo do grande texto epistemológico de *Claro Enigma*, "A máquina do mundo" (CE, 271). Juntos, estes quatro poemas articulam o eixo principal da produção filosófica de Drummond, eixo cujo suporte maior é a segunda coletânea-microcosmo do poeta, *Claro Enigma* (1951), lançada seis anos depois de *A Rosa do Povo*.

O movimento lírico das dez estrofes de "Elegia"[27] começa pelo sentimento de dissipação; a existência deplora

---

[26] Ver Murilo Mendes, *Poesias*. Rio de Janeiro, José Olympio, 1959, p. 458-59 (poemas do livro *Parábola*) e também *Convergência*. São Paulo, Livraria Duas Cidades, 1970, p. 123.

[27] Que nos seja permitido citar nosso comentário estilístico na revista *Senhor,* Rio de Janeiro, outubro 1962. Para uma análise mais aprofundada, ver Maria Luísa Ramos, "Variação em torno de uma antítese".

sua perda inexorável, inexoravelmente cheia de desgosto e desilusão –

> *Ganhei (perdi) meu dia.*
> *E baixa a coisa fria*
> *também chamada noite, e o frio ao frio*
> *em bruma se entrelaça, num suspiro.*
>
> 5   *E me pergunto e me respiro*
> *na fuga deste dia que era mil*
> *para mim que esperava*
> *os grandes sóis violentos, me sentia*
> *tão rico deste dia*
> 10 *e lá se foi secreto, ao serro frio.*
>
> *Perdi minha alma à flor do dia ou já perdera*
> *bem antes sua vaga pedraria?*
> *Mas quando me perdi, se estou perdido*
> *antes de haver nascido*
> 15 *e me nasci votado à perda*
> *de frutos que não tenho nem colhia?*

O belo cursivo destes versos pares, modulados sobre o decassílabo heroico, banhados pela tonalidade líquida dos ii (rima constante para *elegia*) interrompida apenas pela claridade de alguns aa, ressalta de maneira especial na sintaxe elíptica da segunda estrofe (ver em particular o v. 8), em que o ritmo, crispado um instante e acelerado pela fuga do dia-existência

> *E me pergunto* e me *respiro*
> *na* fuga deste dia *que era mil*
> *para mim que esperava*
> *os grandes sóis violEN / tos, que sentia*
> *tão rico deste dia*

não tarda a ir ao encontro, com mais expressividade, do adágio elegíaco restaurado pelos iambos aliterados.

> *e lá / se foi / secre / to ao ser / ro fri / o*

In: *Fenomenologia da Obra Literária*. Rio de Janeiro, Editora Forense, 1969, p. 114-29.

Subitamente, a tristeza existencial se transforma em imprecação blasfematória, seguida de uma evasão suicida –

> 25 Ah, chega de lamento e versos ditos
>   ao ouvido de alguém sem rosto e sem justiça,
>   ao ouvido do muro,
>   ao liso ouvido gotejante
>   de uma piscina que não sabe o tempo, e fia
> 30 seu tapete de água, distraída.
>
>   E vou me recolher
>   ao cofre de fantasmas, que a notícia
>   de perdidos lá não chegue nem açule
>   os olhos policiais do amor-vigia.
> 35 Não me procurem que me perdi eu mesmo
>   como os homens se matam, e as enguias
>   à loca se recolhem, na água fria.
>
>   Dia,
>   espelho de projeto não vivido,
> 40 e contudo viver era tão flamas
>   na promessa dos deuses; e é tão ríspido
>   em meio aos oratórios já vazios
>   em que a alma barroca tenta confortar-se
>   mas só vislumbra o frio noutro frio.

Os versos 25-30 são uma obra-prima de combinação sintagmática, desde a rima interna (lam*en*to, algu*ém*, *sem*) e as anáforas (v. 26-28: *ao ouvido*) às sutis aliterações (*s*em ros*t*o e *s*em jus*t*iça; *p*iscina que *s*abe o *t*em*p*o, e fia / *s* eu *tap*ete de água, distraída). Revoltado com a surdez de Deus, o eu meditativo figura seu isolamento ferido por meio de uma imagem aquática (v. 36-37), em perfeito acordo com a dominante líquida do conjunto dos versos. Não se saberia admirar suficientemente a arte refinada com que a distribuição dos timbres e a aliteração, em oclusivas velares surdas, do verso 37,

> Não me procurem que me perdi eu mesmo
> como os homens se mAtam e as enguIAs
> à lOca se recOlhem, na Água frIA.

dão corpo e alma ao desejo de ser enclausurado num frio universo obscuro. A estrofe seguinte torna a dizer o fracasso da existência com uma palavra-chave do existencialismo (*projeto*, v. 39); notemos ainda o contraste entre a esperança vital (fogo) e a decepção religiosa (frio), simbolizado pela oposição tonal (que as consoantes comuns mais ressaltam) de

> *e contudo viver era tão flamas*
> ....
> *mas só vislumbra o frio noutro frio.*

Mas a antiteodiceia não será a última palavra de "Elegia". Para além do vazio do céu cristão, uma quietude se desenha, que sem esforço se reconhece: é a mineralização do eu, a autoinclusão "no muro" (cf. "Ciência", VPL, 301; supra, p. 197-98), a fusão com a terra –

> 45 *Meu Deus, essência estranha*
> *ao vaso que me sinto, ou forma vã,*
> *pois que, eu essência, não habito*
> *vossa arquitetura imerecida;*
> *meu Deus e meu conflito,*
> 50 *nem vos dou conta de mim nem desafio*
> *as garras inefáveis: eis que assisto*
> *a meu desmonte palmo a palmo e não me aflijo*
> *de me tornar planície em que já pisam*
> *servos e bois militares em serviço*
> 55 *da sombra,...*

é o feliz abandono do eu à "argila vermelha" em que habita a "ausência espessa" dos mortos familiares; o voluntário enterrar-se, apoiado nos tt surdos, do indivíduo fascinado pelo nada –

> *Terra a que me inclino sob o frio*
> *de minha testa que se alonga,*
> *e sinto mais presente quanto aspiro*
> 60 *em ti o fumo antigo dos parentes,*
> *minha terra, me tens; e teu cativo*
> *passeias brandamente*

> *como ao que vai morrer se estende a vista*
> *de espaços luminosos, intocáveis:*
> 65 *em mim o que resiste são teus poros.*

Num texto bastante breve de *A Rosa do Povo*, um boi inexplicável vem procurar o poeta na cidade para transportá-lo

> ....
> ao País Profundo.
>
> ("Episódio", RP, 156)

O boi, tão ligado ao ambiente familiar do fazendeiro do ar, torna-se assim o signo de uma *outra* existência; na verdade, ele conduz ao "país profundo", ao nirvana drummondiano, invariavelmente mineral (argila fria, terra obscura e silenciosa). Unindo o futuro tranquilo da "vida menor" à imagem do passado itabirano, é ao mesmo tempo refém da morte e portador da beatitude –

> ....
> *e de tal modo revolver a morte*
> *que ela caia em fragmentos, devolvendo*
> *seus intatos reféns – e aquele volte.*
>
> *Venha igual a si mesmo, e ao tão-mudado,*
> *que o interroga, insinue*
> *a sigla de um armário cristalino,*
> *além do qual, pascendo beatitudes,*
> *os seres-bois completos, se transitem,*
> *ou mugidoramente se abençoem.*
>
> ("Procura", VPL, 301)

O boi encarna o único "outro mundo" possível aos olhos céticos de Drummond: a *magna quies* da morte. Paz bucólica, e entretanto sem rosto; felicidade para além de toda consciência mas que se pode antecipar abandonando o ágon vital pelo exercício ascético da "vida menor":

> ....
> *Que sentimento vive e já prospera*
> *cavando em nós a terra necessária*

> *para se sepultar à moda austera*
> *de quem vive sua morte?*
> ....
> ("Nudez", VPL, 295)

Somente o gosto do nada, a "vontade de anular a criatura" (cf. "Fraga e sombra", supra, p. 214-15), matizada pelo amor dos seus, pode superar o supremo desgosto da existência apequenada por sua finitude. Eis-nos diante da sabedoria da "vida menor". Esta é explicitada ainda mais – em seu mais alto nível de apresentação estética – por "Nudez", cujas cinco estrofes começam como "poética" negativa, à maneira de "Consideração do poema" –

> *Não cantarei amores que não tenho,*
> *e, quando tive, nunca celebrei.*
> *Não cantarei o riso que não rira*
> *e que, se risse, ofertaria a pobres.*
> 5 *Minha matéria é o nada.*
> *Jamais ousei cantar algo de vida:*
> *se o canto sai da boca ensimesmada,*
> *é porque a brisa o trouxe, e o leva a brisa,*
> *nem sabe a planta o vento que a visita.*

mas desembocam no elogio da modéstia epistemológica de "Fragilidade" (ver p. 167-70) –

> *Amador de serpentes, minha vida*
> *passarei, sobre a relva debruçado,*
> *a ver a linha curva que se estende,*
> *ou se contrai e atrai, além da pobre*
> *área de luz de nossa geometria.*
> ....
> *... não mais visando*
> *aos alvos imortais.*

As serpentes, emblema da sinuosidade do real, justificam a sabedoria do arabesco, que renuncia a explicar para melhor apreender. Entretanto, a "nudez" se vai identificar ainda mais com o ideal ascético e despojado da "vida menor" –

> Ó descobrimento retardado
> pela força de ver.
> 45 Ó encontro de mim, no meu silêncio
> configurado, repleto, numa casta
> expressão de temor que se despede.
> O golfo mais dourado me circunda
> com apenas cerrar-se uma janela.
> 50 E já não brinco a luz. E dou notícia
> estrita do que dorme,
> sob placa de estanho, sonho informe,
> um lembrar de raízes, ainda menos,
> um calar de serenos
> 55 desidratados, sublimes ossuários
> sem ossos;
> a morte sem os mortos; a perfeita
> anulação do tempo em tempos vários,
> essa nudez, enfim, além dos corpos,
> 60 a modelar campinas no vazio
> da alma, que é apenas alma, e se dissolve.

Retenhamos as imagens comuns à "Vida menor" (RP, 155): o sono, a morte-que-não-é-a-morte (morte sem os mortos, ossuários sem ossos), mas antes vida mínima, enfim a anulação do tempo significando a derrota da finitude. Mas trata-se, simultaneamente, de "um lembrar de raízes" – portanto, do telurismo familiar. Por conseguinte, "Nudez" consagra, justamente no limiar da última parte do quarteto metafísico de Drummond, a síntese do tema do nirvana e do tema de Itabira. A alquimia imaginativa do estilo outonal consegue soldar dois dos mais ricos temas liricizados pelo poeta: recordação e sabedoria, memória afetiva e busca da felicidade.

Na sutil estrutura musical e simbólica de "Nudez" ou da "Elegia" de *Fazendeiro do Ar*, o estilo "puro" do lirismo reflexivo triunfa no poema longo. Do ponto de vista temático, essas composições asseguram sua amplitude máxima ao pensamento existencial de Drummond. Nem sucede outra coisa com os trinta e dois tercetos brancos de "A máquina do mundo" (CE, 271), uma das peças mestras de *Claro Enigma*[28] –

> *E como eu palmilhasse vagamente*
> *uma estrada de Minas, pedregosa,*
> *e no fecho da tarde um sino rouco*
>
> *se misturasse ao som de meus sapatos*
> 5 *que era pausado e seco; e aves pairassem*
> *no céu de chumbo, e suas formas pretas*
>
> *lentamente se fossem diluindo*
> *na escuridão maior, vinda dos montes*
> *e de meu próprio ser desenganado,*
>
> 10 *a máquina do mundo se entreabriu*
> *para quem de a romper já se esquivava*
> *e só de o ter pensado se carpia.*

Silviano Santiago elevou a analogia da situação narrativa com a de "No meio do caminho" (AP, 61; ver p. 25-26) e "O enigma" (NP, 231; ver p. 132): nos três textos, um objeto (pedra, Coisa, máquina) de repente barra o caminho ao indivíduo (ou, no caso de "O enigma", a pedras moralmente antropomórficas).[29]

Entretanto, à diferença do que se passa nas duas estâncias ultra-esquemáticas de "No meio do caminho" e na prosa poética de "O enigma", a aparição do obstáculo só sobrevém mais tarde. A "máquina do

---

[28] Sobre este poema, contamos já com dois comentários, "A máquina do mundo de Drummond", no meu *Razão do Poema*. Rio de Janeiro, Civilização Brasileira, 1965, p. 77-88, e Silviano Santiago, "Camões e Drummond: a máquina do mundo". *Hispânia*, vol. XLIX, n. 3, setembro 1966, p. 389-94.

[29] O mesmo crítico estende a analogia a "Carrego comigo" (RP, 141; ver p. 89), o que a faria atravessar os três primeiros períodos do lirismo drummondiano: o de *Alguma Poesia*, o de *A Rosa do Povo*, o de *Claro Enigma*. Mas precisamente a ideia do obstáculo subitamente surgido falta completamente em "Carrego comigo", onde o pacote simbólico acompanha o eu há muito, muito tempo, talvez desde sempre. Não esqueçamos, entretanto, as alusões à "pedra no meio do caminho" em "Consideração do poema" (RP, 137, v. 9) e "Legado" (CE, 236, v. 14).

mundo" só se entrega ao passeador solitário no verso 10 – uma proposição principal após quatro subordinadas modais. Os três primeiros tercetos descrevem a chegada da noite, exatamente como no começo da grande "Elegia" de *Fazendeiro do Ar* e o dos dísticos rimados de "Relógio do Rosário" (CE, 273) o poema que fecha *Claro Enigma,* imediatamente depois de "A máquina do mundo". O sino "rouco" e a obscuridade descendo das montanhas se confundem com o viajante: o som do sino se une aos seus passos; a obscuridade provém também dele (v. 4-9). Sob um céu de chumbo (v. 6), a alma experimenta um *desengaño* barroco, despojado de toda crença. Razão por que a aspereza não é mais um atributo do obstáculo, mas do *caminho* que o precede. Em lugar de tropeçar numa pedra áspera e incontornável bem no meio do caminho, o viajante, na estrada pedregosa, é *convidado* a fruir de uma revelação extraordinária:

10 *a máquina do mundo se entreabriu*
para quem de a romper já se esquivava
e só de o ter pensado se carpia.

Abriu-se majestosa e circunspecta,
sem emitir um som que fosse impuro
15 *nem um clarão maior que o tolerável*

pelas pupilas gastas na inspeção
contínua e dolorosa do deserto,
e pela mente exausta de mentar

toda uma realidade que transcende
20 *a própria imagem sua debuxada*
no rosto do mistério, nos abismos.

Abriu-se em calma pura, e convidando
quantos sentidos e intuições restavam
a quem de os ter usado os já perdera

25 *e nem desejaria recobrá-los,*
se em vão e para sempre repetimos
os mesmos sem roteiro tristes périplos,

> *convidando-os a todos, em coorte,*
> *a se aplicarem sobre o pasto inédito*
> 30 *da natureza mítica das coisas.*

O convite da máquina do mundo é tanto mais sedutor por ter de haver-se com um cético (é o descrente de "Elegia"), várias vezes vencido no seu esforço no sentido de conhecer, tal como ressalta dos versos 15-27 e, em particular, do paralelismo rítmico das assonâncias e das aliterações de

> *se em vão e para sempre repetimos*
> *os mesmos sem roteiro tristes périplos*

De onde o longo movimento hipotético, subordinante (v. 22-30 e convidando...) por meio do qual se reitera a situação psicológica do viajante, feita de dolorosa lassidão. Entretanto, a máquina cósmica, objeto apocalíptico, não tarda a mudar de tom –

> *assim me disse,...*
> ....
> ....
> "O que procuraste em ti ou fora de
> teu ser restrito e nunca se mostrou,
> mesmo afetando dar-se ou se rendendo,
> e a cada instante mais se retraindo,
>
> 40 *olha, repara, ausculta: essa riqueza*
> sobrante a toda pérola, essa ciência
> sublime e formidável, mas hermética,
>
> essa total explicação da vida,
> esse nexo primeiro e singular,
> 45 que nem concebes mais, pois tão esquivo
>
> se revelou ante a pesquisa ardente
> em que te consumiste... vê, contempla,
> abre teu peito para agasalhá-lo."

Ela emprega de bom grado o imperativo (v. 40, 47 e 48); ordena ao coração do pesquisador que acolha o que seu cérebro não pôde atingir (v. 43-48). Não esqueçamos que essa máquina oferecida à contemplação é majestosa; ela é uma Coisa divina por sua própria natureza, e *ipso facto* investida de suprema importância (majestosa e circunspecta, v. 13; em calma pura, v. 22). É do alto de seu "reino augusto" que ela se deixa mirar –

> As mais soberbas pontes e edifícios,
> 50 o que nas oficinas se elabora,
> o que pensado foi e logo atinge
>
> distância superior ao pensamento,
> os recursos da terra dominados,
> e as paixões e os impulsos e os tormentos
> 55 e tudo que define o ser terrestre
> que se prolonga até nos animais
> e chega às plantas para se embeber
>
> no sono rancoroso dos minérios,
> dá volta ao mundo e torna a se engolfar
> 60 na estranha ordem geométrica de tudo
>
> e o absurdo original e seus enigmas,
> suas verdades altas mais que todos
> monumentos erguidos à verdade;
>
> e a memória dos deuses, e o solene
> 65 sentimento da morte, que floresce
> no caule da existência mais gloriosa,
>
> tudo se apresentou nesse relance
> e me chamou para seu reino augusto,
> afinal submetido à vista humana.

A máquina do mundo drummondiana lembra o globo de Camões, mostrado por Tétis, soberana da Ilha dos Amores, a Gama, como prêmio de suas promessas marítimas –

> Vês aqui a grande máquina do Mundo,
> Etérea e elemental, que fabricada
> Assim foi do Saber, alto e profundo,
> Que é sem princípio e meta limitada.

> *Quem cerca em derredor este rotundo*
> *Globo, e sua superfície tão limada,*
> *É Deus: mas o que é Deus, ninguém o entende,*
> *Que a tanto o engenho humano não se estende.*
>
> (Lus., X, 80)

Mas, como o notou Silviano Santiago, a máquina do mundo camoniana é um objeto mecânico, calcado pelo humanista Camões sobre a física do Renascimento, ao passo que a máquina de Drummond não passa de uma apocalipse alegórica. Ao que poderíamos acrescentar o alcance diverso das duas máquinas. Em Camões, a significação é sobretudo *cosmológica* e *histórica*; o globo geocêntrico (*Lus.*, X, 90) permite ao herói português entrever o futuro das conquistas lusitanas (inclusive a posse do Brasil, anunciada nas estrofes 139-140). A máquina de Drummond, ao contrário, é *ontológica*: ela proporciona o conhecimento da vida (v. 55-60), do pensamento (v. 51) – ao passo que o globo de Camões tudo descobre, *salvo* Deus, princípio do ser (*Lus.*, X, 80) – do enigma radical do ser rebelde a toda interpretação (v. 61-63); e não deixa de ser curioso que o seu quadro do real seja emoldurado pelos males que acompanham o *principium individuationis*:

> *e as paixões e os impulsos e os tormentos*
> ....
> *... e o solene*
> *sentimento da[30] morte, que floresce*
> *no caule da existência mais gloriosa,*

Desse modo, a alegoria da máquina do mundo se insere plenamente no pensamento existencial do terceiro lirismo de Drummond. Melhor: mais que qualquer outro texto, vai ilustrar seu pessimismo e sua lucidez. Pois essa

---

[30] As duas edições da Aguilar (1964 e 1967) e a última coleção completa dos versos editada por José Olympio (1969) dão: *de* morte. Mas *Fazendeiro do Ar & Poesia até Agora* dizia *da* morte, e essa é também a lição mais recente da *Seleta* de 1971 (p. 145). A restauração sem dúvida preferiu a forma mais expressiva, por mais concreta.

revelação magnífica vai ser repudiada pelo nosso viajante de Minas. Continuando cético,

> ....
>
> *pois a fé se abrandara, e mesmo o anseio,*
>
> *a esperança mais mínima – esse anelo*
> *de ver desvanecida a treva espessa*
> *que entre os raios do sol inda se filtra;*

ele permanece estranho ao olhar de bem-aventurança de seu outro ilustre predecessor, o poeta-viajante por excelência, diante do Ser – estranho à inefável beatitude da visão de Deus, alegria tão intensa, que persiste para além da contemplação:

> *Qual è colui che somniando vede,*
> *che dopo il sogno la passione impressa*
> *rimane, e l'altro alla mente non riede,*
>
> *cotal son io, chè quasi tutta cessa*
> *mia visione, ed ancor mi distilla*
> *nel core il dolce che nacque da essa.*
>
> *Così la neve al sol si disigilla;*
> *così al vento nelle foglie levi*
> *si perdea la sentenza di Sibilla.*
>
> (Paradiso, XXXIII, 58-66)

e, desdenhando a oferta maravilhosa, segue seu caminho difícil, envolvido pela noite –

> *baixei os olhos, incurioso, lasso,*
> *desdenhando colher a coisa oferta*
> *que se abria gratuita a meu engenho.*
>
> *A treva mais estrita já pousara*
> *sobre a estrada de Minas, pedregosa,*
> *e a máquina do mundo, repelida,*
>
> *se foi miudamente recompondo,*
> *enquanto eu, avaliando o que perdera,*
> *seguia vagaroso, de mãos pensas.*

Entretanto, quando mais densas se tornam as trevas, é a máquina, não o viajante, que se humilha (...se foi *miudamente* recompondo). O retorno ao obscuro repete a moral de "Habilitação para a noite" (FA, 277; ver p. 143):

> *E não quero ser dobrado*
> *nem por astros nem por deuses,*
> *polícia estrita do nada.*

Nenhuma revelação estaria em condições de substituir a autonomia do pensamento humano. No seu tom oracular, de ar levemente antigo, de fábula filosófica, "A máquina do mundo", apogeu do lirismo modernista em estilo "puro", confirma que o apelo do nirvana não é, em Drummond, senão um *pessimismo crítico* – ainda mais crítico que pessimista. Embora se mantenha bem afastado dos "humanismos" triunfantes ou eufóricos, Drummond nunca faz de seu "verso universo" uma recusa franca de toda ordem inumana.

2. Sentido e valor da classicização do modernismo em Drummond

O aspecto mais evidente do estilo lírico de Drummond na época de *Claro Enigma* é seu feitio clássico. A observação de Álvaro Lins: "De poeta modernista [ele] se transforma numa espécie de clássico moderno"[31] não se aplica tanto à evolução estilística começada desde *Sentimento do Mundo*, como pensava o crítico; mas convém perfeitamente ao terceiro período do verso drummondiano, em que a nítida predominância da poesia filosófica se exprime num discurso depurado, que busca ritmos ordenados (mesmo que estejam mais próximos do dinamismo barroco que da simetria classicista) e o vocabulário nobre (ainda que não retorne ao léxico "literário" convencional

---

[31] Álvaro Lins, *Jornal de Crítica*, sétima série, cit., p. 23.

de antes do modernismo). Face ao estilo mesclado reinante em livros como *Alguma Poesia* (1930) e ainda tão vigoroso em *A Rosa do Povo* (1945) – estilo de espírito grotesco, cheio de "efeitos de estranheza" dessublimizantes, de ritmos "inumeráveis" e vocabulário frequentemente "baixo", a escrita elevada dos quatro livros surgidos entre 1948 e 1959 sem dúvida parece *classicizada*.

É supérfluo observar que nossa distinção entre estes dois tipos de estilo poético não implica nenhum julgamento de valor: Drummond excele nos dois. O que importa, em compensação, é lançar alguma luz sobre o sentido profundo – sobre a significação cultural – dessa *classicização do modernismo*, cujas qualidades se fazem igualmente sentir, nessa mesma época, na poesia de Jorge de Lima, Murilo Mendes ou Joaquim Cardozo.

O "classicismo" não é, absolutamente, uma metamorfose estranha aos estilos de vanguarda do século XX. Como se sabe, um estilo *all'antica* contamina numerosos líderes da arte moderna. Por volta dos anos 1920, Picasso, De Chirico, Maillol, Stravinsky e Erik Satie; Gide, Werfel, Pound, Eliot, Joyce, Cocteau e O'Neill interessaram-se muito pelos temas gregos. Nem por isso sacrificaram seu antiacademicismo formal. Além do que a máscara antiga das vanguardas nada lhes tirou do amor ao grotesco e à paródia. Para convencer-se, basta recordar o tom com que o coro do Édipo de Gide comenta a atroz automutilação do infeliz herói tebano:

"*On peut dire qu'il s'est mis là dans de mauvais draps.*"

Como bem viu Gilbert Highet, o esquematismo prenhe de sentido dos temas clássicos prestava-se às mil maravilhas do antinaturalismo intrínseco dos artistas modernos, desejosos de romper com a laboriosa apresentação dos temas "realistas", excessivamente detalhados e embaraçadores.[32]

---

[32] Gilbert Highet, *The Classical Tradition. Greek and Roman Influences on Western Literature*. Oxford, Oxford Press, 1949, vol. II, cap. 23, passim.

Entretanto, a natureza clássica do terceiro período do estilo drummondiano não repousa no emprego da mitologia greco-romana. Por mais significativa que seja, a invocação de Orfeu do "Canto órfico" permanece – enquanto texto mitológico – uma nota isolada no quarteto dos volumes "existenciais". A escrita filosófica em língua rearistocratizada de Drummond não é um "classicismo moderno"; é, antes, um modernismo *classicizado*.

Por "classicismo" entendemos invariavelmente tanto o simples uso dos temas "clássicos", como é o caso do classicismo de Gide ou Cocteau, quanto um período artístico ou literário (como a pintura do Alto Renascimento, a literatura da escola de 1660 na França ou o classicismo de Weimar na Alemanha), que tratem os temas antigos ou não, obedecendo a um *normativismo* inspirado, ou que se julga tal, pelo estilo dos clássicos da Antiguidade. Nesse sentido, o contrário do "clássico" é sempre o estilo rebelde às normas, em suma, "romântico".

Entretanto, o conceito de "classicismo" implica também algo mais, a ideia de *estilização:* com efeito, não há classicismo sem uma certa abstração do real. Antes mesmo de seguir o cânon antigo, toda mímese classicista – seja ela plástica ou literária – se despoja deliberadamente do desejo de representação "realista", concreto, da natureza e da sociedade.[33] Então o contrário do clássico já

---

[33] No conceito de mímese, devemos sublinhar a irredutível *autonomia* da representação artística. É óbvio que mesmo a mímese de tipo naturalista não saberia privar-se de certos princípios de estilização do real. Roman Jakobson ("Du réalisme artistique". In: Tzvetan Todorov (org.), *Théorie de la littérature*. Paris, Seuil, 1965, p. 98-108. Trata-se de uma coletânea de textos dos formalistas russos apresentados por T. Todorov) lembrou, de uma vez para sempre, que não há "realismo" em si, mas apenas realismos diversos, e cada um definido na sua relação com convenções miméticas determinadas, que a cada tipo de realismo cabe justamente contestar. O que não impede que, na história das artes, tenha havido, por um lado, estilos coletivos orientados por *regras de exclusão*, no que concerne à representação do real, e, por outro, estilos cujas convenções miméticas *não excluem* de seu campo de aplicação – ao menos *em princípio* – qualquer zona ou camada da realidade física e social. A observância da lei clássica dos "níveis de

não é romântico; é (ou facilmente se torna) "naturalista". Não apenas o naturalismo cientificista à Zola, mas o naturalismo em geral, no sentido em que se fala do "naturalismo de Caravaggio".

O lirismo de *Claro Enigma* é clássico no sentido de que evita a representação social-concreto. Salvo em textos como "Os bens e o sangue" ou "A um hotel em demolição", a mímese do "terceiro" Drummond abandona a ótica sociológico-realista de *A Rosa do Povo* em favor de um simbolismo abstrato, refratário à figuração da empiria social. Desde o aparecimento de *Claro Enigma*, houve críticos decepcionados com essa evolução de Drummond, se bem que seu agastamento se devesse menos à ausência de "realismo" na poesia filosófica que ao desaparecimento total de peças empenhadas, como os poemas de guerra de *A Rosa do Povo* ou as profissões de fé antipassadistas e antievasionistas de *Sentimento do Mundo*. Pouco sensível à profundidade do realismo sociológico drummondiano, que jamais soube analisar, essa crítica se ateve aos equívocos da estética "engajada", sempre incapaz de aceitar a independência intelectual da literatura.

Publicando *Claro Enigma* com uma epígrafe de Valéry – *"les événements m'ennuient"* – Drummond estava perfeitamente consciente do desafio que lançava ao moralismo simplista da maior parte dos intelectuais engajados. Como membro ativo de movimentos pela dignificação do escritor (de que resultou a de organismos sindicais do gênero Associação Brasileira de Escritores), o poeta foi forçado a opor-se, de maneira enérgica, à intolerância dos grupos de extrema-esquerda. Estes, em nome da admirável divisa segundo a qual os fins justificam os meios (mas o que, então, justificará os fins?, já se perguntava Breton...), davam prova de excessiva desenvoltura moral quando das eleições para a escolha da mesa diretora da Associação... Não é difícil supor que tais coisas –

---

estilo" acarretava, bem entendido, a proscrição do "realismo" no nível do epos, da tragédia e de certos gêneros líricos. Este fato, em que baseamos nossa dicotomia classicismo *versus* naturalismo, permanece inabalável pelo reconhecimento da relatividade do conceito de realismo.

particularmente constrangedoras para um caráter reto como Drummond – tenham confirmado sua antiga antipatia pelo fanatismo ideológico.

Em todo caso, numa seção intitulada "Sinais do tempo", o volume em prosa *Passeios na Ilha* (1952), contemporâneo de *Claro Enigma,* denuncia em tom lúcido e sereno o sectarismo de certos partidos de massa, verdadeiras inquisições leigas: "Hoje em dia os concílios não têm mais poder para devorar homens; mas os partidos, certos partidos têm-no".[34] Decretam com volúpia a "morte moral" e a "morte literária" do indivíduo inconformista.[35] Um pouco mais adiante Drummond recusa-se a subordinar seu sentido da justiça social ao credo mecanicista e ao milenarismo dogmático esposados pelo marxismo brasileiro na época: "(...) desejo ver extirpada a iniquidade, e sou dos que todos os dias se sentem um pouco envergonhados com os relativos privilégios de que desfrutam no meio de tanta gente que vive abaixo do nível canino. Não posso acreditar, contudo, que, transformada a ordem social e econômica, a vida assuma aspectos idílicos de fácil intercompreensão, e o indivíduo sinta desvanecida a sua complexidade".[36]

Na medida em que o movimento político oficialmente encarregado de realizar as generosas aspirações cantadas em *Sentimento do Mundo* e *A Rosa do Povo* proclamava sistematicamente semelhantes atitudes filosóficas e morais, compreende-se que a epígrafe de Valéry tenha correspondido ao sentimento íntimo do poeta. Vários textos em prosa e em verso nos provam que ele não se afastou absolutamente de sua sensibilidade no tocante aos problemas sociais. Poemas como "Contemplação no banco" ou "Sonho de um sonho" chegam a atestar a sobrevivência de uma dimensão utópica no seu pensamento – ainda que se trate de uma utopia ideologicamente desencarnada.

---

[34] Ver Drummond de Andrade, *Obra Completa*. 2ª ed. Rio de Janeiro, Aguilar, 1967, p. 644.

[35] Id., ib. p. 645.

[36] Id., ib. p. 646.

No entanto, parece que, amadurecido pela experiência, decepcionado pela "militarização dos espíritos"[37] no tempo da guerra-fria, Drummond tenha chegado de alguma forma, como Hermann Broch, a ver na política apenas "o mecanismo do tumulto exterior". Antes de inculpá-lo, insurgindo-se contra o absenteísmo e os "escrúpulos pequeno-burgueses", seria bom levar a sério o sentido crítico e o alcance humano de seu desencanto.

No discurso de Estocolmo, Saint-John Perse afirma que não é tão ruim que o poeta seja *"la mauvaise conscience de son temps"*. Renunciando à popularidade fácil dos cantores da revolução (tão frequentemente estimados em detrimento do rigor artesanal e intelectual), Drummond permaneceu fiel ao espírito exclusivamente *literário* de sua geração. "O nosso compromisso, que era o de não possuirmos nenhum, impunha-nos disciplinas severas", já dizia ele em 1933.[38] Se bem que tenha permanecido sempre radicalmente alheio a todo esteticismo (no lirismo brasileiro contemporâneo, somente Murilo Mendes e João Cabral de Melo Neto o são com a mesma firmeza), Drummond não quis a "traição dos clérigos". Impregnado até a medula de preocupações éticas e cognitivas, sua obra jamais descurou a instância literária. Mas, uma vez que nele, desde o começo, a devoção à literatura se aliou às inquietações humanas e intelectuais, é completamente inexato assimilar-lhe o estilo "clássico", sobrevindo depois do realismo social de *A Rosa do Povo*, às tendências *formalistas* da "geração de 45".[39]

---

[37] Id., ib. p. 646.

[38] Texto recolhido em *Confissões de Minas* (1944); ver *Obra Completa*, cit., p. 538.

[39] A propósito do período de *Claro Enigma*, Gilberto Mendonça Teles (*Drummond – a Estilística da Repetição*, cit., p. 22) chega a falar de "identificação total com os princípios da geração de 45"!... É confundir o classicismo *realizado* de Drummond, cheio de invenção, de originalidade e de densidade intelectual, com o neoparnasianismo estilisticamente reacionário, prenhe de vulgaridades, dos autores mais característicos da geração de 45 (na qual não se deve incluir, sob o pretexto de cronologia, a obra de João Cabral, herdeiro declarado de

Por que, recusando-se ao formalismo, o pensamento poético de Drummond terá chegado a abandonar a representação realista? Tudo leva a crer que isso teria ocorrido em virtude de uma metamorfose profunda, cujo sentido diz respeito ao *conjunto* da arte contemporânea, em suas mais altas expressões. A essência dessa metamorfose consiste no que Hermann Broch chamou *o estilo da idade mítica*.[40] O "estilo mítico" despreza as caracterizações individualizantes; ele fala de saída por meio de "uma abstração não teórica", como as narrações de Kafka. Além disso – tal como o indica ainda aqui a obra central de Kafka, tão impregnada de motivações éticas – *essa mímese não abstrata resulta, absolutamente, de um pretenso formalismo*,[41] *mas constitui, ao contrário, uma resposta estratégica da arte contemporânea ao esteticismo*. O esteticismo não é senão um aspecto particular da desintegração geral dos valores ocorrida nos tempos modernos, no bojo do recuo da paideia cristã. No decorrer dessa desintegração, cada domínio axiológico entra em conflito com os demais e tenta subjugá-los: a política, a economia, a arte e a ciência tornam-se soberanos, tentando, cada um por sua vez, desempenhar

---

Drummond). Basta justapor qualquer um dos sonetos que citamos aos de Geir Campos, poeta paradigmático do estilo de 45:
> *Diz-se que no empíreo os numes aterrados*
> *sem atinar qual providência tomem,*
> *em sobre-humana angústia se consomem*
> *rolando o azar em seu copo de dados*

Esta linguagem afetada nada tem de moderno; não se trata de poesia moderna classicizada, não passa de um produto epigônico do pedantismo neoparnasiano afirmado por volta de 1880. Ora, a representatividade de Geir Campos no que concerne aos "princípios" da geração de 45 é fora de dúvida (toda a crítica o atesta); nestas condições, como supor uma "identificação total" do Drummond de 1950, com esses... princípios?

[40] Ver Herman Broch, "The Style of the Mythical Age" (introdução a Raquel Bespaloff, *On the Iliad*). In: Broch, *Création Littéraire et Connaisance*. Paris, Gallimard, 1966.

[41] Broch se coloca, pois, no extremo oposto do que pensa Georg Lukàcs, *La Signification Présente du Réalisme Critique*. Paris, Gallimard, 1960, p. 86-168.

o papel, agora, vago, da religião, enquanto reunião dos valores supremos da vida social. Assim, ao afastar-se do naturalismo, *o estilo "mítico" busca concentrar-se no essencial para fazer face à crise da cultura.*

O grau de profundidade do lirismo filosófico de Drummond nos permite considerá-lo como manifestação do "estilo mítico" de Broch. A poesia de *Claro Enigma* e de seus livros irmãos é, na verdade, uma escrita do *pensamento*; sua distância em relação à representação realista, concretizante, do mundo é devida às exigências de seu questionamento existencial e de sua aptidão a interrogar, sob a forma de símbolo, a condição humana e a situação espiritual de nossa época. Por essa razão, Drummond vem a ser, após Fernando Pessoa, um dos raros poetas maiores em língua portuguesa que enriquecem a *sabedoria* poética do Ocidente. Na tradição do lirismo português, o modernismo clássico de Drummond representa uma contribuição capital para a superação dessa voz biográfica – sentimental, pobre de pensamento, que até mesmo o modernismo por vezes cultivou em excesso. Um livro como *Claro Enigma* confere enorme peso a uma outra máxima de Broch: "a confissão nada significa, o conhecimento é tudo".[42]

---

[42] Ernst Robert Curtius (*Studi di Litteratura Europea*. Bolonha, Il Mulino, 1963, p. 55) adverte-nos contra a tendência errônea a interpretar o conceito goethiano de "poesia de ocasião" como uma expressão de "estados de alma" subjetivos.

Capítulo IV

O ÚLTIMO LIRISMO DE DRUMMOND
(1962-1968)

Entre areia, sol e grama
o que se esquiva se dá,
enquanto a falta que ama
procura alguém que não há.
....
Já nem se escuta a poeira
que o gesto espalha no chão.
A vida conta-se, inteira,
em letras de conclusão.
....
E apenas resta
um sistema de sons que vai guiando
o gosto de dizer e de sentir
a existência verbal
                a eletrônica
e musical figuração das coisas.

1. LIÇÃO DE COISAS

Lição de Coisas, surgido em 1962, é um volume perfeitamente ordenado: seus 33 poemas se colocam sob nove rubricas temáticas (origem, memória, ato, lavra, companhia, cidade, ser, mundo, palavra). Por outro lado, a disposição dos textos segundo os assuntos (mesmo quando estes se superpõem) era já sensível em *A Rosa do Povo,* ao passo que o emprego de etiquetas temáticas para cada grupo de poemas remonta a *Claro Enigma.* Desde *Les Fleurs du Mal,* a poesia ocidental tem dado provas de uma tendência para a arquitetura dos volumes líricos no nível da distribuição dos poemas. Drummond dividirá ainda seu antepenúltimo livro, *Boitempo.*

Do ponto de vista da forma, *Lição de Coisas* representa uma cesura em relação aos aspectos mais característicos do "quarteto" dominado por *Claro Enigma.* O próprio autor achou oportuno explicar-se. À edição original (José Olympio, Rio), acrescentou a seguinte nota: "O poeta abandona quase completamente a forma fixa que cultivou durante certo período, voltando ao verso que tem apenas a medida e o impulso determinados pela coisa poética a exprimir. Pratica, mais do que antes, a violação e a desintegração da palavra, sem entretanto aderir a qualquer receita poética vigente".

Devemos, por conseguinte, esperar um retorno vigoroso do verso livre e da linguagem "experimental", restabelecidos no Brasil, nos anos 1950, pela prosa sinfônica de Guimarães Rosa (1908-1967) e preconizada pelos grupos de vanguarda em São Paulo, no Rio e em Minas Gerais.[1] Na verdade, o "quase completo" abandono das formas fixas que Drummond anunciava deixa subsistir ao menos 12 peças metrificadas, portanto, mais de um terço de *Lição de Coisas.* Além de dois belos sonetos em decassílabos regulares,[2]

---

[1] Esses movimentos cf. o concretismo ou o grupo tendência – chegaram à abolição da sintaxe com o pretexto de "concretizar" a linguagem poética.

[2] Os hiatos de "Destruição", nos versos 1 e 5, não tiram, evidentemente, o caráter métrico ao soneto.

um em versos brancos, outro rimado, "Destruição" (LC, 337) e "Carta" (LC, 349), há poemas em verso curto – redondilha menor, "Para sempre" (LC, 349); em hexassílabos, "Vermelho" (LC, 327); em redondilha maior, "Os dois vigários" (LC, 335); em octossílabos, "Aniversário" (LC, 348) – e, enfim, seis poemas em metros variados: "A palavra e a terra" (LC, 323), "Fazenda" (LC, 326), "O padre, a moça" (LC, 328), "Massacre" (LC, 326), "Mineração do outro" (LC, 337), "Canto do Rio em sol" (LC, 345). É difícil assimilar-lhes os versos ao verso livre; quando muito, alguns desses poemas alternam passagens livres com sequências metrificadas ("A palavra e a terra"), ou bem dão prova de uma espantosa variedade rítmica ("O padre, a moça"). Com essa *nuance*, entretanto, *a hegemonia do verso livre* – que constituía minoria em todo o terceiro período do lirismo drummondiano (ver supra, p. 182-83) – é inegável.

Que foi feito da linguagem "experimental"? O crítico Haroldo de Campos, líder do concretismo paulista, assinala em *Lição de Coisas* uma abertura "a todas as pesquisas que constituem o itinerário da nova poesia: ei-lo incorporando o visual, fragmentando a sintaxe, montando ou desarticulando os vocábulos, praticando a linguagem reduzida".[3] A exploração do visual, isto é, do branco da página, é efetivamente marcada em certos momentos do livro: a primeira parte de "A palavra e a terra", os pequenos poemas "Terras" (LC, 326) e "F" (LC, 258), os jogos tipográficos de "Amar-amaro" (LC, 338), a fragmentação verbal deste último texto, ou de "O padre, a moça", etc. ... O ludismo verbal está todo o tempo presente em *Lição de Coisas*, desde os trocadilhos –

> *Por que amou por que a!mou*
> ....
> *nesse museu do* pardo *indiferente*
>
> ("Amar-amaro")

---

[3] Haroldo de Campos, "Drummond, mestre de coisas". In: *Metalinguagem*. Petrópolis, Vozes, 1967, p. 39-45.

e o isolamento das conjunções ("Amar-amaro") ou sufixos ("Canto do Rio em sol") até o neologismo ("Tarde *dominga*", *in* "Janela", LC, 348; "russuramericanenglish", *in* "A bomba", LC, 352) e a fantasia paronomástica de "Isso é aquilo" (LC, 357) –

> *O fácil o fóssil*
> *o míssil o físsil*
> *a arte o infarte*
> *o ocre o canopo*
> *a urna o farniente*
> *a foice o fascículo*
> *a lex o judex*
> *o maiô o avô*
> *a ave o mocotó*
> *o só o sambaqui*

Saudando o fim da estação neoclassicizante de *Claro Enigma*, Haroldo de Campos vê na poética experimental de *Lição de Coisas* uma "radicalização" do poder de pesquisa do estilo drummondiano, que ele associa às origens modernistas do poeta. Entretanto, a hostilidade do crítico no que diz respeito a tudo o que, em Drummond – 1962, não se concilia com os *slogans* um tanto ou quanto maníacos da "poesia concreta",[4] do mesmo modo que sua incompreensão sectária diante do estilo clássico de *Claro Enigma* sugere um certo anexionismo da parte do teorizador concretista em relação ao grande lírico brasileiro; fica-se, na verdade, com a impressão de que Drummond só é válido na medida em que figura como precursor (e mais tarde, como "adepto") do concretismo... Não é por acaso que o poeta insiste, no fim da nota explicativa citada à página 266, em dissipar esse gênero de mal-entendido. Antônio Houaiss[5] não hesitou em desfazer toda pretensão

---

[4] Haroldo de Campos chega mesmo a declarar que os sonetos não contam; e quanto ao poema capital que é "O padre, a moça", não diz uma palavra!

[5] Ver sua Introdução a Carlos Drummond de Andrade. *Reunião*. Rio de Janeiro, José Olympio, 1969, p. XVII.

a reduzir Drummond a um simples prógono da vanguarda atual, realmente ainda muito pobre, comparada à opulenta produção literária do modernista. Como bom artista moderno (e como bom artista *tout court*), Drummond sempre praticou a experimentação técnica. Não vemos por que teria esperado as receitas ingênuas e estreitas (mesmo quando se ornamentam com as mais sofisticadas teorias do dia) das vanguardas atuais para "jogar com a linguagem". Sua obra inteira é testemunho, como vimos, do mais vivo espírito de pesquisa formal e linguística.

Na verdade, somente o dogmatismo de certas seitas de vanguarda se mostra capaz de permanecer cego diante da novidade técnica do período "clássico" de Drummond. Julgá-lo passadista em virtude do retorno ao metro ou ao soneto não passa de uma lamentável confusão entre a forma externa do poema e sua forma interior – a única decisiva para a semântica literária. No que concerne à dimensão lúdica e metalinguística do lirismo, as sábias e originais arquiteturas poéticas do estilo de *Claro Enigma* não são, absolutamente, menos vigorosas que o experimentalismo mais "ousado" – afinal bastante esporádico – de *Lição de Coisas*. Não é, portanto, a atitude experimental que define a escrita lírica do décimo volume de Drummond; é, antes, a combinação do ludismo verbal com *a volta do estilo mesclado*. Ao passo que este sofre, nos quatro livros do terceiro período, notável enfraquecimento, a maior parte dos textos de *Lição de Coisas* se afasta do tom aristocrático, da pátina clássica dos poemas do "quarteto".

Propusemos (p. 262) considerar a elocução "pura" e nobre de *Claro Enigma* como uma manifestação do "estilo mítico" na acepção de Broch. Negligenciando as virtualidades "realistas", individualizantes, concretizantes, do "estilo mesclado" descrito por Erich Auerbach, a escrita aristocrática de Drummond procura concentrar-se nos dados genéricos da condição humana; a elocução classicizada pratica uma "abstração não teórica" (Broch) *em virtude de sua devoção à problemática filosófica*. Certamente, a elocução mesclada, e seu traço mais característico – a coabitação do tom problemático com as r*es* ou *verba* vulgares – não são desconhecidos de algumas das mais altas realizações do "estilo mítico". A obra de Kafka, modelo, segundo Broch, do "estilo mítico" na literatura contemporânea, é a prova. Entretanto, *quando o abstracionismo inerente ao estilo mítico coincide com o afastamento das referências "baixas", a visão "mítica" se classiciza*. Isso ocorreu, por exemplo, na poesia neossimbolista de Valéry, de Rilke ou de Saint-John Perse, da mesma maneira que em um certo período do lirismo de T. S. Eliot (na altura dos *Four Quartets*); e isso se realizou no Brasil, igualmente, numa "estação" específica da obra de Murilo Mendes e de Carlos Drummond de Andrade. O estilo de um dos heterônimos de Fernando Pessoa, Ricardo Reis, é também claramente "mítico" e classicizado ao mesmo tempo.

A diferença entre os dois tipos de "estilo mítico", classicizado e não, não importa naturalmente em qualquer distinção de valor. Assim, pois, o que nos interessa é apenas reconhecer um fato essencial: o fato de que *Drummond tenha escolhido a escrita classicizada como uma estratégia absolutamente legítima* (tal como o demonstra o valor estético dos autores que acabamos de citar) *para construir uma representação "mítica" do mundo, isto é, uma figuração poética adequada à reflexão filosófico-existencial*. A esse propósito, é oportuno observar que o próprio Drummond não deixou de ter consciência no plano teórico da função expressiva do estilo "puro". Analisando a poesia de Américo Facó, também bastante clássica, reconheceu que a "forma aristocrática" não era gratuita, mas antes o resultado de certas necessidades estéticas surgidas com a própria evolução do modernismo. Ouçamo-lo: "Facó surge tarde, e não podia surgir antes, porque nem o formalismo parnasiano, a que rendeu culto na juventude, nem o antiformalismo modernista, de que se manteve afastado embora não lhe fosse hostil, conviriam à criação da linguagem poética adequada à sua natureza, e ao gênero de sensações que buscaria exprimir. Seu verbo tinha de constituir-se pela revalorização da forma aristocrática a serviço de um pensamento caprichoso, que se não deixa possuir ao primeiro enlace, e se prolonga sutilmente à custa das ambiguidades e subentendidos próprios de um tratamento especial da palavra".[6] Este pensamento "caprichoso", "sutil" e "ambíguo", que exige uma linguagem "especial" – "poesia nobre" – não representa a especulação filosófica de *Claro Enigma*?

Se Drummond classicizou sua escrita em função de uma reflexão existencial, não é difícil explicar por que seu estilo "puro" tende a modificar-se logo que a característica maior do terceiro período do verso drummondiano – a hipertrofia do poema filosófico – entra em declínio. Em *Lição de Coisas*, somente um terço dos textos prolonga a inquietação filosófica que predominou na época de *Claro Enigma*. Essa inquietação é encontrada no centro de "A palavra e a terra"; "O padre, a moça"; "Os dois vigários"; "Remate" (LC, 336); "Destruição"; "Mineração do outro"; "Amar-amaro"; "O retrato malsim" (LC, 347); "*Science fiction*" (LC, 347) e "Isso é aquilo". É preciso ainda fazer notar que as peças verdadeiramente longas – "O padre, a moça", "Os dois vigários" – não são polifonias líricas esquadrinhando motivos metafísicos, como pouco antes "Sonho de um sonho", "Cantiga de enganar", "A máquina do mundo", "Escada", "Elegia" (FA), "Canto órfico", "Nudez" ou "Ciclo" – mas antes poemas *narrativos* de *conclusão* filosófica.

Em *Lição de Coisas*, as páginas de interrogação ético-metafísicas alternam com poemas francamente – e deliciosamente – leves, como "O muladeiro" (LC, 326) –

José Catumbi
estava sempre chegando
da Mata.
O cheiro de tropa
crescia pelas botas acima.
O chapéu tocava o teto
da infância.

---

[6] Carlos Drummond de Andrade, "Américo Facó" – poesia nobre. In: *Passeios na Ilha* (1952). *Obra Completa*. Rio de Janeiro, Aguilar, 1967, p. 689-92.

> *As cartas traziam*
> *cordiais saudações.*
>
> *José Catumbi*
> *estava sempre partindo*
> *no mapa de poeira.*
> *Almoçava ruidoso,*
> *os bigodes somavam-se de macarrão.*
> *As bexigas*
> *não sabiam sorrir.*
> *As esporas tiniam*
> *cordiais saudações.*

este *flash* humorístico, com sua sintaxe despojada de *oratio saluta* e os *enjambements* em *staccato*, lembra muito mais os *sketches* de *Alguma Poesia* que as estruturas complexas de tons graves dos poemas dos anos 1950.

O fim do "imperialismo" da poesia filosófica não o impede, seguramente, de manter o nível bem elevado. O lirismo filosófico de *Lição de Coisas* é, por outro lado, bastante original em relação às meditações do quarteto. Desenvolve-se em quatro direções: a poesia sobre a poesia (ou metalirismo); a poesia erótica; a poesia do eu; a perplexidade diante da ordem do ser ou do problema do mal.

Seguindo-se ao poderoso pensamento *historial* da poética do "Canto órfico" (ver supra, p. 238-44), as poéticas de *Lição de Coisas* representam um retorno à filosofia da linguagem. O tema da natureza fugidia e traiçoeira das palavras, modulado, lembremo-nos, em "O lutador" (J) e "Procura da poesia" (RP), volta ao primeiro plano; mas já não acabrunha o poeta, pois as esquivas da forma são denunciadas a partir de uma nova fé nos poderes do fazer poético. A forma é sempre rebelde, mas ela enche

> *... o largo armazém do factível*
> *onde a realidade é maior do que a realidade.*
>
> ("F", LC, 358)

O comércio com a linguagem aumenta o conhecimento do real. De modo muito instrutivo, o poema "Isso é aquilo" (LC, 357) – que Mário Chamie com muita finura ligou à ambiguidade consubstancial à visão do mundo de Drummond, verdadeiro epistemólogo do cara ou coroa[7] – se bem que se trate antes de tudo de um sutil estudo da paronomásia e da palavra-puxa-palavra em geral – já não abre as seções "ser" ou "mundo", mas a intitulada "palavra". É pela linguagem, parece dizer Drummond, que se consegue apreender a eterna metamorfose do real; a linguagem é nosso único guia num universo, em que isto é sempre (também) aquilo.

O metalirismo de *Lição de Coisas* reitera assim a vocação filosófica da poesia sobre a poesia em Drummond. Pois a linguagem é eminentemente designativa –

O nome é bem mais do que nome: o além-da-coisa,
coisa livre da coisa, circulando.

("A palavra e a terra", LC, 323)

e o profundo respeito pelo significante que tem Drummond nunca degenera nesse funesto extravio tão caro aos "gramatólogos" de nossos dias – o esquecimento do significado. A metafísica de Drummond torna-se uma espécie de nominalismo positivo –

... a essência
é o nome, segredo egípcio que recolho
para gerir o mundo no meu verso?

(Ib.)

A linguagem é doadora de existência. Como em Rilke, a palavra poética se apropria dos seres, perpetuando-os.

Tudo é teu, que enuncias. Toda forma
nasce uma segunda vez e torna
infinitamante a nascer...
....
E a palavra, um ser
esquecido de quem o criou;...

(Ib.)

---

[7] Mário Chamie, "Ptyx, o poeta e o mundo". Suplemento Literário de *O Estado de S. Paulo,* São Paulo, 27 de outubro de 1962.

"A palavra e a terra" reúne três motivos líricos: a lembrança da terra natal, a filosofia da linguagem, o sentimento da finitude. As duas primeiras seções do poema erigem Itabira rememorada em era arqueológica (mediante o trocadilho aurinaciano / auritabirano). A quarta é uma invocação mágica da flora de Minas simplesmente pela força do nome – do nome que guarda a essência tangível dos objetos da lembrança e da imaginação, como os topônimos de *Du côté de chez Swann*. Enfim, a última seção canta o *dépassement* dos conteúdos efêmeros do vivido no permanente do verbo –

> *Que importa este lugar*
> *se todo lugar*
> *é ponto de ver e não de ser?*
> *E esta hora, se toda hora*
> *já se completa longe de si mesma*
> *e te deixa mais longe da procura?*
> *E apenas resta*
> *um sistema de sons que vai guiando*
> *o gosto de dizer e de sentir*
> *a existência verbal*
>   *a eletrônica*
> *e musical figuração das coisas?*

A palavra poética atende ao voto mais ardente do poeta: a reintegração do "fazendeiro do ar" nas suas raízes. Eis por que essa peça metalírica sozinha preenche a seção "origem". O preço da reintegração é, por um lado, a mineralização do eu, esse *sono* no seio da terra, buscado pela musa existencial de Drummond desde *A Rosa do Povo*, e que explica o simbolismo arqueológico da abertura –

> *Aurinaciano*
>   *o corpo na pedra*
>   *a pedra na vida*
>   *a vida na forma*
> *Aurinaciano*
>   *o desenho ocre*
>   *sobre o mais antigo*
>   *desenho pensado*

> *Aurinaciano*
> *touro de caverna*
> em pó de oligisto
> *lá onde eu existo*
> *Auritabirano*

O corpo na pedra / a pedra na vida não é a expressão mais sintética – a fórmula nominal – do ideal da "vida menor", desse sono perfeito, fora do tempo, mas que nem por isso deseja a morte, que o poema de *A Rosa do Povo* (RP, 355; v. supra p. 141-42) explicitou pela primeira vez? Porém eis que "A palavra e a terra" por sua vez explicita uma das significações intrínsecas (se bem que latentes) do nirvana telúrico de Drummond: seu caráter edipiano. Não é interessante verificar que o poeta incluindo-se na pedra e no ferro (oligisto, óxido natural do ferro) de Itabira, só evoca, entre os elementos da pré-história, o aurinaciano e os touros "de caverna"? Não é preciso assinalar a conotação objetal desta última imagem; a nostalgia das cavernas é simbolicamente ligada à mãe e à gratificação total da *libido* durante a existência intrauterina. Quanto ao aurinaciano, trata-se justamente do período pré-histórico em que a arte era dominada pelo tema da mulher grávida, esteatopígica, cujo exemplo clássico é a *Vênus* de Willendorf (Viena). Tal lembrança não nos parece desmotivada, pois os dados arqueológicos do poema são quase todos referências à arte da pré-história: (a vida *na forma*; o *desenho*; *touro de caverna*). A invenção cheia de humor de uma época "auri-tabirana" reforça, assim, o sentido libidinal do telurismo drummondiano. Em Édipo em Colona, Sófocles nos mostra Édipo, expulso de Tebas, morrendo em paz no bosque das Eumênidas, símbolo ctoniano...

Carl Robert (*Oedipus*, 1915) ressaltou o fato de que só a cidade de Beócia, que praticara o culto de Édipo, erigira também um altar a Deméter, a deusa da terra, a mãe (De- meter). A claudicação de Édipo foi aproximada por Claude Lévi-Strauss a uma resistência do pensamento mítico grego em aceitar o fato biológico-sexual do nascimento do ser humano. O mito de Édipo (e de sua mãe fálica, a Esfinge) oculta uma utopia: a utopia da partenogênese da terra.[8]

Inversamente, o extremo desejo da terra traduz de maneira bastante verossímil uma fixação edipiana. O telurismo de Drummond é sem dúvida um domínio inesgotável para uma psicanálise não reducionista. Tratar-se-ia, por outro lado, menos de explicar a poesia através de especulações biográficas, que de pôr em evidência a analogia entre esses motivos edipianos e a estrutura profunda do caráter brasileiro – caráter narcisista, próximo do *puer aeternus* de Jung. *O individualismo narcisista, prolongando vários traços da libido infantil, parece ter sido a forma típica de sublimação engendrada no Brasil pela repressividade da sociedade patriarcal.* Cremos ter insistido bastante na ambivalência dos sentimentos de Drummond no que toca ao fenômeno patriarcal. A figura do pai é, em sua poesia, objeto de amor e de hostilidade, ao passo que a imagem da mãe é sempre vista sob uma luz afetiva favorável. A rebelião diante da ordem do pai é bem a fonte de todas as revoltas do verso drummondiano, o húmus original de sua visão crítica do mundo e da sociedade.

Por outro lado, a reintegração do "fazendeiro do ar" nas suas raízes em "A palavra e a terra", é a transfiguração de Itabira, tornada sol mítico, terra imemorial, resgatada ao tempo e à história –

Agora sabes que a fazenda
é mais vetusta que a raiz

....

O que se libertou da história,
ei-lo se estira ao sol, feliz.
Já não lhe pesam os heróis
e, cavalhada morta, as ações.

---

[8] Ver a interpretação psicanalítica da escultura paleolítica por P. Heilbronner, citada em Géza Róheim, *Origine et Fonction de la Culture*. Paris, Gallimard, 1972, p. 147-48. Para os aspectos maternais e telúricos do mito de Édipo, ver Erich Fromm, *Le Langage Oublié*. Paris, Payot, 1953, p. 159-85 e também Claude Lévi-Strauss, *Anthropologie Structurale*. Paris, Plon, p. 235-40.

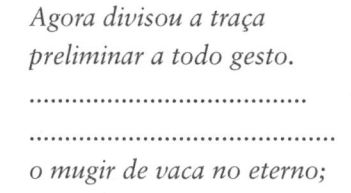

> *Agora divisou a traça*
> *preliminar a todo gesto.*
>
> ....
>
> ....
>
> *o mugir de vaca no eterno;*

"A palavra e a terra" celebra um rito: o rito (secreto) da liberação da história, da conquista da eternidade – rito egípcio como as cores dos bois de que falavam os terríveis antepassados de *Claro Enigma* (v. supra, p. 231). O que havia de dramático e doloroso no beijo dos antepassados de "Os bens e o sangue", este poema lacônico e luminoso transforma em motivo de pura alegria: o reencontro final com a origem. "A palavra e a terra" traça a *figura* de Drummond no sentido cristão da palavra: a vivência pessoal eternizada, fixada *per omnia saecula*.

Drummond *tel qu'en lui-même*... A resposta afirmativa à sua própria pergunta –

> *Quando te condensas, atingindo*
> *o ponto fora do tempo e da vida?*
>
> (Ib.)

O lirismo do terceiro período deu à poesia erótica a profundidade intelectual que se sabe. Em *Lição de Coisas*, a seção "lavra" contém três meditações filosóficas sobre Eros. A primeira, o soneto branco "Destruição" (LC, 337), evoca a desilusão, as imagens raras e os paradoxos conceitistas da musa erótica de *A Vida Passada a Limpo* (ver, por exemplo, "Véspera", VPL, 310) –

> ....
>
> *Amantes são meninos estragados*
> *pelo mimo de amar: e não percebem*
> *quanto se pulverizam no enlaçar-se,*
> *e como o que era mundo volve a nada.*
>
> *Nada, ninguém. Amor, puro fantasma*
> *que os passeia de leve, assim a cobra*
> *se imprime na lembrança de seu trilho.*

> *E eles quedam mordidos para sempre.*
> *Deixaram de existir, mas o existido*
> *continua a doer eternamente.*

Chama também a atenção a expressividade das aliterações do quarteto (m, p, v, d) e dos versos 10-11 (grupo consonantal à base de *r*). "Mineração do outro" (LC, 337), construído em decassílabos bem flexíveis, desenvolve o motivo da "lavra" – da prospecção fatal a que se abandonam os enamorados.

> *Os cabelos ocultam a verdade.*
> *Como saber, como gerir um corpo*
> *alheio?*
> *Os dias consumidos em sua lavra*
> *significam o mesmo que estar morto.*
>
> *Não o decifras, não, ao peito oferto,*
> *mostruário de fomes enredadas,*
> *ávidas de agressão, dormindo em concha.*
> *Um toque, e eis que a blandícia erra em tormento,*
> *e cada abraço tece além do braço*
> *a teia de problemas que existir*
> *na pele do existente vai gravando.*
> ....
> *O corpo em si, mistério: o nu, cortina*
> *de outro corpo, jamais apreendido,*
> *assim como a palavra esconde outra*
> *voz, prima e vera, ausente de sentido.*
> *Amor é compromisso*
> *com algo mais terrível do que amor?*
> *– pergunta o amante curvo à noite cega,*
> *e nada lhe responde, ante a magia:*
> *arder a salamandra em chama fria.*

O crítico Alexandre Eulálio ressaltou a feição "cultista" da imagem final,[9] que recorda, com efeito, por sua fina melopeia, centrada na assonância (an), e sobretudo

---

[9] Alexandre Eulálio, "*Lição de Coisas*, lição de fidelidade". *Jornal de Letras*, Rio de Janeiro, dezembro de 1962.

pelo brilho sensorial, os mais belos versos de Góngora; mas esse verso contém ao mesmo tempo o mais audacioso conceitismo, já que a salamandra, tradicionalmente estimada como capaz de atravessar o fogo sem se queimar, aqui precisamente *arde* e arde atravessando uma chama... *fria!* este duplo paradoxo, "magia" que resume o "mistério" do corpo "indecifrável", coroa com um maravilhoso *concetto* toda uma série de soberbas metáforas e figuras (fomes *enredadas* / a blandícia *erra* / e cada abraço tece além do *braço* / *teia* de problemas / existir – existente / nu, *cortina* de outro corpo / noite cega). O léxico nobre, de tom elegíaco, de "Mineração" contrasta com o ritmo febril e os jogos gráfico-verbais sarcásticos de "Amar-amaro" (LC, 338).

Os poemas "O retrato malsim" e *"Science fiction"* levam o gosto das questões metafísicas para a órbita do eu. "O retrato malsim" (LC, 347) pinta o lado frio, cerebral, sadomasoquista e niilista das *personae* líricas drummondianas –

> *O inimigo maduro a cada manhã se vai formando*
> *no espelho de onde deserta a mocidade.*
> *Onde estava ele, talvez escondido em castelos escoceses?*
> *em cacheados cabelos de primeira comunhão?*
> *onde, que lentamente grava sua presença*
> *por cima de outra, hoje desintegrada?*
>
> *Ah, sim: estavas na rigidez das horas de tenência orgulhosa,*
> *no morrer em pensamento quando a vida queria viver.*
> *Estava primo do outro, dentro,*
> *era o outro, que não se sabia liquidado,*
> *verdugo expectante, convidando a sofrer;*
> ....

O "inimigo" é uma espécie de *alter ego* hostil, Mister Hyde ou retrato de Dorian Gray, há muito escondido no sangue do poeta. De onde a alusão aos "castelos escoceses", origem longínqua de Drummond. Já o "Canto negro" (CE, 258) falava de um "brasão escócio". Abgar Renault – membro da geração modernista de Minas, fino tradutor de poetas anglo-saxões e germânicos – apreendeu bem o caráter *britânico* do humor drummondiano.[10] Abgar Renault estabelece um curioso paralelo entre Drummond, descendente de escoceses por sua mãe, e o poeta William Drummond of Hawthornden (1585-1649), spenseriano atrasado, que, segundo Ben Jonson, "*smelled too much of the schools*"[11] mas cujas platônicas *Flowers of Sion* (1623) constituem para George Sampson "*a kind of link between Spenser and Shelley*".[12] William Drummond, que recebeu em 1619, como líder da vida literária em Edimburgo, a visita de Jonson,[13] foi um honesto artista do soneto; deixou-nos um muito bom sobre João Batista. ("*The last and greatest herald of heaven's King / Girt with rough skins, hies to the deserts wild...*"). Abgar Renault acha seu retrato gravado de uma espantosa semelhança com Carlos Drummond de Andrade. Somos tentados a acrescentar um outro elemento comum, desta vez moral. Na verdade, enquanto a maior parte dos poetas escoceses da época foi morar na Inglaterra de Jacques Stuart, Drummond fugiu para as suas terras de Hawthornden, logo após a morte do pai, fidalgo da corte. Este escocês sensível e culto, cuja poesia é obcecada pela morte, não prefigura um pouco a obsessão da terra e dos seus do cantor de Itabira?... Não esqueçamos, de resto – no que se refere à britanicidade do Drummond brasileiro – que os mineiros são muito justamente considerados "os ingleses do Brasil"...

---

[10] Abgar Renault, "Notas sobre um dos aspectos da evolução da poesia de C. Drummond de Andrade". *Revista Acadêmica*, Rio de Janeiro, julho de 1941.

[11] Ver do crítico escocês David Daiches, *A Critical History of English Literature*. Londres, Secker & Warburg, 1961, p. 530 (2 vols.).

[12] G. Sampson, *The Concise Cambridge History of English Literature*. Cambridge, Cambridge University Press, 1937, p. 194.

[13] As *Conversações* de Jonson com Drummond, se bem que de autenticidade duvidosa (George Sampson, op. cit., p. 193), possuem, apesar de tudo, autoridade como documento sobre as ideias literárias do autor de *Volpone*. Ver sobre esse assunto F. W. Bradbrook, "*Ben Jonson's poetry*". In: Boris Ford et al., *From Donne to Marvell*. Londres, Pelican, 1956, p. 132-33.

"*Science fiction*" (LC, 347), fantasia de um sombrio humor, aborda nosso antigo conhecido, o instinto de morte, fonte e raiz da esquizofrenia moral descrita por "O retrato malsim" –

> O marciano encontrou-me na rua
> e teve medo de minha impossibilidade humana.
> Como pode existir, pensou consigo, um ser
> que no existir põe tamanha anulação de existência?
>
> Afastou-se o marciano, e persegui-o.
> Precisava dele como de um testemunho.
> Mas, recusando o colóquio, desintegrou-se
> no ar constelado de problemas.
>
> E fiquei só em mim, de mim ausente.

A introspecção filosófica de *Lição de Coisas* deixa suspeitar uma certa desafeição pela sabedoria do nirvana, cantada em obras-primas do período clássico, como "Elegia" ou "Nudez".

Esta "paixão do nirvana", além disso, se tingia de uma visão do mundo decididamente contrária a toda teodiceia. Em 1962, Drummond se inclina de novo sobre o problema da desordem do mundo e da indiferença divina. Este é de fato o quadro metafísico do longo poema narrativo em dez partes "O padre, a moça" (LC, 328), sem dúvida a página mestra de *Lição de Coisas*. O elemento de interrogação filosófica permanece longo tempo velado –

> 1. O padre furtou a moça, fugiu.
>   Pedras caem no padre, deslizam.
>   A moça grudou no padre, vira sombra,
>   aragem matinal soprando no padre.
>   Ninguém prende aqueles dois,
>   aquele um
>   negro amor de rendas brancas.
>   Lá vai o padre,
>   atravessa o Piauí, lá vai o padre,
>   bispos correm atrás, lá vai o padre,

> *lá vai o padre, a maldição monta cavalos telegráficos,*
> *lá vai o padre lá vai o padre lá vai o padre,*
> *diabo em forma de gente, sagrado.*
>
> *Na capela ficou a ausência do padre*
> *e celebra missa dentro do arcaz.*
> *Longe o padre vai celebrando vai cantando*
> *todo amor é o amor e ninguém sabe*
> *onde Deus acaba e recomeça.*

O tom lírico continua submisso à dinâmica da narrativa, vigorosamente refletido pela parataxe. Toda a primeira estrofe, fugindo à amplidão sintática do *periodus*, tendendo claramente para a *oratio perpetua*, isto é, para a rápida sucessão das proposições autônomas, desprovidas de conjuntivos, serve admiravelmente à pintura viva da ação. O poema abre precisamente a seção "ato". O frenético impulso é, por assim dizer, anunciado no insólito título: lá onde esperávamos um *e* (o padre e a moça), uma simples vírgula nos lança em pleno movimento narrativo. A rapidez da ação se torna logo a dominante, desde as curtas proposições finais dos dois primeiros versos –

> *O padre furtou a moça, / fugiu.*
> *Pedras caem no padre, / deslizam.*

Culmina com o crescendo da repetição proposicional (lá vai o padre).[14] A *stasis* lírica se refugia nos segmentos antitéticos:

> negro *amor de rendas* brancas.
> diabo *em forma de gente*, sagrado.
> onde *Deus* acaba *e* recomeça.

A segunda parte, verdadeiro *morceau de bravoure* da arte drummondiana do *enjambement*, prolonga a rítmica delirante da fuga e perseguição. Mas termina por uma espécie de coro escandido, em que a voz do povo do sertão confessa seu fracasso diante do satanismo e do

---

[14] Bem analisada por Gilberto Mendonça Teles, *Drummond – a Estilística da Repetição*, cit., p. 154-55.

charme do padre-sedutor. Essa voz anônima retorna na terceira parte –

> 3. *Em* o padre não perdoa*: lá vai*
> *levando o Cristo e o Crime no alforge*
> ....
>
> *Em cem léguas de sertão*
> *é tudo estalar de joelhos*
> *no chão,*
> *é tudo implorar ao padre*
> *que não leve outras meninas*
> *para seu negro destino*
> *ou que as leve tão de leve*
> *que ninguém lhes sinta a falta,*
> *amortalhadas, dispersas*
> *na escureza da batina.*
> *Quem tem sua filha moça*
> *padece muito vexame;*
> *contempla-se numa poça*
> *de fel em cerca de arame.*
>
> *Mas se foi Deus quem mandou?*
> *Anhos imolados*
> *não por sete alvas espadas*
> *mas por um dardo do céu:*
> *que se libere esta presa*
> *à sublime natureza*
> *de Deus com fome de moça.*
> *Padre, levai nossas filhas!*
> *O vosso amor, padre, queima*
> *como fogo de coivara*
> *não saberia queimar.*
> *E o padre, sem se render*
> *ao ofertório das virgens,*
> *lá vai, coisa preta no ar.*

A paronomásia, o trocadilho (o Cristo e o Crime; que as leve tão de leve), a hipérbole (Em cem léguas de sertão / é tudo estalar de joelhos / no chão), as imagens rústicas (análogas ao léxico do gênero do "grudou" do verso 3, 1ª parte):

> *Quem tem sua filha moça*
> *padece muito vexame;*
> *contempla-se numa poça*
> *de fel em cerca de arame.*

e blasfematórias (Deus com fome de moça), tudo concorre para sublinhar o poder demoníaco do proscrito-taumaturgo. Entretanto, o padre sucumbirá à "astúcia de Deus": ele viverá – para o grande desgosto de sua amante – a degradação de seu amor. As partes 4, 5, 6 e 7 narram a angústia do homem tornado estranho à volúpia do sacrilégio; do homem tentado em vão pelo Príncipe do Mal – do homem, enfim, chegado à responsabilidade nua e total, escravo apenas de sua liberdade –

> 7. *Quando lhe falta o demônio*
> *e Deus não o socorre;*
> *quando o homem é apenas homem*
> *por si mesmo limitado,*
> *em si mesmo refletido;*
> *e flutua*
> *vazio de julgamento*
> *no espaço sem raízes;*
> *e perde o eco*
> *de seu passado,*
> *a companhia de seu presente,*
> *a semente de seu futuro;*
> *quando está propriamente nu;*
> *e o jogo, feito*
> *até a última cartada da última jogada.*
> *Quando. Quando.*
>   *Quando.*

Assim a narração da história popular, logo referida à lenda da "mula-sem-cabeça" (encarnação folclórica do padre pecador), e que terminará com o perdão divino, concedido numa epifania barroca (fim da 10ª parte) aos fugitivos encurralados, vem integrar a especulação ética de Drummond, sua exaltação quase existencialista da consciência individual, sua repugnância em justificar *a priori* a partilha estabelecida entre o bem e o mal.

A problematização do pecado fornece também sua conclusão filosófica ao outro texto "clerical", "Os dois vigários" (LC, 335) –

> Há cinquenta anos passados,
> Padre Olímpio bendizia,
> Padre Júlio fornicava.
> E Padre Olímpio advertia
> e Padre Júlio triscava.
> Padre Júlio excomungava
> quem se erguesse a censurá-lo
> e Padre Olímpio em seu canto
> antes de cantar o galo
> pedia a Deus pelo homem.
> Padre Júlio em seu jardim
> colhia flor e mulher
> num contentamento imundo.
> Padre Olímpio suspirava,
> Padre Júlio blasfemava.
> Padre Olímpio, sem leitura
> latina, sem ironia,
> e Padre Júlio, criatura
> de Ovídio, ria, atacava
> a chã fortaleza do outro.
> . . . .

Padre Olímpio respeitava a ordem social, Padre Júlio a desprezava. Mas o padre virtuoso começa a pôr em dúvida a impassibilidade do céu diante das faltas do pecador, e em sua mansuetude exemplar, toma sobre si os crimes do outro, torna-se cada vez mais ascético. Em vão: os fiéis abandonam a austera virtude de um, atraídos pela malícia do mau padre, até o dia em que o céu pronuncia sua impenetrável sentença –

> Dois raios, na mesma noite,
> os dois padres fulminaram.
> Padre Olímpio, Padre Júlio
> iguaizinhos se tornaram:
> onde o vício, onde a virtude,

> *ninguém mais o demarcava.*
> *Enterrados lado a lado*
> *irmanados confundidos,*
> *dos dois padres consumidos*
> *juliolímpio em terra neutra*
> *uma flor nasce monótona*
> *que não se sabe até hoje*
> *(cinquenta anos se passaram)*
> *se é de compaixão divina*
> *ou divina indiferença.*

Não seria Padre Olímpio o mesmo que figura nos romances *Fronteira* (1935) e *Repouso* (1949) de Cornélio Pena, o outro grande itabirano da literatura brasileira? Maria Santa, a estranha mística de *Fronteira*, comparando este padre a Jesus, diz que ele "sofre do remorso alheio" (cap. XXVI), tal como o Olímpio de "Os dois vigários" sofria dos pecados dos outros. Este conto mineiro, cujo ritmo musculoso se apoia fortemente em toda uma rede de antíteses, coloca a *tendência narrativa, característica do último estilo de Drummond*, sob o signo da antiteodiceia. Como "O padre, a moça" ele lança uma luz metafísica sobre a mitologia coletiva da província natal do poeta.

Em *Lição de Coisas*, como assinalamos, a proporção dos poemas filosóficos em relação ao total sofre uma acentuada redução. É tempo de dizer uma palavra sobre as outras zonas líricas do volume, afastadas da reflexão metafísica. É o caso, por exemplo, da poesia de celebração. O lirismo drummondiano do terceiro período submetera a musa epidíctica ao império do pensamento especulativo, mas os quatro poemas de *Lição de Coisas* dispostos na seção "companhia" – as três odes "Ataíde" (LC, 339), "Mário longínquo" (LC, 340) e "A Carlito" (LC, 340) e a composição "A mão" (LC, 341) – não exibem inflexões metafísicas. O problematismo existencial ilustrado até há pouco por textos como "A Goeldi" (VPL, 303) ou "A um bruxo, com amor" (VPL, 311) não desempenha qualquer papel determinante nas evocações dos dois heróis drummondianos cantados antes em *A Rosa do Povo*, Mário de Andrade e Carlito, nem no elogio dos pintores

Manuel da Costa Ataíde, contemporâneo do Aleijadinho, e Cândido Portinari ("A mão"). Agora, em compensação, a poesia de celebração trata igualmente de assuntos impessoais. "Para sempre" (LC, 349), um dos *lieder* em redondilha menor mais musicais de Drummond, é consagrado à louvação da mãe. Estes versos simples em tom popular –

> *Por que Deus permite*
> *que as mães vão-se embora?*
> *Mãe não tem limite,*
> *é tempo sem hora,*
> *luz que não apaga*
> *quando sopra o vento*
> *e chuva desaba,*
> *veludo escondido*
> *na pele enrugada,*
> *água pura, ar puro,*
> *puro pensamento.*
> ....

são uma resposta tardia da autenticidade poética do modernismo a um dos mais bombásticos sonetos da tradição parnasiana no Brasil: o célebre "Ser mãe", de Coelho Neto. O "Canto do Rio em sol" (LC, 345) é a homenagem do mineiro à graça feiticeira do Rio. O poema faz alusão à transferência da capital para Brasília, e à transformação da antiga metrópole em estado. A convenção epidíctica passa ao festivo panegírico, cheio de jogos verbais de ritmo ágil –

> *Guanabara, seio, braço*
> *de a-mar:*
> *em teu nome, a sigla rara*
> *dos tempos do verbo mar.*
>
> *Os que te amamos sentimos*
> *e não sabemos cantar:*
> *o que é sombra do Silvestre*
> *sol da Urca*
> *dengue flamingo*
> *mitos da Tijuca de Alencar.*
> ....

*Nunca vi terra tão gente
nem gente tão florival.
Teu frêmito é teu encanto
(sem decreto) capital.*

*Agora, que te fitamos
nos olhos,
e que neles pressentimos
o ser telúrico, essencial,
agora sim, és Estado
de graça, condado real.*

A poesia do cotidiano, que deixamos no princípio do terceiro período ("Desaparecimento de Luísa Porto", NP, 221; ver supra p. 176), inspira "Pombo correio" (LC, 345), *fait divers* liricizado, e os *flashes* humorísticos de algumas lembranças de Itabira ("O muladeiro", LC, 326; "O sátiro", LC, 327), que preludiam a veia cômica das cenas provincianas do volume seguinte. O lirismo de crítica social retorna com "A bomba" (LC, 352). Seus enunciados não constituem versos; limitam-se a repetir o sujeito "a bomba" variando os predicados. Estes oscilam entre a sátira e o grotesco ou o humor-negro. Eis alguns segmentos –

*A bomba
     tem horas que sente falta de outra para cruzar
A bomba
     multiplica-se em ações ao portador e em portadores*
                                                    [sem ação
*A bomba
     faz week-end na Semana Santa
A bomba
     não admite que ninguém a acorde sem motivo grave
A bomba
     saboreia a morte com marshmallow
A bomba
     com ser uma besta confusa dá tempo ao homem*
                                               [para que se salve

Ao humanismo choramingas e superficial da maior parte dos poemas pacifistas, Drummond prefere a eficácia antissentimental da visão grotesca ou satírica.

A poesia do clã familiar naturalmente está presente entre os textos de "memória"; mas ela se encontra também – sem falar do domínio metafísico de "A palavra e a terra" – na seção "ser". A carta à mãe, "Carta" (LC, 349), faz parte dela –

Há muito tempo, sim, que não te escrevo.
Ficaram velhas todas as notícias.
Eu mesmo envelheci: Olha, em relevo,
estes sinais em mim, não das carícias

(tão leves) que fazias no meu rosto:
são golpes, são espinhos, são lembranças
da vida a teu menino, que ao sol-posto
perde a sabedoria das crianças.

A falta que me fazes não é tanto
à hora de dormir, quando dizias
"Deus te abençoe", e a noite abria em sonho.

É quando, ao despertar, revelo a um canto
a noite acumulada de meus dias,
e sinto que estou vivo, e que não sonho.

Trata-se de um soneto em decassílabos heroicos rimados. Os afastamentos em relação ao cânon petrarquista – as rimas cruzadas (em lugar de enlaçadas) nos quartetos, as rimas do segundo quarteto divergindo das do primeiro – pertencem à tradição do soneto metrificado e rimado ao menos desde o século XIX,[15] e a divisão lógica, opondo claramente a oitava aos tercetos, é completamente ortodoxa. Do ponto de vista do gênero lírico, trata-se de um poema dirigido (é uma "carta") a um *interlocutor* do eu lírico, portanto, um soneto que participa da natureza da ode. (Não nos deixemos enganar pelo caráter solene que a palavra ode passou a

---

[15] Basta pensar em Baudelaire. Mas no que toca às rimas cruzadas dos quartetos, já o célebre *Soneto de Jó* de Benserade as empregava.

ter com a literatura dos tempos modernos: esse caráter está longe de ser constante na ode brasileira.)[16]

Paulo Rónai chamou a atenção para a absoluta naturalidade dessas frases, o efeito decididamente antiparnasiano, antiteatral, dos versos em que os *enjambements* (v. 6, 7, 9 e 12) "apagam" as rimas.[17] Ora, essa impressão de naturalidade é devida precisamente à situação de diálogo íntimo criada desde o primeiro verso, que parece responder a uma frase da mãe:

Há muito tempo, sim, que não te escrevo.

Sem nada perder deste tom espontâneo, o verso 2 reforça o sentimento de passagem do tempo mediante uma discreta hipérbole *(todas* as notícias), apoiada no hipérbato que coloca *todas* em posição-chave: na sexta sílaba, a tônica do verso. Logo o verso 3 leva o motivo do tempo passado ao eu lírico: *Eu mesmo envelheci...* ao passo que o "diálogo" se torna também mais direto em virtude pelo recurso do apelo ao imperativo, em que soa a aliteração –

Eu mesmo envelheci: Olha, em relevo,
estes sinais em mim...

O timbre dos acentos métricos do verso 4, i (s*i*na*i*s em m*i*m, não das car*í*cias), repercutindo no "faz*i*as" do verso seguinte, aumenta a ternura da imagem: a música do verso banha de nostalgia a lembrança das suaves carícias maternas. O *i* é, por outro lado, o timbre da sexta sílaba em todo o quarteto: e desse modo sublinha as feridas da vida sugeridas por "espinhos", assim como a falta de proteção do "menino" (da v*i*da ao teu men*i*no) exposto aos golpes da existência. Esses golpes são marcados pelas anáforas do verso 6 –

são golpes, são espinhos, são lembranças

---

[16] Para o conceito de ode, ver a teoria de Wolfgang Kayser (citado à nota 34 do capítulo 1).

[17] Paulo Rónai, "Tentativa de comentário...". In: C.D.A., *José & outros*, cit. (ver nota 1 do capítulo 3), p. XX.

O último eco deste *i* lamentoso serão os acentos do último verso (e s*i*nto que estou v*i*vo...). As vicissitudes do filho ficaram ainda mais pungentes com a idade (é ainda o motivo da passagem do tempo), indicada pela metáfora:... teu menino, que *ao sol-posto*. O conteúdo nostálgico do verso 8, a lembrança da infância, ressoa nas sílabas arrastadas de seu primeiro membro –

perde a sa-be -do-RI / a das crianças

O movimento sintático dos tercetos toma a forma da negação que faz sobressair a afirmação, precedendo-a: A falta que me fazes *não é...* É *quando...* Esta estrutura lógica tão corrente é afetada por valores líricos desde as aliterações dos versos 9 e 10 (A *f*alta que me *f*azes não é *t*anto / à hora *d*e *d*ormir, quan*d*o *d*izias). O verso 11 combina uma bela assonância (abenço*e* / N*oi*te) com a metáfora (e a noite *abria* em sonho). De resto, o metaforismo do soneto, até aqui bastante sóbrio (v. 6, v. 7, v. 11), produz subitamente, nos versos 12-13, imagem de uma audácia que tem qualquer coisa de visionário ou alegórico:

É quando, ao despertar, revejo a um canto
a noite acumulada de meus dias

Imagem muito expressiva, que termina com nosso amargo timbre em -i-. A hipálage do epíteto ("a noite acumulada de meus dias", ao invés de "a noite de meus dias acumulados"), sublinhando a aura trágica da metáfora (a *noite* dos dias), sua marcha moderada –

a noi-te a-cu-mu-La / da de meus dias

suas aliterações (nasais, *d*) –

a n*o*ite *a*cu*m*ula*d*a *d*e *m*eus *d*ias

asseguram o máximo de intensidade poética ao tema do envelhecimento. Do envelhecimento que é aqui, antes de tudo, dolorosa distância em relação à mãe. As repetições diferenciadas de *noite* e *sonho* dizem-no igualmente –

> ... *e a* noite *abria em* sonho.
> ... *revejo a um canto*
> a noite *acumulada de meus dias*
> e sinto que estou vivo, e que não sonho.

No caso de "noite", estamos diante de uma antanáclase insólita pois a palavra repetida muda menos de sentido (como na antanáclase comum) que de estatuto semântico (sentido literal da primeira *noite*, sentido metafórico da segunda – noite de meus dias = velhice). Ao contrário, a repetição de "sonho" (palavra que aparece inicialmente como substantivo, depois como verbo) decorre antes da antítese,[18] e representa, na verdade, o contraste entre a melancólica lucidez da idade madura e o sonho da infância, abençoado pela mãe, que tanta emoção confere aos versos finais.

Sob a aparência de soneto "sentimental", "Carta" é uma das mais altas realizações líricas de Drummond. É a personalização do amor filial de "Para sempre" – e é, ao mesmo tempo, correlato e elegíaco do maternalismo simbólico de "A palavra e a terra". Na sua pureza excepcional, este soneto se inscreve assim sobre o eixo principal da visão drummondiana da vida.

2. BOITEMPO

Boitempo[19] contém 84 poemas divididos em nove seções (Caminhar de Costas; Vida Paroquial; Morar; Bota

---

[18] Notemos o contraste com a repetição antanaclástica da mesma palavra ao fim de "Sonho de um sonho" (CE, 241; ver supra p. 190):

> ....
> *eu via, ai de mim, sentia*
> *que o sonho era sonho, e falso.*

[19] Sobre *Boitempo* (e *A Falta que Ama,* publicado no mesmo volume) ver Fausto Cunha, "*Boitempo* – o que Drummond não diz". *Jornal do Brasil,* Rio de Janeiro, 1º de fevereiro 1969; José Geraldo Nogueira Moutinho, "*Boitempo* I e II". *Folha de S.Paulo,* 9 e 16 de fevereiro

e Espora; Notícias do Clã; Um; Percepções; Relações Humanas; Outras Serras). Este volume de 1968 é, portanto, o mais alentado de Drummond, mas seus textos – à diferença de inúmeros poemas de *A Rosa do Povo* – são frequentemente bem curtos.

Pela primeira vez, o tema de Itabira reina em todo o livro. *Boitempo* é todo ele consagrado à memória de Minas da infância e da puberdade de Drummond. O sentido do tempo vivido associado à fazenda e à cidadezinha rural ressoa na originalidade do título – boi + tempo. O undécimo tomo lírico de Drummond representa, na verdade, um instante privilegiado no incessante diálogo do "homem triste de Itabira", "fazendeiro sem fazenda"[20] com suas origens.

A amplidão do motivo itabirano multiplica os tons e as perspectivas das recordações do poeta. Ela permite logo de início levantar uma verdadeira sociologia da *parochial life* de Minas na *Belle Époque*. A economia, as relações sociais, os usos e costumes acodem insistentemente à memória; constituem o fundo ou mesmo o tema da maior parte dos textos. Itabira é captada em sua produção artesanal ("Censo industrial", B, 32), em seus ritos religiosos ("Procissão do encontro", B, 26), em sua prisão ("Terapia ocupacional", B, 28). As bases materiais do poder dos fazendeiros são apresentadas diretamente em peças como "O fazendeiro e a morte" (B, 56) ou "O banco que serve a meu pai" (B, 64). O olhar sociológico de Drummond se detém com a maior eficácia nos símbolos concretos do regime patriarcal. Eis, por exemplo, a casa senhorial –

1969; Diana Bernardes, *"(Boi)tempo* de Drummond". *Cadernos Brasileiros*, Rio de Janeiro, maio-junho de 1969; José Guilherme Merquior, "Notas em função de *Boitempo*". In: *A Astúcia da Mímese*. Rio de Janeiro, José Olympio, 1972.

[20] Estas expressões se encontram no poema de Abgar Renault "Mensagem ao poeta C. Drummond de Andrade". In: Suplemento Literário de *O Estado de S. Paulo*, 29 de junho 1963; republicado em G. Mendonça Teles, *Drummond – a Estilística da Repetição*, cit., p. XXVII-XXIX. A "Mensagem" de Abgar Renault é ao mesmo tempo um admirável texto poético e um fino retrato psicológico do artista de Itabira.

> *Há de dar para a Câmara,*
> *de poder a poder.*
> *No flanco, a Matriz,*
> *de poder a poder.*
> *Ter vista para a serra,*
> *de poder a poder.*
> *Sacadas e sacadas*
> *comandando a paisagem.*
> *Há de ter dez quartos*
> *de portas sempre abertas*
> *ao olho e pisar do chefe.*
> *Areia fina lavada*
> *na sala de visitas.*
> *Alcova no fundo*
> *sufocando o segredo*
> *de cartas e baús*
> *enferrujados.*
> *Terá um pátio*
> *quase espanhol vazio*
> *pedrento*
> *fotografando o silêncio*
> *do sol sobre a laje,*
> *da família sobre o tempo.*
>
> ("Casa", B, 39)

Mas o poder dos senhores da terra é também descrito nos seus ridículos: a sociabilidade rígida ("Recinto defeso", B, 43), seus eternos inadaptados ("Os excêntricos", B, 123), o evasionismo inofensivo de seus revoltados ("A Alfredo Duval", B, 129).

Esta pintura social não negligencia, bem entendido, o passado imediato da ordem patriarcal. A escravidão, evocada pelo lirismo drummondiano desde *Alguma Poesia*, é uma sombra histórica constante. Se a anedota do avô que captura o escravo fugido, que se tornara ator itinerário ("O ator", B, 12), se situa ainda no tempo do Império, a situação servil dos negros sobrevive à Abolição (1888) –

> *Na Penha, o ribeirão fala tranquilo*
>
> *que Joana lava roupa desde o Império*

> e não se alforriou desse regime
> por mais que o anil alveje a nossa vida.
> ("Repetição", B, 97)

De resto, vista de Itabira, a proclamação da República (1889) confirma o caráter superficial da mudança de regime –

> A proclamação da República chegou às 10 horas da noite
> em telegrama lacônico.
> Liberais e conservadores não queriam acreditar.
> Artur Itabirano saiu para a rua soltando foguete.
> Dr. Serapião e poucos mais o acompanhavam
> de lenço incendiário no pescoço.
> Conservadores e liberais recolheram-se ao seu infortúnio.
> O Pico do Cauê quedou indiferente
> ("15 de novembro", B, 17)

"Liberais e conservadores" (verso 3) ou bem "conservadores e liberais" (v. 7): boné branco ou branco boné: os partidos da monarquia eram ambos igualmente plutocráticos, pensava já Joaquim Nabuco. Mas a ironia vai mais longe: as montanhas de Itabira permanecem indiferentes aos republicanos em festa, como se soubessem que a República em nada modificaria a estrutura social do colosso agrário brasileiro. Com efeito, sob a Velha República, que durou até 1930, mesmo o reformismo liberal fracassou sendo esse fracasso ilustrado pela derrota de Rui Barbosa frente ao Marechal Hermes da Fonseca, tratada de modo muito humorístico em "Primeira eleição" (B, 121).

O quadro provinciano, tão visível no plano das instituições sociais, não está menos presente no nível da vida individual. *Boitempo* narra a infância em Itabira: os jogos ("O banho", B, 25), os medos ("O diabo da escada", B, 80; "Tempestade", B, 106), as relações com os empregados ("O diabo da escada"), os animais ("Surpresa", B, 58; "Tortura", B, 84; "Cisma", B, 48), a escola ("Descoberta", B, 88), os primeiros livros ("Fim", B, 83), a criação literária ("Primeiro conto", B, 79), o erotismo ("O banho"; "A puta", B, 98), a morte ("Os chamados",

E, 66; "O preparado", B, 72). Um pouco mais tarde será a descoberta adolescente da carne, num lugar em que as serenatas ("Serenata", B, 24) alternavam com a lubricidade dos amores ancilares, que já havíamos encontrado em "Canto negro" (supra, p. 228), e dão aqui matéria a "Engate" (B, 134) ou "Ar livre" (B, 54) –

> *Sopra do Cutucum*
> *uma aragem de negras*
> *derrubadas na vargem.*
> *Venta do Cutucum*
> *um calor de sovacos*
> *e ancas abrasadas.*
> *A cama é a terra toda*
> *e o amor um espetáculo*
> *oferecido às vacas*
> *que não olham e pastam.*
> ....

Dessas lembranças da Minas rural por volta de 1910 – lembranças de um Brasil letárgico e profundo, afastado da agitação política da capital ("Descoberta"), e que a Grande Guerra apaixonará, sem causar-lhe a menor perturbação –

> *estranha guerra estranha*
> *que não muda o lugar*
> *de uma besta de carga*
> *dormindo entre cem bestas*
> *no Rancho do Monteiro;*

("1914", B, 90)

dessas lembranças, dizíamos, se desprende uma visão de cores alegres: um ritmo vital não desprovido de charme. Tal como o diz – não sem humor – um dos poemas, "Ordem" (B, 35), nessa época

> pairava certa graça no viver.

Entretanto, a indulgência de Drummond em relação a Itabira, "verde paraíso", não vai além dessa ternura temperada de ironia. Não se trata, absolutamente, em *Boitempo*, de cantar os louvores de um tempo cumprido, ou menos ainda de um sistema social – o patriarcalismo – de que logo se viram os defeitos. Mesmo o apego dialético do poeta ao estilo de vida de Itabira – essa valorização do patriarcalismo *por oposição* à existência inumana da grande cidade moderna (ver supra, p. 137-39) – não o leva às nostalgias históricas. A Itabira da memória é antes uma imagem meio irônica, deixando por vezes entrever os arquétipos de certos motivos do nirvanismo drummondiano.[21]

Que o mundo de *Boitempo* não é idílico, basta, para convencer-se, de resto, pensar num fator: a presença do eu *gauche*. *Boitempo* faz remontar o desajeitamento existencial do eu drummondiano à infância fazendeira. Nos poemas em que o menino é humilhado pelo cavalo ("Surpresa", B, 58; "Queda", B, 86) ou por sua incapacidade de dominar os gestos tradicionais do clã ("Estrada", B, 60), assistimos à gênese do *gauche*. A voz injuriosa dos cruéis antepassados de "Os bens e o sangue" (ver supra p. 228-29), constatando a *diferença* de seu descendente –

> *Ó meu, ó nosso filho de cem anos depois*
> *que não sabes viver nem conheces os bois*
> *pelos seus nomes tradicionais...*

repete sem sarcasmo num tom mais familar –

> *Oi neto de boiadeiros*
> *oi filho de fazendeiros*
> *que nem sabes teus carreiros!*
>
> ("Estrada")

ou com um ar francamente sádico –

> *O cavalo mordeu o menino?*
> *Por acaso o menino ainda mama?*
> *Vamos rir, vamos rir do cretino,*
> *e se chora, que chore na cama.*
>
> ("Surpresa")

---

[21] É o caso do musical jardim de "Concerto" (B, 104), onde a melodia secreta da terra recorda *sub specie memoriae* o jardim metafísico do soneto de *Novos Poemas*. Ver a esse propósito supra, p. 202-06.

A "diferença" é, entretanto, também revolta, inconformismo no tocante a essa "moralidade dos costumes"[22] que toda sociedade tradicional tende a sacralizar. Inconformismo dramatizado na cena de "Gesto e palavra" (B, 95), a história do menino que não quis ir à missa –

> ....
> *Não vai? Pois não vai à missa?*
> *Ele precisa é de couro.*
>
> *Ó Coronel, vem bater,*
> *vem ensinar a viver*
> *a exata forma de vida.*
>
> *No rosto não!*
> *Ah, no rosto não!*
>
> *Que mão se ergue em defesa*
> *da sagrada parte do ser?*
> *Vai reagir, tem coragem*
> *de atacar o pátrio poder?*
>
> *Nunca se viu coisa igual*
> *no mundo, na Rua Municipal.*
>
> *– Parricida! Parricida!*
> *alguém exclama entre os dois.*
> *Abaixa-se a mão erguida*
> *e fica o nome no ar.*
>
> *Por que se inventam palavras*
> *que furam como punhal?*
> *Parricida! Parricida!*
> *Com essas te vais matar*
> *por todo o resto da vida.*

Entretanto, como sugere a tirada irônica –

> *Nunca se viu coisa igual*
> *no mundo, na Rua Municipal.*

---

[22] "A moral não é senão (...) obediência aos costumes, sejam quais forem; ora, os costumes são a maneira tradicional de agir e de apreciar." Nietzsche, *Aurora*.

O humor, opondo-se ao patético, corrói o drama. A poesia da família não é, em *Boitempo,* lirismo de alta voltagem emocional. Drummond prefere, neste livro, o mais das vezes, "ludibriar os fantasmas itabiranos", para usar a excelente expressão de José Geraldo Nogueira Moutinho (ver o artigo citado à nota 19). O livro não é sequer catártico: sua inspiração geral é a paz, a serenidade de alma que sucede à catarse.

Em Drummond, como vimos, o motivo do eu, e do eu *gauche* em particular, abre caminho ao lirismo filosófico. Isso também acontece em *Boitempo;* mas a poesia filosófica – acentuando nesse aspecto a tendência de *Lição de Coisas* – está em absoluta menoridade, não ultrapassando um nono do total das composições. Pode-se considerar como poemas filosóficos: "(In) memória" (B, 5) que, a rigor, não pertence ao volume, figurando antes como abertura do volume inteiro, como uma espécie de prefácio não só a *Boitempo,* mas também a *A Falta que Ama;* "Ausência" (B, 21); "O relógio" (B, 22); "Cemitério do Cruzeiro" (B, 29); "Cemitério do Rosário" (B, 30); "Signo" (B, 77); "Brasão" (B, 78). Convém a esses acrescentar alguns textos de feição ou conclusão metafísica: "Censo industrial" (B, 32), "Chamado geral" (B, 53), o poema "Boitempo" (B, 59), "O pequeno cofre de ferro" (B, 136).

São poemas curtos, em geral, bem diferentes das longas meditações do terceiro período. Mas neles reencontramos sem dificuldade várias linhas temáticas do lirismo ético-filosófico de Drummond. "O pequeno cofre de ferro" nos mostra o eu às voltas com o sentimento de culpa. "Cemitério do Cruzeiro" é a fidelidade à finitude –

O sol incandesce
mármores rachados.
Entre letras a luz penetra
nossa misturada essência corporal
atravessando-a.
O ser banha o não-ser; a terra é.
Ouvimos o galo do cruzeiro
nitidamente

cantar a ressurreição.
Não atendemos à chamada.

O fim de "Censo industrial" –

Que fabricas tu?
Não fabrico. Assisto
às fabricações.

introduz o quietismo da existência que se sabe votada ao sofrimento, colocada que está sob um mau signo ("Signo"),[23] e cuja única alegria pura consiste, pois, menos em viver que ver. Mas "ver" reporta seguramente à gnoseologia do "arabesco", que conhecemos desde "Fragilidade" (supra, p. 118-20) e "Nudez" (supra, p. 183-84); e é com efeito o símbolo das serpentes de "Nudez" que fala, em "Brasão" (B, 78), do eu mordido por serpentes contrárias, submetido ao seu "bracelete" como à forma do destino –

. . . .
na dupla, ardente picada,
a alegria te invade ao veres
sobre a pele de teu destino
que uma pulseira inquebrantável
surge do abraço viperino.

Um outro poderoso símbolo animal – o boi (v. supra, p. 182-83) – muito ligado ao quietismo enaltecido em "Vida menor" (supra, p. 96-97), lança uma luz metafísica sobre o cair da tarde de "Boitempo" (B, 59) –

Entardece na roça
de modo diferente.
A sombra vem nos cascos,
no mugido da vaca
separada da cria.
O gado é que anoitece

---

[23] A título de curiosidade, lembremos que o poeta nasceu, efetivamente (no dia 31 de outubro) sob o signo do escorpião, tema dos versos de "Signo".

> *e na luz que a vidraça*
> *da casa fazendeira*
> *derrama no curral*
> *surge multiplicada*
> *sua estátua de sal,*
> *escultura da noite.*
> *Os chifres delimitam*
> *o sono privativo*
> *de cada rês e tecem*
> *de curva em curva a ilha*
> *do sono universal.*

E toda a fauna nomeada em "Chamado geral" (B, 53) é convidada a tornar possível a reintegração na terra cantada por "Elegia", "Nudez" ou "A palavra e a terra" –

> *Vinde feras e vinde pássaros*, restaurar em sua terra
>   [este habitante sem raízes,
> *que busca no vazio sem vaso*[24] *os comprovantes de*
>   [*sua essência* rupestre.

Boitempo não é, por outro lado, um diálogo mantido com a memória do vivido: é também uma evocação permanente da obra anterior do poeta. Drummond se lembra de seus versos, tanto quanto de sua vida. Neste contexto de retornos aos livros mais antigos que é *Boitempo*, a escrita lírica dá mostras de um alto grau de mestria. No nível fônico, *Boitempo* é, como *Lição de Coisas*, um tomo dominado pelo verso livre. Somente dois quintos de suas composições usam o metro. "Censo industrial" e "Tortura" são escritos em redondilha menor; "O ator", "Indústria" (B, 31), "Cantiguinha" (B, 71), "Signo" (B, 77), "Cortesia" (B, 111), "Cultura francesa" (B, 118) e "Orgulho" (B, 119), em redondilha maior; "Primeira eleição" em

---

[24] O "vazio sem vaso" é uma alusão à "Elegia" de *Fazendeiro do Ar*:
    Meu Deus, essência estranha
    ao vaso *que me sinto, ou forma vã,*
    pois que, eu essência, não habito
    vossa arquitetura imerecida;

versos de quatro sílabas; "In(memória)", "Boitempo", "O banco que serve a meu pai", "Primeiro conto" (B, 79), "1914" e "Engate", em hexassílabos; "Brasão", em octossílabos; "O banho", "Flor de maio" (B, 103), "A Alfredo Duval" e "Mestre" (B, 137), em decassílabos, exatamente como o soneto "Repetição". Outros poemas utilizam metros variados: "Criação" (B, 15), "Casa", "Cisma", "Ar livre", "O fazendeiro e a morte", "Didática" (B, 82), "Queda", "Gesto e palavra", "Água-cor" (B, 101), "Três garrafas de cristal" (B, 102), "Terrores", "Coqueiro de Batistinha" (B, 126), "Resultado" (B, 135). A variação métrica é sempre flexível e funcional. "Criação" se limita a interromper a sucessão dos versos de nove sílabas por um curto refrão (também levemente variado), num movimento rítmico bem apropriado às evoluções musicais da pequena orquestra sem partitura, que apesar de tudo consegue, *in extremis,* criar uma marcha fúnebre...

> ....
> *Às nove, enterro. À frente, a batina*
> *de Monsenhor.*
> *Lá vai seguido da Banda Euterpe*
> *que toca exausta, com sentimento,*
> *luto orgulhoso, o Líbera-Mé,*
> *favo da noite, glória de Emílio,*
> *dádiva ao morto, que o céu inspira,*
> *por Monsenhor.*
> *Jamais um grande se foi sem música*
> *e jamais teve outra, ungindo os ares,*
> *como esta, grave, de Emílio Soares.*

É óbvio que o verso livre (e mesmo o texto em prosa "Os excêntricos"), por vezes combinado com o metro ("Surpresa", "Drama seco" (B, 67); "O preparado"), não é menos eficaz que a minoria metrificada. Seus valores rítmicos são bem ricos; frequentemente, acrescentam à expressividade imagens e metaforismo, como no final de "Procissão do encontro" (B, 26)

....
> E o roxo manto, as lágrimas de sangue,
> a cruz, as sete espadas
> vão navegando sobre ombros
> pela rua-teatro, lentamente.

Os poemas inteiramente rimados são em geral os metrificados (ver B p. 5, 12, 64, 77, 84, 97, 102, 107, 111, 118, 119, 121), mas o verso livre rimado não está ausente ("Litania da horta", B, 47; "O diabo da escada", B, 80). Encontram-se vários casos de rimas incidentes (B p. 15, 24, 25, 42, 48, 53, 56, 58, 69, 70, 72, 86, 96, 101, 105, 127, 137). Certos poemas, de que o mais belo é "Chamado geral", possuem rimas internas –

> *ir à* missa, *que pregu*iça.
>
> ("Gesto e palavra")

> ... *e na fumaça do cach*imbo *a do Diabo vai sum*indo
>
> ("O diabo da escada")

> *nem* anda n*a var*anda *mais ninguém*
> e o *parap*eito *é vácuo neste* peito.
>
> ("Flor-de-maio")

O avô em cólera de "O ator" fustiga seu escravo disfarçado em ator bem no meio do espetáculo –

> "Bacalhau, ai bacalhau
> que te abrase o rabo, diabo.
> Acaba com esta papeata
> senão sou eu que te acabo."

A aliteração é abundante. Gilberto Mendonça Teles[25] assinalou o caso mais evidente, os *bl* de "Resultado" (B, 135). Citemos apenas este verso de "Procissão do encontro" –

> o *p*úlpito de *p*úrpura *d*rapeja

Drummond tira belos efeitos das aliterações plurais –

---

[25] Gilberto Mendonça Teles, *Drummond – a Estilística da Repetição,* cit., p. 128-29.

> *Cristais letárgicos, como as belas*
> *nos bosques, e as joias nas malas,*
> *antiquários ainda não nasceram*
> *que virão um dia buscá-las.*
>
> ("Três garrafas de cristal", B, 102)

As figuras de repetição são também frequentes. A anáfora:

> *Horta dos repolhos,* horta *do jiló,*
> horta *da leitura,* horta *do pecado,*
> horta *da evasão,* horta *do remorso,*
> horta *do caramujo e do sapo e do caco*
> *de tigela de cor guardado por lembrança,*
> horta *de deitar no chão e possuir a terra,*
> *e de possuir o céu, quando a terra me cansa.*
>
> ("Litania da horta", B, 47)

A anáfora *cum* epizeuxe no fim:

> *A casa foi vendida com todas as lembranças*
> todos *os móveis* todos *os pesadelos*
> todos *os pecados cometidos ou em via de cometer*
> *a casa foi vendida com seu bater de portas*
> *com seu vento encanado sua vista do mundo*
> *... seus imponderáveis* por vinte, vinte contos.
>
> ("Liquidação", B. 49)

A epífora ou antístrofe:

> *A primeira namorada, tão alta*
> *que o beijo não alcançava,*
> *o pescoço não* a alcançava,
> *nem mesmo a voz* a alcançava.
>
> ("Orion", B, 89)

A simploce, com uma irregularidade final que só contribui para reforçar o efeito da repetição:

> *era um brinquedo maria*
> era *uma estória* maria
> era *uma nuvem* maria
> era *uma graça* maria
> era *um bocado* maria

> era *um* m*ar de a*mor maria
> era *uma vez* era *um dia*
>   maria
>
>   ("Cantiguinha", B, 71)

As figuras de repetição modificadora e as de repetição puramente estrutural (acoplamento) não estão também ausentes. Eis algumas paronomásias –

> *Flauta e violão na* trova *da rua*
> *que é uma* treva *rolando da montanha*
>   ("Serenata", B, 24)

> *em duros dentes* crava
> *em minhas costas,* grava *este protesto*

(com jogo de palavras: "terno"):

> *Lá vai o cortejo*
> *todo ressabiado*
> *terno noivo*
> *terno novo*
>   ("Drama seco", B, 67)

e acoplamentos –

> *O morto no sobrado*
> *no porão a mulata*
> *a pausa no velório*
> *o beijo no escurinho*
> *a pressa de engatar*
> *o sentido da morte*
> *na cor de teu desejo*
> *que clareia o porão.*
>   ("Engate", B, 134)

> *No emblema do amor*
> *o fogo*
> *no bloco da vida*
> *a fenda*
> *na blindagem do medo*
> *o fato.*
>   ("Resultado", B, 135)

Estes dois exemplos de textos com acoplamentos também ilustram a técnica drummondiana da metáfora, econômica e precisa (na *cor* de teu desejo / que *clareia* o porão; na *blindagem* do medo). A comparação explícita, como a que acabamos de citar (Cristais letárgicos, *como as belas / nos bosques, e as joias nas malas*), frequentemente também metaforizada (cristais *letárgicos*) não segue outra tendência, do mesmo modo que o símbolo, bem orgânico, bem *funcional* (em relação à situação lírica) em textos como "Signo" (B, 77) ou "Brasão" (B, 78). A energia expressiva da semântica drummondiana, de resto, não se limita aos tropos. Os recursos poéticos do zeugma, por exemplo, tão caros ao poeta, não foram esquecidos em *Boitempo* –

> ler revista e nuvem.
>
> ("Casa", B, 39)

> *Seu Inacinho lá do* alto
> de suas cãs e fenestra
>
> ("Cortesia", B, 111)

Para fechar este rápido apanhado, eis como o zeugma, unido às metáforas e à sinédoque, liriciza ao extremo um pequeno espaço sintagmático –

> *Nas lajes de ferro* e medo
> os pés *correm* desvairados
> *sentindo chegar tão cedo*
> *a morte em seus* véus *queimados.*
>
> ("Terrores", B, 107)

No mesmo texto, certas expressões (...o corpo, esse *trem* imundo; F*uge, fuge*, itabirano) denunciam um traço significativo do regionalismo de *Boitempo*: o aproveitamento do léxico provinciano-popular, ao lado da mitologia folclórica (por exemplo, o "casamento da raposa" relativo ao arco-íris de "Tempestade", B, 106; o "capeta", diabo, de "Terrores"). Entretanto, é raro que Drummond se atenha ao popular ou ao coloquial como tom dominante.

No fundo, o que singulariza a poesia de *Boitempo* é menos o tom "regionalista" que a *tendência narrativa*, já tão forte em *Lição de Coisas* (ver p. 286). Um quarto do tomo é composto de peças narrativas, quer se trate de narrações desenvolvidas como "Drama seco", "O diabo da escada", "1914", "Ei, Bexiga!" (B, 115), "Orgulho", "Coqueiro de Batistinha" (B, 126) ou dos verdadeiros contos em verso que são "O ator" e "Criação", ou, ainda, de simples anedotas como "Cautela" (B, 11), "15 de novembro", "Os assassinos" (B, 27), "Indústria" (B, 31), "Visita matinal" (B, 42), "Surpresa", "Estrada", "Queda", "Gesto e palavra", "Terrores", *"Suum cuique tribuere"* (B, 113), "Parque municipal" (B, 133) ou "Engate".

A inflexão narrativa está frequentemente a serviço de uma *perspectiva cômica*. Um terço ao menos de *Boitempo* exala uma comicidade aberta ou indireta. Os contos do gênero de "O ator" ou "Drama seco" são francamente risíveis; as anedotas como "Visita matinal" ou *"Suum cuique tribuere"* são saborosos "poemas-piada" –

> *O vigário decreta a lei do domingo*
> *válida por toda a semana:*
> *– Dai a César o que é de César.*
> *Zé Xanela afundado no banco*
> *vem à tona d'água*
> *ardente*
> *acrescenta o parágrafo:*
> *– Se não encontrar César, pode dar a Sá Cota Borges*
>   *[que é mãe dele.*
>   (*"Suum cuique tribuere"*)

Construções estilísticas disseminadas em todo o livro caracterizam-se por um ludismo jocoso, como este "à tona d'água / ardente" (aguardente) ou como ainda certas *tournures* enfáticas –

> *A viuvez tão antiga que já virou de nascença*
>   ("Visita à casa de Tatá", B, 114)

À exceção dos textos das páginas 117, 120, 125 e 129, todos os poemas da seção "relações humanas" – que lembram a seção "memória", de *Lição de Coisas* – são divertidos ou cômicos. O espírito satírico prevalece em "Indústria" ou "15 de novembro"; uma aura cômica se faz sentir na evocação da célebre avareza mineira ("Cautela"; "O banco que serve a meu pai") ou nos costumes antigos ("Recinto defeso"; "Mulinha", B, 55; "Cortesia"). Certamente, às vezes a veia cômica se transforma, como na narração do sadismo infantil de "Tortura", em humor-negro, vizinho do grotesco – desse grotesco que será errado tomar por cômico – de "O resto" (B, 36) –

> *No alto da cidade*
> *a boca da mina*
> *a boca desdentada da mina de ouro*
> *onde a lagartixa herdeira única*
> *de nossos maiores*
> *grava um risco rápido*
> *no frio, na erva seca, no cascalho*
> *o epítome-epílogo*
> *da Grandeza.*

Ainda mais enganoso, porém, seria identificar o estilo geral de *Boitempo* com as sombrias tonalidades do humor grotesco. O "temperamento" do livro é muito menos tenso. O poeta sexagenário gosta de contemplar o *piccolo mondo* de Itabira com um ar ao mesmo tempo simpático e zombeteiro –

> *Mil novecentos e pouco.*
> *Se passava alguém na rua*
> *sem lhe tirar o chapéu*
> *Seu Inacinho lá do alto*
> *de suas cãs e fenestra*
> *murmurava desolado*
> *– Este mundo está perdido!*
> *Agora que ninguém porta*
> *nem lembrança de chapéu*

> *e nada mais tem sentido,*
> *que sorte Seu Inacinho*
> *já ter ido para o céu.*
>
> ("Cortesia", B, 111)

Assim, parece bem estranho falar de um tom "elegíaco", como fez o crítico Fausto Cunha (ver artigo citado à nota 19). Na verdade, *Boitempo* trata em "scherzando" os velhos motivos nostálgicos ou patéticos do "complexo itabirano" em Drummond. Mesmo a autoironia, essa tendência psicológica tão drummondiana, aqui não é, absolutamente, amarga; e *parece que é precisamente o Império do cômico, banindo toda emoção excessivamente aguda, que obriga de alguma forma a memória a abandonar a* stasis *lírica e a entregar-se sem inibição à alegria da narração.*

A *vis comica* de Drummond não esperou *Boitempo* para elaborar seu estilo. Os *Contos de Aprendiz,* publicados em 1951, mas escritos bem antes, dão prova de um talento cômico muito original. Além disso, a "poesia de circunstância" de Drummond dá um bom lugar ao verso cômico simplesmente alegre. Os dois tomos que têm por título *Viola de Bolso*,[26] aparecidos em 1952 e 1964, cuja época de composição corresponde *grosso modo* aos terceiro e quarto períodos do "alto" lirismo drummondiano, encerram várias peças de uma invenção cômica certa. E o que é mais, a nota humorística – sem nada a ver com as *nuances* ambíguas do "humor" à inglesa – é, já se sabe, um dos elementos do primeiro modernismo de Drummond – o dos *flashes* meio satíricos de *Alguma Poesia,* ou de várias tiradas antiburguesas dos primeiros tomos e de *A Rosa do Povo*.

---

[26] Foi com pena que tivemos que renunciar a mencionar neste estudo os numerosos ecos dos temas ou das formas dos doze livros "sérios" que se encontram em *Viola de Bolso* I e II. Drummond é, com Bandeira, o maior poeta leve do modernismo. Acrescentemos que, sob o pretexto de brincadeira, seu verso de circunstância – como suas crônicas – roça sem cessar quase todos os problemas humanos tratados na sua literatura "séria".

Logo, a comicidade de *Boitempo não* é novidade na arte drummondiana. Por que, então, insistir na sua importância? Qual a sua *significação estilística?* A nosso ver, ela repousa no fato de que essa comicidade, que pela primeira vez chega a uma espécie de *hegemonia* do lirismo drummondiano, acarreta a *suspensão da perspectiva problemática*. O conteúdo trágico-problemático da existência – tema geral de toda a alta poesia ocidental, e da obra de Drummond em particular – sofre em *Boitempo* um eclipse que, sendo parcial, nem por isso é menos decisivo no plano do estilo. De fato, se examinamos a fisionomia estilística do quarto período da poesia drummondiana, tal como se apresenta em *Lição de Coisas,* é forçoso constatar que o retorno ao verso livre traz consigo dois aspectos fundamentais: o declínio quantitativo do poema filosófico e a *rentrée* do tipo de elocução lírica que vimos sempre chamando, segundo Auerbach, "estilo mesclado".

Ora, o "estilo mesclado" não é senão a resultante da fusão da perspectiva problemática da vida com as referências "vulgares", isto é, a figuração literária das realidades "baixas", cuja presença foi muito tempo proibida no "estilo elevado" pela poética clássica. Basta refletir sobre a natureza do "estilo mesclado" para apreender o sentido profundo da mutação estilística trazida por *Boitempo*. Com efeito, *suspendendo momentaneamente a perspectiva problemática, o lado cômico da poesia da memória* de Boitempo *tende a frear, automaticamente, o processo de reafirmação do estilo mesclado iniciado em* Lição de Coisas. O estilo mesclado se alimenta da visão problemática; com o desaparecimento desta em benefício de uma ótica bufa ou gaia, só pode esmorecer.

Essa é a razão pela qual, em vez de predominar em dois terços do livro, como sucedera em *Lição de Coisas,* o "estilo mesclado" sofre em *Boitempo* uma notável redução. Quando no livro se isolam os textos de feitura cômica, verifica-se que um terço apenas do resto, isto é, de 55 poemas, apresenta marcas "mescladas": "Ausência" (B, 21), "Os assassinos", "Terapia ocupacional", "Censo industrial", "O resto", "Depósito" (B, 41), "Resumo" (B, 44), "Escarapate"

(B, 45), "Litania da horta", "Liquidação", "Ar livre", "O fazendeiro e a morte", "Surpresa", "Herança" (B, 63), "Gesto e palavra", "A puta", "Terrores", "Engate". Estas composições são, mais ou menos, as únicas a replicar com ótica *grotesca* ao *scherzo* lírico de *Boitempo*. Em volta delas, a memória *pacificada* circunscreve, por uma vez, na *Weltanschauung* poética de Drummond, os múltiplos avatares da pena de viver.

3. A Falta que Ama

O duodécimo e último (até abril de 1972) tomo lírico de Drummond contém, como *Sentimento do Mundo*, 28 poemas, dos quais quinze em verso livre ("Discurso", FQA, 141, "Liberdade", FQA, 146, "Elegia transitiva", FQA, 152, "O fim no começo", FQA, 155, "Halley", FQA, 159, "Comunhão", FQA, 160, "Bens e vária fortuna do Padre Manuel Rodrigues, inconfidente", FQA, 162, "O par libertado", FQA, 165, "Os nomes mágicos", FQA, 169, "Notícias de Segall", FQA, 170, "Criação", FQA, 172, "Maud", FQA, 173, "Corporal", FQA, 175, "Falta pouco", FQA, 176, "A torre sem degraus", FQA, 182). "Sub" (FQA, 161) não é verdadeiramente um texto em verso, mas simplesmente uma variação em torno do dito sufixo por meio de palavras isoladas, sem chegar ao enunciado-frase. Uma dúzia de poemas emprega o metro. "Broto" (FQA, 150) e "Comentário" (FQA, 157) são escritos em redondilha menor; "Diálogo" (FQA, 149), "K" (FQA, 167), e "Tu? eu?" (FQA, 179), em hexassílabos; o poema-título, "A falta que ama" (FQA, 144), em redondilha maior; o soneto "A voz" (FQA, 147), o único do livro, em decassílabos. Cinco peças, enfim, combinam dois ou vários metros: "O deus mal informado" (FQA, 143), "Qualquer tempo" (FQA, 148), "Acontecimento" (FQA, 156), "Meu irmão pensado em Roma" (FQA, 158) e "Cantilena prévia" (FQA, 177).

À maneira de *Lição de Coisas* e *Boitempo*, o ritmo livre domina. E, como em *Boitempo*, o estilo mesclado está em absoluta minoria, pois não ocupa senão menos de um terço das composições: "Discurso", "Liberdade", "Broto", "Elegia transitiva", "Bens e vária fortuna...", "O par libertado", "Falta pouco", "A torre sem degraus". Qual a razão disso? Seria a prioridade do cômico, tal como em *Boitempo?* Certamente não. Se bem que o cômico não esteja ausente, como se pode constatar à leitura da pequena sátira "Os nomes mágicos",[27] o ridículo em "A falta" – quando há ridículo – decorre antes do humor *grotesco*. Obra-prima do grotesco é, na verdade, a fantasia surrealista de "A torre sem degraus", cuja enumeração em litania recorda o serialismo de "A bomba" (LC, 352), e na qual cada andar alberga um aspecto da sem-razão humana (e mais particularmente contemporânea) –

> *No 1º andar vivem depositários de pequenas convicções,*
>   *[mirando-as remirando-as com lentes de contato.*
> *No 2º andar vivem negadores de pequenas convicções,*
>   *[pequeninos eles mesmos.*
> *No 38º, o parlamento sem voz, admitido por todos*
>   *[os regimes, exercita-se na mímica de orações.*
> *No 40º, só há uma porta uma porta uma porta.*
> *Que se abre para o 41º., deixando passar esqueletos*
>   *[algemados e conduzidos por fiscais*
>   *[do Imposto de Consciência.*

A verdadeira causa da nova *redução* do estilo mesclado é bem conhecida: trata-se da *presença hegemônica do poema especulativo*. Pois, por diversa que seja a técnica de *A Falta* em relação à dos tomos da terceira fase, o lirismo filosófico não é menos soberano. Mais da metade dos textos abraça a feição meditativa, a reflexão existencial, tornada sistemática no período de *Claro Enigma*. Mesmo os longos desenvolvimentos poliestróficos do poema

---

[27] "Os nomes mágicos", com seu tema financeiro, retoma uma velha obsessão de Drummond: o grotesco das siglas e dos nomes publicitários, que inspira também, entre outros textos, "Os materiais da vida" (VPL, 301) e certa passagem de "A torre sem degraus" (FQA, 183).

"metafísico", rarefeitos em *Lição de Coisas*, ressurgem às vezes ("A falta que ama"; "O par libertado"; "Tu? eu?").

É verdade que, como outrora, a predominância do lirismo filosófico não é absoluta. "Bens e vária fortuna..." (FQA, 162), *ready made* composto quase totalmente do inventário dos bens do Padre Manuel Rodrigues, implicado na conjuração anticolonialista mineira de 1789, é sobretudo um exercício de realismo social; o efeito lírico resulta da simples (mas bem sutil) enumeração de objetos da época. O realismo social se concentra de preferência no psicológico, na "lista" de situações humanas de "A torre sem degraus", já mencionada. Um poema erótico, "Corporal" (FQA, 175), *parte* de um motivo carregado de conotações metafísicas (o arabesco) para chegar a imagens cultistas de uma rara – e pura – beleza descritiva (um pouco no espírito de "*Les bijoux*" de Baudelaire) –

> *O arabesco em forma de mulher*
> *balança folhas tenras no alvo*
> *da pele.*
> *Transverte coxas em ritmos,*
> *joelhos em tulipas. E dança*
> *repousando. Agora se inclina*
> *em túrgidas, promitentes colinas.*
>
> *Todo se deita: é uma terra*
> *semeada de minérios redondos,*
> *braceletes, anéis multiplicados,*
> *bandolins de doces nádegas cantantes.*

As dentais do último verso reforçam a estranha metáfora por uma sábia curva rítmica, em que o anapesto (ban-do-*lins*) e o dáctilo (*ná*-de-gas) põem em relevo a assonância do iambo can*tantes*. Este descritivismo magistral se compraz no olhar sensual; afasta-se do problematismo próprio da poesia de amor do período clássico ou ainda de *Lição de Coisas*. Em compensação, a poesia comemorativa recobra – ao contrário da de 1962 – sua dimensão metafísica com "Notícia de Segall" (FQA, 170); e um texto entulhado de referências à realidade cotidiana,

"Elegia transitiva" (FQA, 152), coloca-se claramente sob a égide da interrogação existencial.

"Ó descobrimento retardado / pela força de ver", exclamava "Nu-dez" no limiar de *A Vida Passada a Limpo*, ligando esta descoberta tardia àquilo que, curva caprichosa (arabesco), ultrapassa o entendimento racionalista (... "a linha curva que se estende, / ou se contrai e atrai, além da pobre / área de luz de nossa geometria"). De modo análogo, uma parte expressiva de *A Falta Que Ama* celebra a imprevisível epifania do ser –

> *Uma canção cantava-se a si mesma*
> *na rua sem foliões. Vinha no rádio?*
> *Seu carnaval abstrato, flor de vento,*
> *era provocação e nostalgia.*
>
> *Tudo que já brincou brincava, trêmulo,*
> *no vazio da tarde. E outros brinquedos,*
> *futuros, se brincavam, lecionando*
> *uma lição de festa sem motivo,*
>
> *à terra imotivada. E o longo esforço,*
> *pesquisa de sinal, busca entre sombras,*
> *marinhagem na rota do divino,*
>
> *cede lugar ao que, na voz errante,*
> *procura introduzir em nossa vida*
> *certa canção cantada por si mesma.*
>
> ("A voz", FQA, 147)

A ideia central do soneto é a autonomia radical do ser-acontecimento; as figuras etimológicas (canção cantavam-se; brinquedos se brincavam; lecionando uma lição) e a antítese (festa sem motivo / terra imotivada) acusam a *gratuidade* do que, errante e sem motivo, tal um dom inesperado do vento (v. 3), substitui o "longo esforço" (v. 9) da busca do divino (v. 11). E é pela significação *jubilosa* (canção, carnaval, brincar, festa) do *imotivado* (sublinhado pelo último verso, repetição do primeiro) que o sentido da epifania se legitima, contornando, sem suprimi-la, a recusa lúcida das revoluções por onde terminava, em *Claro*

Enigma, o antiapocalipse de "A máquina do mundo", de resto também ele vesperal – como a nossa "canção". O imotivado, o inesperado, é também sujeito do símbolo vegetal de "Broto" (FQA, 150) –

O broto mais broto
brota sem terreno,
tenro verde alerta
sobre fundo neutro.

Broto inesperado,
broto na luz baça
que reduz a verme
toda forma falsa.

A "luz baça" denuncia o crepúsculo, o declínio das últimas paixões, a liberação da angústia –

Último relincho
de tordilho manso
no pasto das coisas
despojadas de ânsia.

Drummond ainda canta a felicidade do quietismo, o nirvana da "reintegração na terra". Em "Sub" (FQA, 160), o último segmento, ao contrário de todos os outros, não é uma palavra introduzida pelo sufixo, mas o elogio virgiliano do bucolismo: *sub tegmine fagi.* O poeta fala com pudica beatitude da serena companhia dos parentes mortos ("Comunhão", FQA, 161). Entretanto, o tom mais característico de *A Falta Que Ama* parece não ser este. Será por acaso que seu poema de abertura, retomando uma visão lírica de *Fazendeiro do Ar* (ver supra, p. 198-217), afirma a eternidade *na finitude mesma,* na intensidade (tranquila ou não) do vivido? –

Agônico
em êxtase
em pânico
em paz
o mundo-de-cada-um dilata-se até as lindes
do acabamento perfeito.

> ....
> *Eternidade,*
> *os morituros te beijaram.*
>
> ("Discurso", FQA, 141)

"Os morituros te saúdam", dizia à romana o começo do mesmo texto. A vida saúda a eternidade numa espécie de desafio metafísico.²⁸ Pois, se bem possa "eternizar" no fugaz, a existência é "um fim no começo"; um paradoxo radicalmente desproporcional às aspirações humanas –

> *A vida não chega a ser breve.*
>
> ("O fim no começo", FQA, 155)

A eternidade não é, pois, senão uma fruição do sentimento de expansão existencial. O eterno e a transcendência experimentando a *imanência* que se ultrapassa a si mesma nos momentos mais intensos da vida. Desse modo, o motivo do eterno denuncia, em Drummond, uma vontade de transfiguração e transvalorização da existência, de que a fantasia teológica "O deus mal informado" (FQA, 143) continua talvez o melhor emblema –

> *No caminho onde pisou um deus*
> *há tanto tempo que o tempo não lembra*
> *resta o sonho dos pés*
>   *sem peso*
>   *sem desenho.*
>
> *Quem passe ali, na fração de segundo,*
> *em deus se erige, insciente, deus faminto,*
> *saudoso de existência.*
>
> *Vai seguindo em demanda de seu rastro,*

---

[28] Uma composição de *A Falta* – "Acontecimento" (FQA, 156) – contrastando a religião do Antigo Testamento com a *caritas* evangélica, e atribuindo ao cristianismo a invenção da eternidade, está mais perto do conceito clássico; o sentimento de eternidade não passa de
> *... nostalgia*
> *do sempre, em nosso barro.*

> *é um tremor radioso, uma opulência*[29]
> *de impossíveis, casulos do possível.*
>
> *Mas a estrada se parte, se milparte,*
> *a seta não aponta*
> *destino algum, e o traço ausente*
> *ao homem torna homem, novamente.*

O homem pode "erigir-se em deus", mas esse "deus", imitação de uma divindade, além de tudo *sonhada*, continua condenada a perder a marca do divino. É que a divinização, como a eternidade, é *intermitência*. Somente o *desejo*, a busca (demanda) se prolonga para além da efêmera vibração (tremor radioso) da existência – desses instantes em que a finitude vive sua precária "transcendência".

Desejo é uma noção-chave no mundo lírico de *A Falta*. O poema titular do livro (FQA, 144) alia precisamente o tema do *oferecimento* do ser (a "canção") ao tema da *falta que deseja* (não é a definição platônica do amor?) –

> *Entre areia, sol e grama*
> *o que se esquiva se dá,*
> *enquanto a falta que ama*
> *procura alguém que não há.*
>
> *Está coberto de terra,*
> *forrado de esquecimento.*
> *Onde a vista mais se aferra,*
> *a dália é toda cimento.*
> ....
> *Já nem se escuta a poeira*
> *que o gesto espalha no chão.*
> *A vida conta-se, inteira,*

---

[29] Já "Procura" (VPL, 301) falava de
   ... *possíveis leitos de cimento do impossível.*
É instrutivo ver que "cimento" deu lugar a "casulos", imagem biológica, mais próxima do simbolismo da reprodução vital que marca os principais textos de *A Falta*. "Procura" prefigurava além disso, no final do período clássico, a profundidade intelectual do motivo da busca, enquanto desejo gnoseológico, vontade de conhecimento eroticamente inspirada.

> *em letras de conclusão.*
> ....
> *O inseto petrificado*
> *na concha ardente do dia*
> *une o tédio do passado*
> *a uma futura energia.*
>
> *No solo vira semente?*
> *Vai tudo recomeçar?*
> *É a falta ou ele que sente*
> *o sonho do verbo amar?*

Notemos a constância da imagística vegetal (grama, semente), recordando as imagens florais do "Broto" ou "A Voz". O novo binômio dialético da visão existencial de Drummond: a oferta do ser e a energia do desejo – substitui o simbolismo da terra nua, o despojamento da *pedra*, por símbolos da seiva, da flor e do fruto. Em lugar do cinzento ou do ocre das imagens do nirvana telúrico, encontramos o brilho do verde:

> ....
> *tenro verde alerta*
> *sobre fundo neutro*
>
> ("Broto")

"Vai tudo recomeçar?" Na verdade, a nova flama de Eros ameaça a sabedoria quietista no entardecer da vida. O desejo reabre a ferida da finitude –

> *Por que é que revoa à toa*
> *O pensamento, na luz?*
> *E por que nunca se escoa*
> *o tempo, chaga sem pus?*

O conhecimento é Eros – mas o desejo não é senão a *sede* do saber; é condenado à insatisfação e à inquietude. A falta ama, procura "alguém que não há". O verdadeiro, a sabedoria não cessam de escapar à vítima do desejo, o sujeito da *busca* –

> *E tudo foi a caça*
> *veloz fugindo ao tiro*

> *e o tiro se perdendo*
> *em outra caça ou planta*
> *ou barro, arame, gruta.*
> *E a procura do tiro*
> *e do atirador*
> *(nem sequer tinha mãos),*
> *a procura, a procura*
> *da razão de procura.*
>
> ("Tu? eu?", FQA, 179)

Assim a epifania do ser não satisfaz o coração; não passa de um momento fugitivo, não suprime as angústias do "longo esforço" de amar e compreender. *A Falta Que Ama* empresta ao lirismo de madureza de Drummond um frêmito comparável (se bem que num tom mais órfico, menos pessoal) a certos poemas da velhice de Yeats –

> *You think it horrible that lust and rage*
> *Should dance attention upon my old age.*
>
> ("Last Poems")

Frêmito em que ressoa a crispação do espírito obcecado pela expectativa da morte –

> *Depressa! Não há mais tempo para te vestires,*
> *o barco sombrio impaciente na rua.*
>
> ("Halley", FQA, 159)

Escutamos uma voz cheia de valentia, capaz de brincar com seu próprio fim –

> *Don don dorondondon*
> *É o prazo de Drummond*
> *que termina agora.*
>
> ("Cantilena prévia", FQA, 177)

mas, no fundo, temendo a partida sempre prematura; confessando, num grito viril de alma, seu amor apaixonado pela vida –

> *Falta pouco para acabar*
> *o uso desta mesa pela manhã*
> *o hábito de chegar à janela da esquerda*

> *aberta sobre enxugadores de roupa.*
> *Falta pouco para acabar*
> *a própria obrigação de roupa*
> *a obrigação de fazer barba*
> *a consulta a dicionários*
> *a conversa com amigos por telefone.*
>
> *Falta pouco*
> *para acabar o recebimento de cartas*
> *as sempre adiadas respostas*
> *o pagamento de impostos ao país, à cidade*
> *as novidades sangrentas do mundo*
> *a música dos intervalos.*
> *Falta pouco para o mundo acabar*
> *sem explosão*
> *sem outro ruído*
> *além do que escapa da garganta com falta de ar.*
>
> *Agora que ele estava principiando*
> *a confessar*
> *na bruma seu semblante e melodia.*
>
> ("Falta pouco", FQA, 176)

É interessante observar que os velhos sortilégios da sabedoria do nirvana – como essa silenciosa imobilidade (semelhante à "vida menor") louvada em "O par libertado" (FQA, 165) sob a inspiração das estátuas de Henry Moore – retornam em *A Falta* como simples *refúgio* diante das agressões do universo contemporâneo, mundo usurpador da existência privada, destruidor de toda intimidade pessoal. Sem esquecer o charme do ser-canção, sem nada perder de sua lucidez, o homem drummondiano, preso pelo desejo no entardecer da vida, já não aspira à felicidade ascética e fria da "vida menor", já não se debruça decididamente sobre a mãe-terra.

Em um fragmento de *Passeios na Ilha*, Drummond faz esta reflexão desiludida: "Primeira fase: o poeta imita modelos célebres. Última fase: o poeta imita-se a si mesmo. Naquela, ainda não conquistou a poesia; nesta, já a perdeu".[30] Pensando no lirismo de seus três últimos tomos, temos o direito de dizer que felizmente a fórmula, por mais perspicaz que seja, ainda não se aplica a seu autor. Drummond soube guardar a excelência da forma poética após a soberba colheita dos períodos centrais de *A Rosa do Povo* ou de *Claro Enigma*. Esta excepcional *performance* seria em parte devida à metamorfose de seu pensamento existencial? Pois na verdade, desde o demonismo de "O padre, a moça", passando pela pausa de dominante cômica do memorialismo de *Boitempo*, a poesia do nirvana sofre o assalto das novas expressões da fúria de viver. Lutando contra a violência do princípio de realidade, o pensamento lírico de Drummond se tinha por longo tempo entregue ao mais sutil, ao mais radicalmente libertador dos avatares da libido – o instinto de morte. Somente Eros era capaz de ultrapassar, ainda que com sofrimento, a volúpia sem igual de Tânatos e parece que o poeta fez dele a fonte de juvência de seu estilo maduro.

---

[30] Ver Carlos Drummond de Andrade, *Obra Completa* (2ª ed.). Rio de Janeiro, Aguilar, 1967, p. 677.

CONCLUSÃO

Como sintetizar a contribuição da poesia de Carlos Drummond de Andrade à literatura brasileira? Poderíamos talvez partir de uma expressão do decano da crítica brasileira, Tristão de Athayde (Alceu Amoroso Lima). Num breve artigo seu, de 1967, Drummond é considerado como "uma espécie de Baudelaire da nossa poesia moderna".[1] Esta fórmula feliz exige desenvolvimento. Pois Baudelaire é, por um lado, o introdutor da sensibilidade moderna, isto é, da experiência existencial do homem da grande cidade e da sociedade de massa, na alta literatura lírica;[2] e, por outro, o fundador de uma escrita poética *moderna*, escrita de ruptura radical ao mesmo tempo com a tradição clássica e com o romantismo.[3]

Na história da poesia brasileira, estas duas conquistas são obra de Drummond. Certamente, o autor de *A Rosa do Povo* e de *Claro Enigma* não foi o iniciador do lirismo moderno no Brasil; sabe-se o quanto ele deve à revolução estética dos primeiros modernistas e ao *tournant* capital de 1922. Seu papel foi antes o de realizar a promessa literária do modernismo de choque, criando uma poesia rica e substancial, purgada dos três defeitos maiores da literatura acadêmica de antes de 1922: o servilismo em relação aos modelos europeus; a cegueira no tocante à realidade social concreta; a superficialidade intelectual.

---

[1] Tristão de Athayde, "O poeta brinca". In: *Meio Século de Presença Literária*. Rio de Janeiro, José Olympio, 1969, p. 274-75.

[2] Ver a esse respeito a interpretação fundamental de Walter Benjamin no ensaio "Sur quelques thèmes baudelairiens" (1939), trad. em francês no volume *Poésie et Révolution*. Paris, Lettres Nouvelles, 1971, p. 225-75.

[3] Hugo Friedrich, *Estructura de la lírica moderna*. Barcelona, Seix Barral, 1959, p. 47-86.

Na verdade, a poesia acadêmica de então era bem afastada tanto do Brasil quanto de seu século. Assim, a primeira grande contribuição do verso drummondiano consistiu em apreender o sentido profundo da evolução social e cultural de seu país. A partir de sua própria situação de filho de fazendeiro emigrado para a grande cidade, *justamente na época em que o Brasil começava sua metamorfose* (ainda em curso) *de subcontinente agrário em sociedade urbano-industrial,* Drummond dirigiu o olhar do lirismo para o significado humano do estilo existencial moderno. Desde então, tornou sua escrita extraordinariamente atenta aos dois fenômenos de base desta mesma evolução histórica: o sistema patriarcal e a sociedade de massa. Sua abertura de espírito, sua sensibilidade à questão social, sua consciência da história impediram-no de superestimar as formas tradicionais de existência e de dominação, mas, ao mesmo tempo, ele se serviu do "mundo de Itabira" – símbolo do universo patriarcal – para detectar, por contraste, os múltiplos rostos da alienação e da angústia do indivíduo moderno, esmagado por uma estrutura social cada vez menos à medida do homem.

Profundamente enraizada numa época de transição, a mensagem poética de Drummond se elevou dessa forma ao nível das significações *universais*. Nacional por sua linguagem e sua inspiração, sua obra nada tem de exótica; não é sequer "regionalista", se bem que se trate de um escritor que não pudesse ser mais obsedado por suas origens. Além de universal, a poesia drummondiana é também muito *atual*. Poucos líricos de nosso tempo terão mostrado tanta fidelidade aos movimentos essenciais do espírito moderno, a suas inquietações, suas desconfianças, suas perplexidades críticas, sem legítimo desapreço pelos clichês ideológicos e pelas filosofias abastardadas. Nesse sentido, o *humor* de Drummond – na aparência inclinado ao niilismo – não passa, no fundo, de uma estratégia intelectual radicalmente lúcida e liberadora.

O humor comanda efetivamente a analítica social dos livros como *A Rosa do Povo,* em que a causticidade velada de *Alguma Poesia* atinge o máximo de amplitude cognoscitiva. É de que determina, por toda parte no verso drummondiano, suas afinidades decisivas com o *ethos* central da arte moderna: a recusa do patético, o espírito de paródia, a substituição de uma ótica trágica e idealizadora da vida por uma perspectiva *grotesca*. Posto ao serviço do arsenal expressivo de vanguarda, não ignorando a liberdade de ataque surrealista, o humor de Drummond elabora, num primeiro momento (1925-40), uma versão personalíssima de um gênero de elocução caro à poesia moderna desde Baudelaire: O "estilo mesclado" (Auerbach), resultante da fusão do tom problemático com as referências "vulgares".

No segundo período (1940-45), a escrita lírica de Drummond, chegada ao auge de sua mestria técnica, esboça uma separação entre o estilo mesclado e uma elocução re-"purificada". Duas outras grandes esferas temáticas se juntaram, sobretudo em *A Rosa do Povo*, ao lirismo de análise social e à poesia do eu (esta logo atraída por aquela): a-poesia-sobre-a-poesia (ou metalirismo), e a poesia existencial ou metafísica. Nenhuma suprimiu o humor ou a perspectiva grotesca; mas estas novas dimensões temáticas de alguma forma os *interiorizaram*, desenvolvendo esplendidamente suas potencialidades gnoseológicas.

Num terceiro momento evolutivo (1946-58), dominado por *Claro Enigma*, o afastamento da escrita mesclada e a adoção dos módulos métricos regulares tomaram a forma de um "estilo mítico", no sentido de Hermann Broch: um estilo "abstrato" em relação às figurações realistas da cena social, concentrado nos dados genéricos da condição humana. É o apogeu do lirismo filosófico de Drummond, lirismo em que o moderno se *classiciza*, votando-se à pura reflexão existencial. É também uma das instâncias fundamentais da história do lirismo em português, pois a altura do pensamento drummondiano representa, como a de Pessoa em Portugal, uma autêntica revolução na literatura brasileira, cheia de consequências para os poetas que sucederam ao modernismo e, em particular, para o mais importante dentre eles, João Cabral de Melo Neto.

Entretanto, num ou noutro gênero de elocução cujo excepcional vigor expressivo a análise estilística aqui esboçada pretendeu apenas indicar (e cuja coexistência, com um leve recuo da hegemonia da musa filosófica, marca a última maneira do poeta), Drummond surge como um dos primeiríssimos poetas brasileiros, e o mais importante de sua época. Cantor da terra e da cidade, analista sutil da criação poética, *moralista* fascinado pelas paixões do homem e pela ordem do mundo, ele é, depois de Machado de Assis – com quem divide tanto o humor desiludido quanto a atitude lúdica no tocante à forma e ao verbo – o principal exemplo, na literatura brasileira, da obra literária votada à *problematização* da vida. Ora, a única função válida e legítima de um texto literário, pelo menos desde a Revolução Industrial, é justamente *a problematização do real,* distinta a um só tempo da edificação moral e do simples divertimento. Como todo grande poeta (e não sendo senão poeta e somente poeta), Carlos Drummond de Andrade é muito mais que um bom escritor. É um grande praticante da poesia como jogo do conhecimento[4] – e da sabedoria.

---

[4] A excelente expressão "poetry as a game of knowledge" pertence a W. H. Auden. Ver seu texto *Squares and Oblongs* (1948), citado segundo *The Modern Tradition,* antologia organizada por Richard Ellmann e Charles Feidelson Jr., Oxford University Press, 1965, p. 209-14.

POSFÁCIOS À 3ª EDIÇÃO

O FENÔMENO MERQUIOR[1]

José Mário Pereira

"A mais fascinante máquina de pensar do Brasil pós-modernista – irreverente, agudo, sábio", na feliz expressão de Eduardo Portella, José Guilherme Merquior espantava pela versatilidade e capacidade de metabolizar ideias. No Brasil do século XX sua obra foi um marco, e sua morte prematura, aos 49 anos, no dia 7 de janeiro de 1991, um desastre incontornável para a cultura brasileira, que dele ainda tinha muito a receber. Identificado quase sempre como polemista – o que, em se tratando de Merquior, é redutor –, a riqueza heurística de sua produção intelectual está ainda por ser enfrentada sem a leviandade e a preguiça mental contra as quais tanto se bateu.

Por muitos meses hesitei em escrever estas notas. Somente a paciência e a compreensão do poeta e historiador Alberto da Costa e Silva conseguiram pôr a nocaute meu quase pânico em depor sobre o amigo cuja vida, no seu momento de maior esplendor criativo, acompanhei de perto. O fato é que sua morte abrupta chocou a todos, em especial os que esperávamos poder desfrutar de sua verve e inteligência por muitos anos. Imagino que a seus leitores também. A ideia de condensar num texto sua trajetória intelectual e humana, e também o drama dos dias finais, que ele encarou com estoicismo, não é uma tarefa fácil.

Merquior já teria agora mais de sessenta anos; não obstante, continua a ser denegrido por muitos que não o conheceram nem o leram. Não poderia eximir-me, portanto,

---

[1] Ensaio originalmente publicado no livro *O Itamaraty na Cultura Brasileira*, organizado por Alberto da Costa e Silva (Brasília, Instituto Rio Branco, 2001). Agradecemos ao autor a autorização para sua republicação.

de dar um testemunho e fornecer alguns elementos para um retrato da maior figura intelectual de sua geração, diplomata exemplar e ser humano inesquecível. Espero, pelo menos, desenhar um esboço, pálido que seja, do que José Guilherme Merquior representou como personalidade e presença vital no mundo da cultura brasileira e internacional.

* * *

Nascido sob o signo de Touro, em 22 de abril de 1941, na Tijuca, zona norte do Rio de Janeiro, filho de Maria Alves Merquior (Dona Belinha) e Danilo Merquior, advogado, José Guilherme era irmão mais velho de Carlos Augusto, Marco Aurélio e Maria Cristina. A família morava então na rua Doutor Satamini, 94, apto. 402, perto do Colégio Lafayette, onde ele estudou e, desde cedo, impressionou pela inteligência e precocidade. Da primeira viagem à Europa, ainda adolescente, trouxe um busto de Voltaire – tão pesado que seu transporte foi um pesadelo familiar. E um dos primeiros presentes que ganhou do pai foi a abertura de uma conta sem limite na livraria Leonardo da Vinci, de Vanna Piracini, no centro do Rio.

Na universidade cursou Direito, mas entre os professores a quem mais se afeiçoou estão Dirce Cortês Riedel, de Literatura, e Antonio Gomes Penna, de Psicologia. À primeira dedicou seu livro sobre Drummond, lançado na década de 1970, afirmando que ela "despertou em mim o amor da literatura do nosso tempo"; e era na casa do segundo que muitas vezes preferia hospedar-se quando, já diplomata, passava pelo Rio.

No início da década de 1960, Merquior dava aulas de estética em seu apartamento de Santa Teresa a alunos atraídos por um anúncio de jornal que ele mandara publicar. E foi aí que, já casado com Hilda, sua companheira de colégio, recebeu para um jantar em torno do sociólogo americano Talcott Parsons, em julho de 1965. Mas não quis tornar-se professor universitário: preferiu fazer concurso para o Itamaraty, no qual tirou o primeiro lugar. Em 1963, Manuel Bandeira o convidou para organizar com ele a antologia *Poesia do Brasil*. Colaborava então em revistas como *Praxis, Senhor, Cadernos Brasileiros* e *Arquitetura*. Embora já tivesse publicado artigos no *Jornal do Brasil* em 1959, só no ano seguinte se vinculou ao Suplemento Dominical, então dirigido por Reynaldo Jardim. Numa nota intitulada "Bilhete de editor", publicada no alto da página em 30 de abril de 1960, lê-se:

> A primeira colaboração de JGM nos chegou como centenas de outras através de nossa seção *Correspondência*. Bastou ler o primeiro artigo para constatarmos que estávamos frente a um legítimo escritor amplamente capacitado a colaborar conosco. Publicamos o artigo e tempos depois chegou outro comprovando a categoria intelectual de seu autor. Mais um ou dois artigos de JGM vieram às nossas mãos sem que o conhecêssemos pessoalmente.

E finaliza o editorial:

> Aqui estará ele, sem o compromisso do aparecimento semanal, mas mantendo um certo ritmo em sua colaboração que pretendemos venha contribuir para a melhoria do nível de produção poética em nosso meio.

Neste Suplemento Dominical do *Jornal do Brasil* Merquior assinou mais de cinquenta ensaios entre 1959 e 1962, alguns de página dupla. Os temas são estéticos, literários e filosóficos. "Neoolakoon ou da espacio-temporalidade" (17/10/1959) não foi incluído em livro; "Galateia ou a morte da pintura I e II" (26/11/1960 e 07/01/1961) também não. Há apreciações devastadoras sobre livros de poetas – *O Pão e o Vinho*, de Moacyr Félix, em 07/05/1960; *O Dia da Ira*, de Antonio Olinto, em 20/08/1960; *Operário do Canto*, de Geir Campos, e *Vento Geral*, de Thiago de Mello, em 12/06/1960; *Ode ao Crepúsculo*, de Lêdo Ivo, em 03/06/1961; *Três Pavanas*, de Gerardo Mello Mourão, em 03/06/1961. Mas há também elogiosas considerações sobre Cassiano Ricardo, Murilo Mendes, Marly de Oliveira, e até para o hoje desconhecido Edmir Domingues, cujo *Corcel de Espuma* comentou em 04/02/1961.

No prefácio ao volume *Crítica (1964-1989)*, de 1990, afirmava, rigoroso, sobre esses artigos:

> Na época, os artigos nada indulgentes de minha coluna de crítica no *SDJB*, "Poesia para amanhã", incomodavam bastante vários versejadores. Hoje receio que eles incomodem principalmente o próprio autor, menos pela contundência que pela sua superficialidade.

Qualificado por Haroldo de Campos, em artigo no caderno Mais! da *Folha de S.Paulo,* de "crítico conservador" (19/04/1992), já em outubro de 1960 Merquior percebia – e elogiava – a novidade do trabalho de tradução de Augusto, irmão dele, em *E. E. Cummings. 10 Poemas*:

> O livro – muito bem apresentado – traz inclusive uma objetiva introdução de A. C. à técnica de E. E. C. Quanto à versão para o português, é a melhor desejável. De uma maneira geral, A. C. manteve uma fidelidade digna de aplauso, e ainda por cima sem se restringir a um servilismo antipoesia. Nós sabemos quantas vezes o *traddutore*, por não querer ser *traditore*, acaba mais traidor do que nunca... Mas a lealdade de A. C. é muito mais ampla. Ela acompanhou a invenção de Cummings quando não é mais possível a simples tradução.

Basta examinar a relação desses artigos no *Jornal do Brasil*, alguns incluídos em *Razão do Poema*, para verificar o grau de maturidade intelectual alcançado precocemente por Merquior. Exigente consigo mesmo, resistiu a todos os apelos para reeditar seus livros iniciais. Desculpava-se dizendo que muito tinha a publicar antes de começar a reeditar. Na antologia de ensaios lançada um ano antes de sua morte referia-se aos artigos não incluídos no primeiro livro:

> Excluí desta antologia todos os meus ensaios de estreia, todos os que publiquei desde 1959 no "Suplemento Dominical" do *Jornal do Brasil*, na revista *Senhor* e em outros lugares e não recolhi em minha primeira coletânea crítica, *Razão do Poema*, de 1965. (...) Barrei sem remorso a minha juvenília. Como dizia meu saudoso

amigo Murilo Mendes, precisamos ser contemporâneos, e não apenas sobreviventes, de nós mesmos.

***

Na conferência que fez no PEN Club, em junho de 1991, por sugestão afetuosa do cientista político Celso Lafer, que o trouxe ao Rio, Antonio Candido falou pela primeira vez, demoradamente, de Merquior. Em 18 de setembro de 1995, a meu pedido, o crítico enviou-me a versão escrita de trecho dessa fala, que reproduzi, em parte, na contracapa da reedição de *Razão do Poema*, pela Topbooks, em 1996. Transcrevo, por sua importância, a página integral, síntese perfeita da *forma mentis* de Merquior:

> (...) foi sem dúvida um dos maiores críticos que o Brasil teve, e isto já se prenunciava nos primeiros escritos. Lembro como sinal precursor o ensaio que escreveu bem moço sobre "A canção do exílio", de Gonçalves Dias, fazendo uma descoberta que dava a medida de sua imaginação crítica – entendendo-se por imaginação crítica a capacidade pouco frequente de elaborar conceitos que têm o teor das expressões metafóricas ou o voo das criações ficcionais. Estou falando do seguinte: ao comentar a afirmação costumeira de que o famoso poema é tão bem realizado porque não tem adjetivos, ele mostrou que a sua eficiência provém na verdade do fato de ser todo ele, virtualmente, uma espécie de grande expressão adjetiva, uma qualificação sem qualificativos, devido à tonalidade do discurso.
>
> Num de seus ensaios mais recentes ele disse que a falta de informação filosófica prejudicava a maioria da crítica brasileira. Ora, deste mal ele estava galhardamente livre. A sua acentuada vocação especulativa e a vasta erudição que a nutria lhe permitiram fazer do trabalho crítico uma investigação que não se satisfazia em descrever e avaliar os textos, mas desejava descobrir o sentimento entesourado e em seguida ligá-lo a outros produtos da cultura. Daí um cruzamento

fertilizador, característico do seu trabalho: o pensador José Guilherme Merquior era capaz de expor os seus pontos de vista com a expressividade de um escritor versado na melhor literatura, enquanto o crítico José Guilherme Merquior era capaz de interpretar os textos ou traçar a articulação dos movimentos com a capacidade dialética de discriminar e integrar, própria da mente filosófica. Por isso, poucos foram tão capazes de associar o impulso do pensador ao olhar do leitor penetrante. Nele, era notável a combinação de gosto fino, argúcia analítica, precisão da síntese e transfiguração reflexiva.

Não espanta que, sendo dotado de tais qualidades, Merquior tenha podido com igual maestria fazer análises finíssimas e construir visões integradoras. Ele sabia desmontar a fatura dos textos sem os reduzir à mecânica formalista e inscrever as obras na sequência temporal sem deslizar para o esquema. Sobrevoando esses dons, a linguagem adequada, expressiva, cheia de flama, parecendo comunicar à página o ritmo trepidante que foi a sua vida de impetuosa dedicação às coisas mentais.

Em algumas passagens de seus livros, Merquior esboça uma autobiografia intelectual, como, por exemplo, em *A Natureza do Processo* (1982), escrito em cinco semanas por provocação do editor Sérgio Lacerda:

> (...) o autor não deixa de considerar este livro um reflexo de algumas das preocupações mais vivas de sua geração – uma geração condenada a aprender, na velhice do século, as lições que a história contemporânea já permite extrair da longa emulação de sistemas sociais no nosso tempo.

Ou nas páginas introdutórias de *Crítica (1964-1989)*, que reviu no México, e lhe provocava recordações dos primeiros anos de atividade:

> Meu trajeto ideológico foi passavelmente errático até desaguar, nos anos 1980, na prosa quarentona de um

liberal neoiluminista. Se desde cedo mantive uma posição constante – a recusa dos métodos formalistas, então em pleno fastígio – por outro lado meu quadro de valores mudou muito, especialmente no que se refere à atitude frente às premissas estéticas e culturais do modernismo europeu, berço da doxa humanística de nosso tempo.

Antes, em abril de 1981, no discurso de agradecimento pelo prêmio de ensaio do PEN Club, que li em seu nome na cerimônia a que não pôde comparecer, declarou:

> Ensaísta que procura não fugir às necessárias tomadas de posição, e insiste em exercer a escrita como discurso eminentemente crítico e autocrítico, não posso deixar de receber a distinção tão expressiva com o sentimento de que o combate por uma literatura menos formalista, mais racional e mais humana, não é uma luta vã – embora seja travada contra várias das mais poderosas mitologias da nossa época. A honra é grande, o estímulo ainda maior; meu agradecimento só pode tomar a forma de uma renovada fidelidade à defesa das letras contra toda superstição ideológica.

* * *

Em 1966 seguiu para Paris, seu primeiro posto internacional, como terceiro-secretário, levado por Bilac Pinto. Nessa época Merquior correu o risco de ser cassado: dera conferências no Iseb, participara da organização de um festival de cinema russo no MAM, e, em Brasília, ajudara a coordenar uma exposição de fotógrafos cubanos, pelo que teve de responder a inquérito. Depois trabalhou em Bonn, Londres, Montevidéu, novamente em Londres, uma rápida volta a Brasília, a seguir no México, e mais uma vez em Paris, onde estava como embaixador junto à Unesco quando foi surpreendido pela doença que o mataria, meses depois, nos Estados Unidos, em janeiro de 1991.

José Guilherme Merquior fez no Itamaraty uma carreira rápida e brilhante, o que não significa que tenha sido fácil. Algumas vezes o vi irritado com intrigas e perseguições veladas. Azeredo da Silveira, por exemplo, perseguiu-o o quanto pôde, por identificá-lo como funcionário e amigo de confiança de Roberto Campos. Depois que Merquior foi promovido, mandou-lhe um telegrama de cumprimentos. Recebeu imediatamente outro de Merquior, repudiando as felicitações. E um embaixador da família e da equipe de Collor se opôs decisivamente à ideia de sua nomeação para o posto de chanceler.

Mas pertenciam também ao Itamaraty alguns dos amigos que mais estimava na vida: Paulo Renato Rocha Santos, a quem dedicou o ensaio sobre Gonçalves Dias; Jerônimo Moscardo de Souza, que chegou a morar em sua casa no período de preparação para o concurso do Itamaraty; Alberto da Costa e Silva, que o ajudou a se safar de problemas burocráticos, numa amizade ainda mais fortalecida pelo apreço que Merquior tinha pela obra poética de Da Costa e Silva, pai; Marcílio Marques Moreira, o interlocutor permanente e elo afetivo com San Tiago Dantas; Rubens Ricupero, cuja clareza mental e conhecimentos de política externa e economia eram para ele fonte de permanente consulta; e Roberto Campos, que sempre procurou ajudá-lo na carreira, como provam algumas cartas do arquivo pessoal de Merquior. Fascinado por sua inteligência, Campos costumava enviar textos de sua autoria para que ele comentasse. Foi ainda na casa de Merquior em Brasília, na noite do dia em que Henry Kissinger fez conferência na UnB interrompida pelos estudantes, que Campos acertou os últimos detalhes de sua candidatura ao Senado por Mato Grosso.

No começo da carreira conheceu San Tiago Dantas, que se tornou seu amigo. Por especial empenho de Merquior, San Tiago foi o paraninfo da turma de 1963 do Instituto Rio Branco, que escolheu o jovem crítico para orador. O convívio deles foi curto, mas afetuoso. Sempre que se referia ao autor de *Dom Quixote – Um Apólogo da Alma Ocidental*, fazia-o com admiração, e gostava de recordar suas idas à casa dele na rua Dona Mariana, em Botafogo, onde a filosofia alemã e a literatura francesa – notadamente Proust, uma das paixões literárias do anfitrião – eram o tema dominante. Relembrava também, com especial emoção, uma visita à casa de San Tiago em Petrópolis na companhia de Hilda, Marcílio Marques Moreira e Jerônimo Moscardo de Souza, ocasião em que o político serviu canjica com coco, sobremesa muito apreciada por Merquior.

Em sua biblioteca, hoje no Centro Cultural Banco do Brasil, no Rio, há alguns livros de San Tiago, entre eles um exemplar de *Figuras do Direito* (José Olympio, 1962) dedicado: "A José Guilherme Merquior, com a estima e admiração de San Tiago Dantas". A data é 24 de julho de 1964, menos de dois meses antes da morte do ex-chanceler, às 6 da manhã do dia 6 de setembro. Sob o impacto dessa morte, Merquior escreveu um artigo e, como de praxe, consultou o Itamaraty antes de divulgá-lo. Era seu desejo publicar no *Jornal do Brasil*, conforme se lê no pedido que o então terceiro-secretário enviou, no dia 16 de setembro de 1964, ao chefe do Departamento Consular e de Imigração do Itamaraty, solicitando "juízo favorável à publicação do referido texto". No protocolo, há quatro rubricas e apenas uma assinatura legível – a do secretário-geral A. B. L. Castelo Branco. No parecer final, lê-se: "Só poderá ser autorizada a publicação se o funcionário escoimar do artigo toda opinião política, na forma dos regulamentos em vigor. Nada há a opor aos merecidos elogios pessoais". Como o artigo nunca apareceu nas páginas do *JB*, é de se supor que Merquior, a ter que suprimir passagens do texto, preferiu não publicá-lo. Contratempos à parte, ele não deixava de reconhecer que devia ao Itamaraty o fato de ter realizado a trajetória intelectual que conhecemos.

O emocionado artigo de Merquior começa assim:

> Junto ao túmulo de San Tiago Dantas, Afonso Arinos e Roberto Campos falaram dele como do mais dotado representante de sua geração; disseram da invencível tristeza de ver desaparecer, colhido aos cinquenta e poucos anos, aquele exemplo superior de uma geração que, tendo chegado tarde ao poder, parece destinada a

sofrer a sua fugacidade até mesmo na perda prematura de alguns de seus melhores membros.

Inédito até a morte de Merquior, esse texto destaca o sentido pedagógico da atuação pública de San Tiago para as novas gerações e reconhece a originalidade de sua visão da sociedade brasileira e das relações internacionais, ressaltando que sempre sobrepôs ao tosco moralismo – tendo na época na UDN a mais alta representação – uma visão larga dos problemas, amparada permanentemente numa ética e num entendimento íntimo da "razão histórica". Em 1969, Merquior dedicou à memória de San Tiago *Arte e Sociedade em Marcuse, Adorno e Benjamin*, primeiro tratamento sistemático, entre nós, sobre a Escola de Frankfurt.

Em todos os postos onde esteve procurou difundir a cultura brasileira. Embaixador no México, criou a cátedra Guimarães Rosa, além de ter realizado a compra da atual sede da embaixada por empenho pessoal junto ao presidente José Sarney. Ali tornou-se íntimo do poeta e ensaísta Octavio Paz, que viria a saudá-lo na sua despedida, em nome dos mexicanos, numa simpática festa organizada por Hilda nos jardins da embaixada. A convite de Paz, voltaria ao México, já doente, para o seminário "El siglo XX: La experiencia de la libertad", organizado pela revista *Vuelta* e pela Televisa, participando do debate sobre "La nueva Europa, Estados Unidos y América Latina", ao lado de Daniel Bell, Hugh Thomas, Mario Vargas Llosa, Jean François Revel. Teve alguns livros editados pelo Fondo de Cultura Económica, a mais prestigiosa editora mexicana, e colaborou em revistas como *Vuelta*, de Octavio Paz e Enrique Krause; *Cuadernos y Libros Americanos*, de Leopoldo Zea, e *Nexos*, de Hector Aguilar Camín. Foi Krause, historiador que estimava por sua corajosa revisão da história mexicana, quem melhor escreveu sobre Merquior depois de sua morte, no artigo "O esgrimista liberal" (*Vuelta*, janeiro de 1992).

(...) Sua maior contribuição à diplomacia brasileira no México não ocorreu nos corredores das chancelarias ou através de relatórios e telex, mas na tertúlia de sua casa, com gente de cultura deste país. (...) A Embaixada do Brasil se converteu em lugar de reunião para grupos diferentes e até opostos de nossa vida literária. Lá se esqueciam por momentos as pequenas e grandes mesquinhezas e se falava de livros e ideias e de livros de ideias. Merquior convidava a gregos e troianos, escrevia em nossas revistas e procurava ligar-nos com publicações homólogas em seu Brasil. (...) Merquior cumpriu um papel relevante: foi uma instância de clareza, serenidade e amplitude de alternativas no diálogo de ambos os governos.

* * *

Professor no King's College, em Londres, doutorou-se em letras pela Sorbonne, orientando de Raymond Cantel, com tese sobre Carlos Drummond de Andrade aprovada com louvor em junho de 1972. Depois de levar meses para acusar a remessa dos capítulos que Merquior lhe enviava, Drummond respondeu:

> Eu poderia tentar justificar-me alegando que esperava o recebimento do texto completo para lhe escrever. Mas a verdade verdadeira é que, desde a leitura das primeiras páginas, me bateu uma espécie de inibição que conheço bem, por ser velha companheira de minhas emoções mais puras. Se você estivesse ao meu lado nos momentos de leitura, decerto acharia graça na dificuldade e confusão das palavras que eu lhe dissesse. Talvez até nem dissesse nenhuma. E na minha cara a encabulação visível diria tudo... ou antes, não diria nada, pois o melhor da sensação escapa a esse código fisionômico. Senti-me confortado, vitalizado, vivo. Meus versos saem sempre de mim como enormes pontos de interrogação, e constituem mais uma procura do que um resultado. Sei muito pouco de mim e duvido muito – você vai achar graça outra vez – de minha existência. Uma palavra que venha de fora pode trazer-me uma certeza positiva ou negativa.

A sua veio com uma afirmação, uma força de convicção que me iluminou por dentro. E também com uma sutileza de percepção e valorização crítica diante da qual me vejo orgulhoso de nobre orgulho e... esmagado. Eis aí, meu caro Merquior. Estou feliz, por obra e graça de você, e ao mesmo tempo estou bloqueado na expressão dessa felicidade.

Também doutorou-se na London School of Economics, sob a batuta de Ernest Gellner – de quem viria a se tornar amigo e introdutor da obra entre nós – com tese sobre a teoria da legitimidade em Rousseau e Weber, publicada depois pela Routledge & Kegan Paul, e que, no posfácio, em 1990, à edição brasileira finamente traduzida por Margarida Salomão, qualificou de "meu livro mais elaborado". Este passou quase despercebido no Brasil, embora tenha provocado na Inglaterra o mais vivo interesse acadêmico, ganhando elogios de Peter Gay, John Hall e Wolfgang Mommsen, grande especialista em Weber.

Ele poderia ter sido igualmente um crítico imbatível de artes plásticas, porque acompanhava tudo a respeito, mantendo-se atualizado sobre as novidades teóricas no setor. Adorava Poussin, Tiepolo, mas também escreveu sobre Degas, Hodler, Lygia Clark, Lygia Pape e outros. Vejam-se os eruditos ensaios que dedica ao tema em *Formalismo e Tradição Moderna*. Em viagem a Florença, já doente, fez questão de rever a capela Brancacci, onde se encontram os afrescos de Masaccio, pintor que tanto estimava. Pode-se mesmo dizer que a Itália foi a sua pátria artística, e não escondia o desejo de, um dia, ser nomeado embaixador nesse país.

***

Quando decidiu candidatar-se à Academia Brasileira de Letras não imaginava que a disputa com Arnaldo Niskier iria se prolongar por mais de um ano. Examinou as possibilidades. Escreveu à mão uma tabela com os nomes dos acadêmicos por estado: na Bahia, onde supunha ter mais votos, os de Luiz Viana Filho, Jorge Amado,

Herberto Sales e Eduardo Portella. Ao lado do último nome desenhou um envelope, ou seja, Portella votaria por carta. O mesmo desenho aparece ao lado do nome de João Cabral. Na horizontal lia-se a lista por estados; na vertical os nomes dos membros da ABL agrupados segundo as expectativas de voto: "certos, prometidos, prováveis, possíveis, certos para Niskier". Na primeira votação ninguém conseguiu *quorum*. Niskier tinha em Austregésilo de Athayde, presidente da casa, seu mais poderoso aliado.

Marcou-se nova eleição para meses depois. O poder de que diziam estar Merquior aureolado não contou. Não houve ministro nem presidente Figueiredo fazendo pedidos constrangedores aos votantes. Merquior teve de acompanhar sozinho o desenrolar da campanha. O empresário José Carlos Nogueira Diniz, amigo e compadre, pôs à sua disposição um pequeno apartamento na Sá Ferreira – rua onde morava sua mãe, Dona Belinha – e ele vinha para o Rio nos finais de semana encontrar-se com eleitores e amigos. Em novembro de 1982, elegeu-se, depois de longa disputa, à vaga de Paulo Carneiro na ABL, vencendo por 22 votos contra 15 dados a Niskier e um a Geir Campos. A recepção, na vitória, foi patrocinada pelo mesmo Nogueira Diniz, que recebeu, em seu apartamento na Barra da Tijuca, convidados em grande maioria da república das letras. O discurso de posse, que muitos levam meses a escrever, Merquior fez num fim de semana, e no dia da cerimônia, 11 de março de 1983, chegou à Academia de táxi. Nada que sugerisse o poder que lhe era atribuído.

Nessa ocasião entrevistei-o para a *Última Hora* (13/11/1982) e, entre outros assuntos, perguntei-lhe sobre o liberalismo. Sua resposta:

> O liberalismo moderno é um social-liberalismo, é um liberalismo que não tem mais aquela ingenuidade, aquela inocência diante da complexidade do fenômeno social, e em particular do chamado problema social, que o liberalismo clássico tinha. O liberalismo moderno não

possui complexos frente à questão social, que ele assume. É a essa visão do liberalismo que eu me filio.

Sobre a validade dos conceitos de *direita* e *esquerda* afirmou:

> Eu acho que esse tipo de conceituação está em grande parte esvaziado pelo uso demasiado sloganesco que dele tem sido feito. O problema da direita *versus* esquerda, usado na base do clichê, tem levado realmente a muito pouca análise. É o caso típico em que a discussão produz mais calor do que luz. Trata-se de palavras dotadas de uma grande carga emocional e que são usadas para fins puramente polêmicos na vida política e no combate ideológico. Eu hoje sou um cético em relação ao uso dessas categorias.

* * *

O último ensaio de Merquior chamou-se "Situação de Miguel Reale", para o volume *Direito Política Filosofia Poesia*, coordenado por Celso Lafer e Tércio Sampaio Ferraz Jr. para a editora Saraiva, comemorativo do octogésimo aniversário de Reale. Embora escrito em meio a exames médicos, pois a doença estava avançada, provocou o entusiasmo de Reale, que em carta de 7 de dezembro de 1990 assim o expressou:

> É uma análise abrangente e profunda, ponto de partida essencial a qualquer nova indagação, a começar pelas observações sobre o culturalismo. Você viu bem a correlação de meu pensamento com o de Croce, pois bem cedo fui um leitor entusiasta de sua revista, *Critica*, que renovou o pensamento italiano. (...) A influência de Hegel e Marx em minha formação foi atenuada pela filtragem croceana, revelando-se logo minha oposição a Gentile e seu idealismo "*attualista*". (...) Outro ponto que me impressionou foi o seu paralelo com Raymond Aron, a quem me aproximo pela constante vivência da problemática filosófica em sintonia com a política.

Trabalhador intelectual incansável e extremamente organizado, Merquior escrevia com rapidez, praticamente sem corrigir. Uma vez, já no aeroporto, de volta para Londres, se deu conta de que não preparara seu artigo semanal para o *Jornal do Brasil*. Pediu-me que conseguisse umas folhas de papel e voltasse em meia hora. Fui passear pelo aeroporto e, quando retornei, recebi o manuscrito e um novo pedido: que fizesse a gentileza de mandar datilografar e enviar, no dia seguinte, ao Mario Pontes, do *Jornal do Brasil*. Escrevendo de Londres, em 16 de outubro de 1984, ao mesmo Miguel Reale, que lhe estranhara o silêncio dos últimos meses, conta:

> A razão do meu silêncio é a infindável labuta de minha pena este ano, ora em pleno terceiro livro. No primeiro semestre, redigi um estudo sobre Foucault, a sair aqui dentro de um ano, e um exame crítico algo alentado do estruturalismo e sua sequela: *From Saussure to Derrida* (350 p.). Agora me encontro todo entregue a um volume, mais conciso, sobre o marxismo ocidental. Todos encomendas locais. Mas deram e dão trabalho: releituras, novas leituras, reapreciações...

* * *

Um artigo fundamental para a compreensão do modo como Merquior pensava o Brasil publicou-se na *Folha de S.Paulo* em 10/03/1985. "Nova República: o horizonte social-liberal" começava dizendo:

> Como imaginar o Brasil da Nova República? Talvez não seja mau começar por uma constatação: a de quanto o nosso país, até aqui, já conseguiu desmentir os estereótipos mais renitentes sobre a América Latina em seu conjunto.

E finalizava com um agudo perfil de Tancredo Neves:

> Graças a seu senso histórico-filosófico do papel do Estado, Tancredo regenera a noção da autoridade

legítima entre nós. Daí a tranquila, suave impressão que cerca, nesse homem proverbialmente afável, o sentido no entanto vivíssimo da autoridade. Reparem nas montanhas de Minas: delas emana uma majestade amena, muito diversa da monumentalidade abrupta de outros relevos. Algo semelhante deflui da *imago potestatis* de Tancredo. Essa *majestas* sem pompa, mas sempre cônscia da própria dignidade, é a que melhor consulta os requisitos do poder em reconstrução na transição democratizante. (...) No discurso de Vitória, Tancredo preconizou o reforço da democracia e a reanimação do princípio federal. O poder, na Nova República, admite, deseja desconcentrar-se. E pode fazê-lo, porque o que perder em concentração será ganho em autoridade. No ciclo atribulado da nossa Quarta República, Juscelino nos ensinou o convívio com o desenvolvimento. A grande, sóbria esperança da Nova República é que com Tancredo, nosso príncipe civil, a nação interiorize de vez a vivência da democracia. Qualquer coisa aquém disso seria indigna do Brasil moderno.

O desejo de interferir no debate social brasileiro levou Merquior a escrever, em diversas ocasiões, a políticos com quem tinha relações de amizade. A José Sarney, então presidente, endereçou cartas hoje preciosas para a análise do seu pensamento político, como é exemplo a que mandou de Londres, em 15 de abril de 1985:

> A meu ver, seu governo será um bombom: o recheio é castelista (Sarney, Leônidas), mas o envelope de chocolate será a Aliança Democrática, com dominante PMDB.
> A alternativa: governar também com o PDS, me parece ir, se a dose for muito alta, contra a aspiração de mudança que anima o país, e portanto poderia impopularizar. O que, evidentemente, não proíbe o aproveitamento de um que outro nome nacional do PDS.
> A permanência do Presidente no PMDB torna-se, por essa lógica, a essa altura, imprescindível. Se V. lá está,

para que sairia? O único resultado prático de uma eventual preferência pelo PFL seria entregar o maior partido ao herói de Homero.

Quando o que seria conveniente contê-lo, em sua condição de alternativa latente para seu poder presidencial, aliciando para tanto boa parte do PMDB. Como? Reforçando a ligação Sarney-Lyra. Fazendo talvez Fernando Henrique ministro (do exterior? da própria Casa Civil?). E sobretudo fazendo desde já certos gestos simpáticos à esquerda, embora – *ça va sans dire* – sem comprometer a linha moderada, social-liberal, que presidiu o nascimento da nova república. Uma *"apertura a sinistra"*, sem exagero.

Que gestos poderiam ser esses? De imediato, vejo dois. Um, o seu programa de emergência, *desde que assegurada a sua compatibilidade com o reforço efetivo do combate à inflação.*

Este ponto, meu caro Sarney, é absolutamente vital. V. está sendo – injustamente – acusado de não ligar para a severidade indispensável da nossa postura econômico-financeira. Nós, os literatos, seremos sempre acusados de moleza nesse capítulo. O jeito é impedir a todo custo que essa imagem falaciosa ganhe terreno. A inflação é de fato o mais cruel dos impostos: sempre atinge principalmente a pequena classe média e as camadas populares, e a preocupação de dominá-la não é nenhum preconceito direitista ou conservador.

Na mesma carta advoga o reatamento das relações com Cuba, colocando-se à disposição para trabalhar discretamente nesse processo:

> Outro gesto de grande charme para a esquerda: reatar relações com Cuba. Eles ficariam meio ano digerindo este pitéu, obrigados a achar que "pô, esse Sarney até que não é assim tão reaça..."
>
> Cuba hoje não oferece maiores perigos na América do Sul. O guevarismo já era. E o reatamento tem pelo menos três vantagens para nós:

a) abriria um significativo potencial de exportações brasileiras;

b) permitiria ao Brasil influir, em boa medida, na conduta internacional de Havana, como faz o México, em sentido moderador e realista;

c) evitaria que, no futuro, nosso reatamento se desse a reboque de uma reconciliação diplomática Cuba/EUA, reconciliação essa, a médio prazo, tão certa quanto o foi o reconhecimento de Pequim por Washington, na década passada.

Em 1º de outubro de 1990, Merquior teve um encontro com o presidente Fernando Collor de Mello na passagem deste por Paris, a caminho de Praga. Voltariam a se encontrar na residência parisiense de Baby Monteiro de Carvalho, quando conversaram a sós por quase uma hora. Nesta noite, Collor expôs suas ideias sobre um partido social-liberal e pediu a Merquior para desenvolver o tema. O ensaio que produziu, só conhecido por uns poucos com os quais discutia enquanto o elaborava, são, no original, 33 páginas datilografadas, nas quais estrutura uma "agenda social-liberal para o Brasil", abrangendo sete temas: a) o papel do Estado; b) democracia e direitos humanos; c) o modelo econômico; d) capacitação tecnológica; e) ecologia; f) a revolução educacional; e g) desarmamento e posição internacional do Brasil. Só não desenvolveu os itens d e e, sugerindo, já doente, que pedissem a Roberto Campos para fazê-lo.

Esses textos, pensados como programa de partido, escritos e ampliados a partir das intuições e indicações de Collor, foram depois publicados por este, provocando uma grande confusão nos jornais, que o acusavam de plagiar Merquior. Em *O Globo* de 10 de janeiro de 1992, Roberto Campos, com sua natural lucidez, resumiu a questão: "Vejo na atitude de Collor um procedimento normal a qualquer presidente, que raramente escreve seus artigos e discursos. A figura do *ghost-writer* é uma instituição mundial".

Nos últimos anos, sempre que Merquior vinha ao Brasil marcávamos visita ao escritório do advogado Jorge Serpa, para uma "auscultação" da situação política e econômica do país. Merquior gostava das análises de conjuntura que Serpa sabia fazer, da maneira como via o Brasil em consonância com o mundo lá fora. A conversa também passava por temas filosóficos, pois Serpa é um orteguiano de carteirinha, além de conhecedor de filosofia antiga, em especial o Platão do *Sofista*. Curiosamente, sempre que saíamos do escritório do advogado, então na Praça Pio X, Merquior pedia para irmos até a igreja da Candelária. Postava-se a admirar o interior, fazendo comentários estéticos, e nunca falava em religião ou fé. Mas penso que, no íntimo, esses assuntos o acicatavam.

Foi também Jorge Serpa quem pavimentou o caminho de José Guilherme Merquior até as páginas de *O Globo*. Certo dia, depois de almoçarmos na TV Globo, na hora da despedida, Roberto Marinho chamou Merquior a um canto da sala. Vi que ele balançava a cabeça negativamente, naquele jeito que só quem o conheceu poderia entender. E ria. Depois, no carro, contou-nos o diálogo: "Merquior, você tem alguma coisa contra *O Globo*?" – "Não, Dr. Roberto, nada. Por quê?" – "Porque nunca o vi escrevendo no *Globo*". Começava ali, naquela tarde, a coluna "A vida das ideias", que estreou a 6 de dezembro de 1987 e só terminou pouco antes de sua morte, com um artigo intitulado "O sentido de 1990".

A convite de Collor, Merquior estava em Brasília, a 20 de fevereiro de 1990, para o almoço em torno do escritor peruano Mario Vargas Llosa, então candidato à presidência do Peru, mas tendo ainda que enfrentar o segundo turno das eleições. O almoço, na casa do médico Eduardo Cardoso, teve também a presença do empresário Roberto Marinho. Dois dias antes Merquior me ligara de Londres, contando que estava fazendo as malas porque tinha recebido um telefonema de Marcos Coimbra informando que Collor o convocava a participar desse encontro. Os jornais logo começaram a especular sobre suas possibilidades ministeriais.

Viajei para Brasília no dia seguinte com Dr. Roberto e seu amigo Álvaro Dias de Toledo. No hangar, nos esperavam Merquior e Toninho Drummond, diretor da TV Globo na capital. Sugeri a Merquior que desse ao Dr. Roberto um quadro da situação, e deixamos os dois conversando por uns vinte minutos. Depois Toninho entrou num carro com Dr. Roberto e Álvaro, eu em outro, com Merquior, e rumamos para a Q.I. 15 do Lago Sul, endereço da bela mansão do amigo de Collor. Despedi-me de Merquior e fui, com Toninho e Álvaro, almoçar na TV Globo.

Por volta das 15h30, Roberto Marinho chegou do almoço. Descansou meia hora no sofá da sala de Toninho, e logo após seguimos para o aeroporto. No avião, perguntei: "O que o senhor achou do almoço? Viu chances em relação à nomeação de Merquior para o Ministério das Relações Exteriores?" E o Dr. Roberto: "Não tive oportunidade de conversar sozinho com o Collor. Aliás, tenho pouca intimidade com ele, apesar de conhecê-lo desde pequeno. Mas o Merquior foi prestigiadíssimo no almoço. A toda hora o presidente reportava-se a ele. Pediu-lhe, inclusive, que fizesse o discurso de saudação a Vargas Llosa".

À noite Merquior ligou para comentar os fatos do dia. Disse-me que o presidente dera a ele uma sala no Palácio para que trabalhasse no discurso de posse (depois modificado na segunda parte por Gelson Fonseca). Merquior ficou em Brasília até a quinta-feira, e esteve no Senado, onde seu encontro com Fernando Henrique Cardoso causou *frisson* entre repórteres e fotógrafos. Contou-me depois, de Paris, que Collor o havia sondado para o Ministério da Cultura, mas, diplomaticamente, fizera ver ao presidente que a nomeação lhe traria uma redução salarial drástica num momento em que os filhos Júlia e Pedro ainda se encontravam em idade escolar. Naturalmente teria aceitado o Ministério das Relações Exteriores, o coroamento da carreira no Itamaraty, mas nunca lamentou, nem demonstrou rancores de qualquer ordem: não era do seu feitio. Retomou os compromissos profissionais em Paris; para Collor escreveu ainda um discurso, lido na República Tcheca como saudação a Vaclav Havel, e outro para ser dito em Portugal.

***

Merquior era um contendor verbal rápido e certeiro, mas querer reduzi-lo apenas a polemista é um erro. A propensão ao debate de ideias, que muitas vezes levou-o a rebater com dureza os adversários, foi usada pela mídia com fins facilitários. Poucas vezes se procurou promover seriamente uma discussão profunda. Os adversários usaram sua veia polêmica para desqualificá-lo como figura exponencial da direita: se o argumento de Merquior era forte – e não havia dúvidas de que era um erudito imbatível – então a saída era atacá-lo noutro flanco.

Um caso sintomático ocorreu quando chamou a atenção para a presença de vários parágrafos de Claude Lefort em livro de Marilena Chauí, sem as devidas aspas. Em vez de desculpar-se – afinal, Merquior nunca falara em plágio, e sim em "desatenção", como disse, em julho de 1989, na *Folha de S.Paulo*: "Repito pela enésima vez que ao detectar a presença de frases de Lefort no texto de Marilena jamais me passou pela cabeça achar que ela o fazia com a intenção de esconder o leite" – a filósofa paulista revidou batendo na velha tecla de direita *versus* esquerda. O fato é que se armou uma tempestade em São Paulo, com direito até a abaixo-assinado e outras reações azedas contra ele.

Todos os que não conseguiam enfrentá-lo de forma minimamente razoável partiam para o agravo. Eduardo Mascarenhas, por exemplo, declarou que Merquior praticava "terrorismo bibliográfico", isso porque seus livros tinham muitas citações. Em nenhum fórum intelectual sério este tipo de argumento funcionaria. Então no auge da fama – por ter declarado que "jamais brochara" – Mascarenhas revelou, num programa de televisão em que Merquior era o entrevistado, que se dera ao trabalho de contar quantos nomes havia no índice onomástico de *As Ideias e as Formas*. Logo depois começaram os debates entre os dois no *Jornal do Brasil* sobre a validade científica e epistemológica da psicanálise. O jornal não economizou espaço. Merquior declarara, no *Canal Livre*, que "a psicanálise era uma doença do intelecto", e em "O avestruz terapêutico", artigo publicado no *Jornal do Brasil*, em 31 de janeiro de 1982, completava:

Desconfio que a próxima edição do perspicaz *Tratado Geral dos Chatos*, de Guilherme Figueiredo, trará um capítulo especialmente consagrado ao chato analisando, que, decretando "todo mundo neurótico", não descansa enquanto não vence a "resistência" (ou torra os países baixos) dos amigos e até conhecidos, no ignóbil afã de prostrá-los no divã.

No início dos anos 1980, o debate com os psicanalistas mobilizou a imprensa. Os artigos de Merquior no *Jornal do Brasil*, onde colaborava, dividiram a opinião dos intelectuais especialistas na matéria. O psicanalista Mascarenhas respondia pela categoria. Na época, dizia-se que seus textos, antes de publicados, eram lidos por colegas teoricamente mais preparados. Coincidência ou não, o fato é que lançou depois vários livros e jamais recolheu, em nenhum deles, o material que assinou durante a polêmica. Ele encarnava a classe ferida, da qual um dos gurus era Hélio Pellegrino. Este veio a publicar um artigo na *Folha de S.Paulo* (13/02/1982) sob o título: "Comigo não, violão!", no qual procurava desacreditar Merquior enfatizando tratar-se de "funcionário de governo antidemocrático". Como não apresentou nenhuma refutação teórica relevante, levou Merquior a dizer: "Trata-se de um pensador sem ideias e um autor sem livros". No artigo-resposta, publicado no mesmo jornal no dia 17 e intitulado "Escapismo e agressão", Merquior contra-atacava:

> As críticas que venho dirigindo à psicanálise certamente possuem uma quota de sátira, irresistivelmente provocada pela própria beatice que costumam exibir os círculos devotos de Freud. No entanto, desde o início, isto é, desde junho de 1980, quando foi lançado o livro *O Fantasma Romântico*, todos os textos em que procurei questionar a validez científica, terapêutica e cultural da psicanálise expõem vários argumentos e várias referências a pesquisas empíricas, uns e outras inteiramente independentes, em si mesmos, do tom de sátira ou ironia presente nesses escritos.

Merquior não conhecia Hélio pessoalmente. Nessa mesma época, fomos a uma galeria de arte em Ipanema, e, mal chegamos, noto pelo vidro o Hélio Pellegrino. Nisso, alguém vem falar comigo, e Merquior entra antes que pudesse preveni-lo de que Hélio estava lá. Fico acompanhando de fora o que se passa no interior, e daí a pouco o vejo em meio a um grupo onde se encontrava o psicanalista. Conversa longa, cheia de risos. Em seguida ele vai para outra roda. Quando consigo me deslindar, parto a seu encontro, e me pergunta: "Quem é aquele camarada simpático?". Era Hélio Pellegrino. Merquior riu muito ao saber.

Uma de suas maiores qualidades residia em saber apreciar o contendor inteligente. As discussões com Leandro Konder – de quem se tornara amigo antes dos vinte anos, quando se conheceram nas sessões de cinema do MAM e logo passaram a trocar ideias em torno da obra do marxista húngaro Georg Lukács – e com Carlos Nelson Coutinho, outro companheiro pelo qual tinha enorme afeição, contabilizava-as entre seus prazeres intelectuais. Respeitava críticas agudas, como a de Rubem Barbosa Filho a *O Marxismo Ocidental*, em julho de 1987, na revista *Presença*. E seu primeiro livro, *Razão do Poema*, ainda hoje considerado um feito por tê-lo publicado aos 25 anos, teve apresentação de Leandro Konder. Mas, ao contrário de Leandro e Carlos Nelson, houve também os que preferiram, para desviar a atenção, tachá-lo, simplesmente, de reacionário e intelectual orgânico da ditadura.

Entre os muitos com quem polemizou estava o sociólogo Francisco de Oliveira, que Merquior considerava "filosoficamente incompetente", desafiando-o para um debate público. O sociólogo recusou, mas se comprometeu a publicar qualquer ensaio que o desafiante enviasse aos *Cadernos Cebrap*, de que era diretor. Antes havia dito que só lera um livro do seu adversário. Em declaração à *Folha de S.Paulo*, Merquior atacava: "Enquanto não acontece o debate eu tenho duas tarefas para ele – ler alguns dos meus livros e realizar com categorias marxistas uma análise das reformas econômicas gorbatchovianas". Para Oliveira, o marxismo estava em plena vitalidade, enquanto para Merquior eram visíveis os sintomas de exaustão.

Polemizou também com Mário Vieira de Mello, nos *Cadernos RioArte*, sobre temas gregos; com Carlos Nelson Coutinho sobre a democracia no interior do marxismo; com José Arthur Giannotti; com o embaixador Meira Pena sobre o pensamento de Jung, e com muitos outros. Acusado por figuras como Carlos Henrique Escobar de "empregadinho da ditadura militar, servil servidor de um providencial cabide de empregos para intelectuais orgânicos", reagiu qualificando o adversário de "intelectual pigmeu e leviano".

Respondendo ao crítico literário Wilson Martins, que comentara em dois artigos, publicados em junho de 1984 no *Jornal do Brasil*, o livro *O Elixir do Apocalipse* (1983), num texto a que chamou "O martinete", ironizou:

> Minha famigerada erudição, já cansei de insinuar, mal passa de uma ilusão de ótica. Na maioria das vezes em que é indigitada, ela parece refletir apenas a ignorância dos que a acusam. Será minha culpa se, em nosso meio intelectual, volta e meia ainda se valoriza mais a sacação do que a fundamentação, o palpite do que o argumento, a alegre usurpação de ideias alheias do que o cuidado em identificar tradições de pesquisa e linhagens de pensamento?

Todas essas tomadas de posição eram atitudes críticas, não pessoais. Fez questão de convidar Marilena Chauí a dar conferência no México – e ela não aceitou. Certa vez referiu-se a Caetano Veloso como "um pseudointelectual de miolo mole". E fundamentava a opinião: "não compartilho dessa visão pateta do Brasil de que os grandes astros da música popular são intelectuais". Conversando com Caetano, há tempos, dele ouvi que, depois desse episódio, certa noite em São Paulo pediu a seu assistente para limitar a afluência ao camarim após o show, porque um compromisso o obrigava a sair tão logo finalizasse a apresentação. Soube depois que Merquior lá estivera, mas fora barrado pelo assessor, que não fazia a menor ideia de quem ele era. Caetano achou graça da desinformação de seu empregado, confessou que gostaria de ter recebido o ensaísta, e repetiu, divertido, a expressão "miolo mole", afirmando que Merquior estava certo. Creio que a conversa entre os dois teria sido cordialíssima.

***

Testemunhei inúmeras reações hostis a Merquior, em geral de pessoas que não o conheciam pessoalmente. Darcy Ribeiro, por exemplo, durante muito tempo só se referia a ele com ironias. "E o seu amigo de direita?", me perguntava. Ou ainda: "Como vai o protegido de Roberto Campos?". Nos seus cacoetes de homem de esquerda, costumava falar de supostas comissões recebidas pelo economista e diplomata e depositadas em nome de pessoas íntimas dele, como Merquior. Nas reuniões das manhãs de quinta-feira em seu gabinete, chamadas de "Culturinha" – quando acumulava os cargos de vice-governador e secretário de Cultura do Estado do Rio de Janeiro, no governo Brizola – vez por outra fazia comentários maledicentes sobre Merquior e sua obra – que intuía, mas não tinha lido. Surpreendi-me quando, um dia, Darcy me chamou com ar aliciante, dizendo: "Zé Mario, você tem falado com seu amigo reacionário?" Sabendo a quem se referia, respondi: "Falo sempre". E ele: "Preciso de uma ajuda. É o seguinte: o Brizola quer erigir um monumento a Zumbi dos Palmares. Vamos ter que abrir concurso, o que é um desastre, porque pela lei somos obrigados a aceitar a escultura ganhadora, e acho a escultura que se faz hoje no Brasil uma merda. A mais bela estatuária negra que já vi está no Museu Britânico, que possui uma magnífica coleção de estátuas do Benim, na Nigéria. Como ninguém sabe a cara que tinha Zumbi, minha ideia é pôr no monumento desenhado pelo Oscar (Niemeyer) a cópia de uma dessas estátuas, mas para isso preciso de uma reprodução em gesso de uma delas. Fale, por favor, com seu amigo em meu nome, e diga que estou pedindo a ajuda dele".

Telefonei imediatamente para Merquior, que se prontificou a colaborar. Nem imaginava a confusão burocrática em que se metera. No Museu, ao explicar o que desejava, lhe informaram que se tratava de patrimônio nacional da Nigéria, e era necessário pedir autorização. Ansioso, a toda hora Darcy perguntava pelo assunto. Até que Merquior desembarca no Brasil trazendo a desejada cópia, e me procura na vice-governadoria – exatamente numa quinta-feira, dia em que a equipe cultural de Darcy se reunia numa sala ao lado do seu gabinete. E chega quando os membros desse conselho começam a sair e se deparam com ele no corredor trazendo uma caixa debaixo do braço. Muitos ficam surpresos ao vê-lo, mas logo Darcy aparece e grita: "Merquior, que prazer vê-lo!" E dirigindo-se aos outros: "Bem, pessoal, me despeço de vocês, porque tenho muito o que conversar com o Merquior e o Zé Mario". Em seguida nos arrasta para seu gabinete, e o final da história está na Avenida Presidente Vargas, no monumento a Zumbi dos Palmares: aquela cabeça é a cópia tão desejada por Darcy e conseguida por Merquior...

Depois disso, sempre que ele vinha ao Brasil almoçávamos com Darcy, muitas vezes em seu apartamento, na esquina de Bolívar com Avenida Atlântica. E mudou a maneira de o antropólogo se referir a Merquior. Darcy passou a dizer: "Esse camarada é realmente muito inteligente". E conversavam, conversavam muito. Quando da inauguração do Memorial da América Latina, em março de 1989, Merquior o ajudou nos contatos com os convidados mexicanos. E veio a São Paulo a convite de Darcy, o comandante do evento, que hospedou os convidados – dele e do governo de São Paulo – no Macksoud Plaza. Darcy também convidou Merquior a escrever na *Revista do Brasil*, então sob sua tutela. A camaradagem adensou-se ainda mais quando descobriu que Merquior escrevera sobre Rondon. Fez questão de incluir o artigo no número 1 da revista *Carta*, que editava no Senado, e redigiu a nota: "Veja aqui o Merquior, jovem filósofo, avaliando Rondon, o maior dos humanistas brasileiros".

Ainda em março de 1989 acompanhei Merquior numa visita a Antonio Carlos Magalhães, internado no Incor, que nos recebeu de pijama curto, sereno, às vésperas de submeter-se a uma delicada cirurgia no coração. À noite fomos jantar com Celso Lafer e sua mulher Mary, e o encontro no Fasano revelou-se uma delícia, nem tanto pela comida, mas pelas saborosas histórias que ouvi de ambas as partes.

* * *

A biblioteca de Merquior construiu-se em função de suas urgências intelectuais. Nos primeiros anos predominou o interesse por temas literários. Quando se mudou para Paris, doou à UnB cerca de mil livros, afora os que deixou no Rio, na casa de sua mãe, na rua Sá Ferreira, e no escritório do pai. Numa passagem pelo Rio, abriu várias caixas de livros: separou alguns, me deu outros e doou o resto para a instituição onde o pai trabalhava. Havia de tudo nessas caixas, desde a obra inteira de Buckminster Fuller, que leu em virtude do então entusiasmo de Marcílio Moreira pelo autor, até uma inusitada *Méthaphysique du Strip-tease*, de um tal Denys Chevalier, que me ofertou, às gargalhadas, dizendo tratar-se de "leitura fundamental".

Chegando a Paris, intensifica a compra de livros de sociologia e antropologia. É o período de seu curso com Claude Lévi-Strauss, de quem se tornaria amigo, como se pode depreender das inúmeras cartas trocadas (e da nota de pesar que enviou a Hilda, logo após a morte do ex-aluno, confessando que "admirava em Merquior um dos espíritos mais vivos e mais bem informados de nosso tempo"). Já em Londres, acentua-se na biblioteca a presença de títulos de cunho liberal, obras de Weber e Rousseau, que foram usadas para a redação da tese de doutorado na London School of Economics.

Merquior contribuiu para a divulgação pioneira no Brasil da Escola de Frankfurt. Seu *Arte e Sociedade em*

Marcuse, Adorno e Benjamin, publicado pela Tempo Brasileiro de Eduardo Portella – e ao qual viria depois a se referir como livro excessivamente heideggeriano – é ainda hoje uma referência central ao tema. Dos pensadores tratados nesse volume, permaneceu o entusiasmo pelo heterodoxo Walter Benjamin. Na revista de Portella publicou muitos ensaios, além da entrevista que, junto com Sérgio Paulo Rouanet, fez com o pensador francês Michel Foucault, cuja obra examinaria criticamente depois, em livro publicado originalmente na Inglaterra e logo traduzido para várias línguas (inclusive o turco). Há nos ensaios de *O Fantasma Romântico* um certo enfrentamento crítico às posições defendidas por Octavio Paz. Eles irão, no entanto, estreitar relações no México, em função do ideário liberal que Merquior mais e mais defendia.

José Guilherme Merquior dividiu sua obra em duas categorias: 1) crítica; 2) estética, cultura, política. No primeiro grupo se encontram *Razão do Poema – Ensaios de Crítica e Estética* (1965); *A Astúcia da Mímese – Ensaios sobre Lírica* (1972); *Formalismo e Tradição Moderna – O Problema da Arte na Crise da Cultura* (1974); *O Estruturalismo dos Pobres e Outras Questões* (1975); *Verso Universo em Drummond* (1975); *De Anchieta a Euclides: Breve História da Literatura Brasileira I* (1977); *O Fantasma Romântico e Outros Ensaios* (1980); *As Ideias e as Formas* (1981); *O Elixir do Apocalipse* (1983); *De Praga a Paris* (1986). No segundo grupo: *Arte e Sociedade em Marcuse, Adorno e Benjamin – Ensaio Crítico sobre a Escola Neo-Hegeliana de Frankfurt* (1969); *Saudades do Carnaval – Introdução à Crise da Cultura* (1972); *A Estética de Lévi-Strauss* (1977); *O Véu e a Máscara: Ensaios de Cultura e Ideologia* (1979); *Rousseau e Weber: Dois Estudos de Teoria da Legitimidade* (1980); *A Natureza do Processo* (1984); *O Argumento Liberal* (1985); *Michel Foucault ou O Niilismo de Cátedra* (1985); *O Marxismo Ocidental* (1987); *Liberalismo Antigo e Moderno* (1990). Isso para não falar dos textos inéditos no Brasil, que serão reunidos sob o título *O Outro Ocidente*; os artigos em *O Globo*, a serem publicados com o nome da coluna,

A *Vida das Ideias*; e os dispersos em revistas e jornais e que não incluiu em livro.

Há ainda a organizar as polêmicas, as entrevistas e a correspondência, rica e variada, que, muitas vezes, ele xerocava antes de enviar. Neste caso estão as cartas que mandou a Gilberto Freyre, a primeira delas escrita em Bonn, entre 28 de julho e 3 de agosto de 1972, da qual destaco dois trechos:

> Prezado mestre Gilberto Freyre,
> Tive a honra e o prazer de conhecê-lo pessoalmente em Paris, há uns três ou quatro anos, na embaixada do Brasil (...). Não creio que o senhor se lembre do que me disse então sobre o seu projeto de livro dedicado aos cemitérios pernambucanos (projeto que me deixou curiosíssimo, ansioso pela possibilidade de comparar sua prosa necropolitana com os poemas tumulares de Drummond, João Cabral e Murilo Mendes, meus poetas de cabeceira entre os nossos modernos).
> Faço, desde 1960, uma crítica literária que procura enriquecer-se no contato com a filosofia e as ciências humanas. (...) pertenço a uma geração impregnada de hostilidade em relação a Gilberto Freyre. Embora desconcertado por, ou contrário a, mais de um juízo seu, não compartilho esse sentimento, a meu ver preconceituoso. Sou relativamente imune seja às restrições "científicas" a seu método sociológico, em geral feitas por gente surda ao verdadeiro exame de consciência que a sociologia se vem saudavelmente entregando (basta ver, no mundo alemão, a crítica ao pseudo-objetivismo sociológico, desde um Freyer até, hoje, um Habermas), seja nos sarcasmos dos que se enraivecem ante a "impossibilidade" de ajustar as análises socioculturais de obras como *Casa-Grande & Senzala* ao figuro "progressista".

Nessa longa carta, início de uma firme amizade, Merquior aproveita para cobrar recente declaração do sociólogo pernambucano:

(...) discrepo da sua porretada em Lévi-Strauss. O senhor sabe muitíssimo bem que não se trata de nenhum "mediocrão". Conheço bem a obra dele, fui seu aluno no Collège de France durante quatro anos. *Tristes Tropiques* é um texto saborosíssimo, de riqueza montaigniana, mas não é, como o senhor não ignora, uma coisa central na obra científica de L. S. O que aí se diz sobre um certo Brasil (especialmente paulista) não é, afinal, tão injusto quanto o senhor sugere. Ninguém melhor do que o senhor tem condições, entre nós, para aquilatar a riqueza de perspectivas de livros como *Anthropologie Structurale* e *La Pensée Sauvage*; livros, sobretudo o último, plenos de áreas de convergência com a analítica anti-idealista (anti-idealista sem metafísica "materialista", é claro; anti-idealista no sentido em que toda autêntica sociologia do conhecimento o é) e antietnocentrista de Gilberto Freyre. E L. S. não "desemburrou" no Brasil – desemburrou nos Estados Unidos, em contato com Jacobson, etc. Aliás, mesmo que ele tivesse sido realmente injusto com o Brasil, e daí? Não deveríamos nós – e Gilberto Freyre *a fortiori* – aplicar nossa indulgente tolerância brasileira ao caso? Tolerância que se desdobraria em objetividade de juízo, permitindo o reconhecimento do valor da obra de intelectuais menos amigos do Brasil.

Uma antologia de textos de Merquior deveria incluir as páginas sobre Machado de Assis contidas em *De Anchieta a Euclides*; o ensaio sobre Gilberto Freyre em *As Ideias e as Formas*; "A interpretação estilística da pintura clássica" em *Formalismo e Tradição Moderna*; os capítulos finais de *Saudades do Carnaval*; "Malraux contra Gide", em *O Estruturalismo dos Pobres e Outras Questões*; "O modernismo e três de seus poetas", em *O Elixir do Apocalipse*; "Guerra ao *Homo oeconomicus*" e "Linhas do ensaísmo de interpretação nacional na América Latina", em *O Argumento Liberal*; a seção "Psicanaliteratura", em *O Fantasma Romântico*; "O vampiro ventríloquo", "Na casa grande dos oitenta" e

"A volta do poema", em *As Ideias e as Formas*, isso para não falar de seus inúmeros ensaios publicados em revista estrangeiras, como "O logocídio ocidental", "Vico, Joyce e a ideologia do alto modernismo", "Em defesa de Bobbio", e outros muitos inéditos no Brasil.

* * *

Em 1980, Merquior voltou a residir em Brasília, depois de uma temporada em Montevidéu um pouco tormentosa – até porque sua biblioteca tardou meses a ali chegar – mas que também lhe deu o clima propício para aprofundar o conhecimento da história política e ideológica latino-americana, ao escrever o último livro, *Liberalismo – Antigo e Moderno*, principalmente na parte em que trata de Sarmiento e Alberti.

Na capital brasileira trabalhou então com Francisco Rezek na assessoria de Leitão de Abreu e voltou a dar aulas na UnB, onde praticou uma consultoria informal, ajudando com seus contatos a trazer ao Brasil grandes nomes do pensamento internacional no momento de maior efervescência da editora dessa universidade, então sob a direção do também diplomata Carlos Henrique Cardim.

Logo começaram a falar que era "o intelectual da ditadura", responsável pela redação de discursos. Curioso que nunca tenham imputado a mesma acusação ao mineiro Rezek, que com ele trabalhava. Nessa época, Merquior me contou que, numa reunião no palácio com vistas a impedir a construção do Memorial JK, desenhado por Niemeyer, fizera apenas um comentário aos adversários do projeto: "Acaba de sair em Londres uma obra importante, *Makers of Modern Culture*, onde só foram incluídos dois brasileiros, Carlos Drummond de Andrade e Oscar Niemeyer. Peço considerarem o fato". O memorial acabou sendo erguido. Não necessariamente por artes de sua retórica, mas o episódio diz bem da liberdade de opinião e senso do relevante que impregnavam os aspectos mais corriqueiros de sua vida.

* * *

Vê-lo trabalhando era interessantíssimo: fazia de início, na sua letra miúda inconfundível, um pequeno roteiro, que com os anos foi ficando cada vez mais reduzido e taquigráfico. Não usava fichas ou computador, mas, quando se punha a escrever, o texto ia saindo pronto, limpo, sinônimo de uma organização mental impressionante. Os originais de O *Liberalismo – Antigo e Moderno*, por exemplo, que me mostrou no México, pareciam psicografados. Escritos em inglês, à mão, como tudo o que produziu, não tinham rasuras, vacilações ou emendas.

Estudioso de tempo integral, Merquior sempre ironizou a sua "tão propalada erudição". A certeza de que o conhecimento é infinito o fez, obsessivamente, tomar contato com tudo o que considerava relevante em várias línguas, através de inúmeros jornais e revistas especializadas, que devorava com apetite. Entrar com ele numa livraria (e fiz isso dezenas de vezes no Brasil e no exterior) era uma experiência intelectual indescritível. Conhecia tudo. Até o dia de sua morte permaneceu lúcido, com a vivacidade e o humor que fizeram dele não só o amigo ideal, mas o ensaísta elegante, o inexcedível crítico de poesia, e o polemista implacável, sempre disposto, porém, a aplaudir o adversário inteligente. Até o fim acalentou projetos, entre os quais o de um longo ensaio sobre o modernismo.

Sobre a última conferência, em Paris, o embaixador Rubens Ricupero – a quem Merquior dedicou, junto com Celso Lafer, o ensaio "Em defesa de Vico contra seus admiradores" – anotou em seu diário:

> Perto do fim, mobilizou as forças restantes para o que seria sua última palavra: a palestra de abertura do ciclo "O Brasil no Limiar do Século XXI", organizado por Ignacy Sachs. Foi em 17 de dezembro de 1990. Tomei o trem para ir escutá-lo em Paris e voltei a Genebra na mesma noite. Minha impressão ficou registrada nesse escrito da época: "tive quase um choque físico ao revê-lo. Estava devastado pela doença; sua cor, seu olhar, seus traços faciais, sua extrema fragilidade e magreza pareciam de alguém que tivesse retornado da

casa dos mortos. No entanto, quando começou a falar, sem texto escrito, sem notas, num francês límpido como água da fonte, o auditório se desligou do drama a que assistia. Durante quase uma hora, acompanhamos como a história do Brasil se renovava sob os nossos olhos por meio da sucessão e do entrechoque dos diversos projetos que os brasileiros sonharam para o país desde a independência. Terminada a palestra, foi a vez de Hélio Jaguaribe falar. Exausto com o esforço descomunal, José Guilherme cruzou os braços sobre a mesa e neles repousou a cabeça, no gesto de um menino debruçado sobre a carteira da sala de aula".

Merquior lutou contra o irracionalismo na cultura, os ataques à razão histórica, os formalismos na arte, sempre procurando inserir o Brasil em suas reflexões. Os ensaios que produziu nos últimos anos deixam clara a preocupação que o moveu no sentido de entender as peculiaridades da política e da crise institucional brasileira. Acompanhava com interesse o que estavam produzindo intelectuais como Wanderley Guilherme dos Santos, Hélio Jaguaribe, Fábio Wanderley Reis e José Murilo de Carvalho. Foi um solidário companheiro intelectual, procurando ajudar como podia: às vezes a editar um livro, como fez com o primeiro de Evaldo Cabral de Mello; outras, empenhando-se com seu característico entusiasmo em fazer chegar à Academia figuras nobres como Evaristo de Moraes Filho, a quem dedicou o último ensaio; revendo e sugerindo acréscimos a Afonso Arinos – que o chamava de "meu filho" e o beijava no rosto – quando o memorialista finalizava o livro *Amor a Roma*. Vi-o também procurando ajudar Eduardo Portella a se instalar em Paris, para onde seguira como diretor da Unesco; mostrando-se atencioso com John Gledson quando este começou a se interessar por Machado de Assis; e empenhando-se, junto a colegas acadêmicos, para trazer Pedro Nava aos quadros da ABL em 1983. E paro aqui porque gestos dessa natureza eram a tônica de sua personalidade.

O pensamento maduro de Merquior forjou-se principalmente no convívio de intelectuais como Raymond

Aron, seu mestre e amigo, figura cativante, de gestos sóbrios, fala mansa e olhar injetado de ironia, com quem passamos, no começo da década de 1980, um dia inesquecível no Rio; Ernest Gellner, o antropólogo e teórico do nacionalismo, cuja refutação epistemológica da psicanálise tanto fascínio exerceu sobre ele; Perry Anderson, o teórico do Estado absolutista e editor da *New Left*, com quem gostava de debater as questões teóricas do marxismo; o sagaz crítico literário Harry Levin; o erudito historiador Arnaldo Momigliano, que o iluminou no enfrentamento crítico à obra de Foucault; Leszek Kolakovski, autor de uma história intelectual do marxismo que lia e recomendava; Lucio Coletti, agudo analista das contradições da dialética; e Norberto Bobbio, por suas reflexões sobre a democracia e o liberalismo.

Alguns o supunham um pedante, figura sem humor, incapaz de se alegrar com as trivialidades da vida mundana. Nada disso. Gostava de comer bem, de viajar, de ouvir boa música, de admirar bons quadros, não ficava sem o perfume Armani, e, embora não ligasse para bebida, fazia questão de tomar caipirinha sempre que vinha ao Brasil. Ainda que não pudesse ficar muito tempo ao sol devido à pele branca, certa vez, distraído, mergulhou de óculos e acabou por perdê-los no mar de Copacabana.

Tinha fascinação por detalhes: numa adaptação cinematográfica da obra de Proust, chamou minha atenção para as costas da belíssima Ornella Muti. Gostava de contar e ouvir piadas de toda natureza, inclusive eróticas, e divertia-se em compor dedicatórias usando nomes famosos. Numa biografia de Alma Mahler escreveu: "Ao jovem e distinto brasileiro, Dr. José Mario Pereira Filho, pedindo-lhe indulgência para com todas as corníferas figuras que povoaram a vida de Alma, com a perene admiração e as cordiais saudações do José Pereira da Graça Aranha, Aix-les-Bains, janeiro de 1889".

Era capaz de comprar um livro mesmo que apenas um trecho o interessasse, e tinha memória prodigiosa. Uma vez, de férias no Rio, me ligou perguntando se possuía uma obra de Pierre Manent sobre o liberalismo, porque precisava confirmar uma citação. Apanhei o livro na estante e Merquior disse: "Veja no capítulo tal... Diz mais ou menos assim?" E o ouvi citar, sem tirar nem pôr, um parágrafo inteiro. Admirava os aforismos de Lichtenberg, a obra de Musil, Canetti e Borges – com quem passou uma tarde em Buenos Aires, em 1980, e de quem ganhou um livro de H. A. Wolfson sobre Spinoza que há anos perseguia. Não perdia encenações do diretor italiano Giorgio Strehler, e se tornou amigo de Glauber Rocha, a quem considerava, "com a lucidez da sua loucura, o melhor sismógrafo da turma de 1960". Nos últimos tempos quase não lia romance, mas leu e gostou de *Viva o Povo Brasileiro*, de João Ubaldo Ribeiro.

Encerro este depoimento sobre José Guilherme Merquior – o intelectual, o esteta, o pensador, o crítico, o polemista extraordinários, mas também o fraternal amigo – narrando mais uma cena reveladora de sua personalidade singular. Em Boston, com Hilda, para nova consulta sobre a saúde, aproveitou para marcar uma visita à editora Twayne, que finalizava a edição de *Liberalism – Old and New*. No encontro com o médico, ouviu com resignação o diagnóstico de que tinha pouco tempo de vida. Hilda, sempre cuidadosa, sugeriu que fossem para o hotel, mas ele não quis: dali mesmo, apoiando-se na companheira de toda a vida, rumou para a editora, onde o aguardavam. Comportou-se lá como se nada de errado estivesse acontecendo. Com a cordialidade habitual, verificou os detalhes sobre a publicação, fez sugestões quanto à capa do livro que tanta alegria lhe dera escrever – e, sabia agora, jamais veria impresso – e despediu-se sem deixar a menor suspeita de que em breve partiria para outra esfera do tempo...

Rio de Janeiro, 11-20 de fevereiro de 2001.

Universo em dissolução

Rodrigo Petronio

Situação

Há mais de um século a crítica tem enfrentado a dificuldade, tão espinhosa quanto intransponível, de conseguir determinar as matrizes que sustentam a literariedade de um texto, seja ele qual for. E essa dificuldade chega às raias da impossibilidade quando se trata da poesia, provavelmente a mais porosa e flutuante de todas as artes miméticas. Não por acaso, um dos maiores teóricos contemporâneos da literatura, Antoine Compagnon, destaca a *literariedade*, a *representação* e a *intencionalidade* entre os termos de mais complexa, difícil e delicada compreensão na literatura atual.[1] Não poderia ser diferente: são na verdade nada mais nada menos do que três variações de uma mesma pergunta: O que é a literatura? Afinal, com a crise radical da noção de *representação*, deflagrada e precipitada vertiginosamente na arte desde o romantismo, torna-se quase impossível demarcar um limite interpretativo entre a intencionalidade textual e a reprodução *ipsis litteris* de dados da experiência.

Se pensarmos que desde Aristóteles a questão da mímesis é a chave definidora da arte, como seria uma arte para além da representação? O que diz uma obra? Que realidade ela nos apresenta? Haveria uma realidade fora da linguagem? Como se dá a relação entre autor, obra, leitor

---

[1] Antoine Compagnon, *O Demônio da Teoria: Literatura e Senso Comum*. Trad. Cleonice Paes Barreto Mourão. Belo Horizonte, UFMG, 1999.

e realidade? Nesse sentido, a indagação fundamental poderia ser formulada a partir de algumas perguntas. Como equacionar a crítica literária com a crise da representação se esta, mais do que uma crise de linguagem ou das significações virtuais ainda não exploradas da linguagem, consiste em uma diluição do próprio estatuto da obra de arte na sociedade industrial e pós-industrial? Como agenciar, no discurso reflexivo sobre o poema, elementos que deem conta de sua historicidade sem reduzi-lo a documento? Como extrair conteúdos psicológicos de uma matéria verbal que muitas vezes brota, miticamente, do solo anônimo da história, tal como as flores amarelas e verazes de nosso medo ou aquela que rompe o asfalto unânime de nossa náusea? Como conferir realidade a um artesanato que é, ele mesmo, matéria ficta, extraída a duras penas da cadeia imitativa e emulativa infinita da tradição?

Em muitas análises da literatura, essas perguntas continuam interditas e ainda não encontraram uma resposta à altura de sua seriedade. Como bem lembrou João Cezar de Castro Rocha no texto de apresentação desta obra, a precocidade intelectual surpreendente, começando aos dezoito anos como crítico no *Jornal do Brasil*, e o vaticínio do grande crítico Antonio Candido, de que se tratava de um futuro talento, de fato se cumpriram.[2] Na crítica brasileira, José Guilherme Merquior é um dos mais agudos intelectuais ao perceber esses movimentos e a produzir uma proposta teórica que, dialogando com o leque amplo das principais correntes teóricas do século XX, conseguisse responder às perguntas acima. Adentremos então o reino de algumas dessas teorias. Prenhes de mistério.

Entre a forma e a forma

O formalismo foi e, em certa medida, continua sendo uma das correntes mais influentes da teoria da literatura. Desde seu surgimento nas primeiras décadas do século

---

[2] Ver, nesta obra, p. 14.

XX, nos primeiros círculos de Moscou e Praga, até sua adaptação francesa, com a convergência entre formalismo e estruturalismo e os desdobramentos no pós-estruturalismo, suas transformações foram tão grandes que é difícil mapear a penetração de conceitos formalistas no âmbito dos estudos de literatura. Além disso, o influxo formalista em outras áreas do conhecimento torna essa análise ainda mais complexa.

Merquior percebeu com lucidez a força e a penetração das ideias formalistas, a ponto de dedicar uma obra específica para reconstruir esse percurso, levantando suas eficácias e retificando seus problemas. Tal tarefa havia ganhado inicialmente um teor ideológico e polêmico com a publicação de *O Estruturalismo dos Pobres e Outras Questões* (1975).[3] Embora matizado e muito mais aprofundado, o teor combativo ainda permanece uma década depois em *De Praga a Paris: Uma Crítica do Estruturalismo e do Pensamento Pós-Estruturalista* (1986),[4] uma análise exaustiva das matrizes, legitimidades e impertinências das teorias estruturalistas. Trata-se acima de tudo de uma obra extremamente erudita, referência nos estudos estruturalistas. Por outro lado, para além da especificação histórica do formalismo ou do estruturalismo, Merquior nunca conseguiu colocar de lado a necessidade urgente de equacionar uma filosofia da forma com pressupostos claros, ou seja, um método para a compreensão legítima do fenômeno literário.[5] O mesmo

---

[3] José Guilherme Merquior, *O Estruturalismo dos Pobres e Outras Questões*. Rio de Janeiro, Tempo Brasileiro, 1975.

[4] José Guilherme Merquior, *De Praga a Paris: Uma Crítica do Estruturalismo e do Pensamento Pós-Estruturalista*. Rio de Janeiro, Nova Fronteira, 1991. Primeira edição de 1986 em inglês: *From Prague to Paris: A Critique of Structuralist and Post-Structuralist Thought*. Londres, Verso, 1986.

[5] Haja vista a persistência teórica com que o tema da *forma* é reproposto em sua obra em momentos ulteriores, como *crítica das formas* e como *crítica das ideias*, ou seja, como a *ideia de forma*, mas também como a *forma das ideias*. Este é um dos misteres de toda a crítica cultural, atividade rara no mundo contemporâneo, segundo o autor. José Guilherme Merquior, *As Ideias e as Formas*. Rio de Janeiro, Nova Fronteira, 1981, p. 15 ss.

jovem avesso ao culto à forma e aos maneirismos teóricos de algumas linhas do estruturalismo e do pós-estruturalismo, que ele criticou como *sintomas*[6] ideológicos de uma *grafocracia* e de uma *semiocracia* da sociedade moderna,[7] é também aquele que dedicará a maior extensão da sua obra crítica à análise da forma profunda da obra de arte. Por isso, a insuperável relação dialética de Merquior com a dimensão formal da arte.

E a ambivalência do crítico com relação à forma não para por aqui. Espraia-se ainda em uma análise minuciosa do pensamento formalista como uma das matrizes formativas da literatura moderna com a publicação de *Formalismo e Tradição Moderna: O Problema da Arte na Crise da Cultura* (1974).[8] O subtítulo explicita a fonte da visão paradoxal que o formalismo apresenta: ao mesmo tempo produtivo como instância criativa e geradora de novos sentidos na literatura moderna, ele não daria conta de enfrentar o impacto da crise cultural em larga escala que essa mesma arte moderna prenuncia, denuncia e padece. Por isso, a explicação do autor: não pretendeu remotivar o velho elo entre formalismo e arte moderna, mas sim problematizar essa relação aparentemente natural.[9]

Concepções segundo as quais a literatura se relaciona às *funções da linguagem* (Jakobson) e seria um *sistema de signos* (Mukarovski)[10] teriam em seu cerne uma dupla determinação, positiva e negativa. Por um lado trouxeram

---

[6] José Guilherme Merquior, "Do Signo ao Sintoma: Reflexões sobre a Semiologia da Literatura". In: *Formalismo e Tradição Moderna: O Problema da Arte na Crise da Cultura*, p. 117 ss.

[7] *De Praga a Paris: Uma Crítica do Estruturalismo e do Pensamento Pós-Estruturalista*, "O Argonauta e o Semiocrata", p. 149 ss. Quanto ao termo *grafocracia*, é especialmente referido às teorias de Derrida.

[8] José Guilherme Merquior, *Formalismo e Tradição Moderna: O Problema da Arte na Crise da Cultura*. Rio de Janeiro, Editora Forense-Universitária, 1974; Rio de Janeiro, Nova Fronteira, 1977.

[9] José Guilherme Merquior, *Formalismo e Tradição Moderna: O Problema da Arte na Crise da Cultura*, p. 1-3.

[10] José Guilherme Merquior, "A Estética Semiológica: Mukarovski e Depois". In: *Formalismo e Tradição Moderna: O Problema da Arte na Crise da Cultura*, p. 253 ss.

grandes contribuições para autonomizar o discurso literário e conferiram uma legibilidade propriamente poética a textos de gêneros distintos, de acordo com o *desvio* (Tynianov) que esses mesmos textos operassem no nível da linguagem. O método formalista também é de imensa valia no âmbito da narratologia, a demarcação tipificadora das narrativas, seja ela de cunho *morfológico* (Propp) ou mesmo *estrutural*, por nomes que desenvolveram essa abordagem em linhas distintas: Todorov, Eco, Barthes, Genette, Prince, Lotman, Segre, Henrik von Wright.

Porém, em seus diversos níveis de análise, o dilema entre diacronia e sincronia, entre a ordem do discurso e a ordem da história, permanece insolúvel. Os formalistas não conseguiram solucionar as aporias internas ao próprio método, senão com subterfúgios que contradiziam as premissas.[11] O próprio Jakobson percebeu bem essa aporia de seu método e a confessou nos conhecidos diálogos com Krystyna Pomorska. Mas ao comparar a forma ao cinema, misto de apreensão estática e movimento, de fotografia e temporalidade, continua esbarrando no problema elementar suscitado pelo formalismo: a experiência da temporalidade.[12] Não é outro o motivo de Bakhtin ter abandonado o formalismo, considerando-o incompatível com a leitura dialética.

Roland Barthes, por sua vez, após a sua fase estruturalista, também se afastou do método, buscando uma abordagem mais semântica do que estrutural. Para Merquior, no entanto, Barthes estaria na faixa de transição do estruturalismo para o pós-estruturalismo. Este, representado por Foucault, Derrida, Levinas e Deleuze, entre outros, segundo o crítico, seria uma mera *simbolização da diferença ontológica*, tema presente em Heidegger e na

---

[11] José Guilherme Merquior, "O Problema da Interpretação Estilística da Pintura Clássica: Um Desafio para o Método Formalista". In: *Formalismo e Tradição Moderna: O Problema da Arte na Crise da Cultura*, p. 273 ss.

[12] Roman Jakobson e Krystyna Pomorska, *Diálogos*. Trad. Elisa Angotti Kossovitch, com a participação de Boris Schnaiderman, Haroldo de Campos e Léon Kossovitch. São Paulo, Cultrix, 1985.

fenomenologia.[13] Em outro espetro, alguns dos maiores teóricos do século XX, como Frye e Mielietinski, ambos da vertente chamada *mítica* ou *arquetípica*, igualmente tipificadora e também estrutural a seu modo, embora sob o alvo da crítica dos próprios estruturalistas, como Todorov, sofreram restrições por parte da crítica no que diz respeito à sua leitura puramente imanente e transistórica das formas. Merquior, entretanto, destaca em diversos momentos a importância do empreendimento de Frye.

Entre a forma e a estrutura

Tão influente nos estudos de literatura quanto o formalismo, o estruturalismo conta com tantos desdobramentos, seguidores e alterações que mal se consegue determinar uma distinção clara entre seus iniciadores e seus herdeiros, bem como entre os diversos usos da denominação em cada campo do conhecimento. Nesse sentido, *De Praga a Paris* é uma referência em nível mundial sobre a reconstrução desses labirintos, caminhos e bifurcações. A conexão entre os métodos formalistas e estruturalistas é patente.[14] Seja pela origem comum na obra seminal de Saussure, fonte de inspiração tanto da linguística estrutural e do formalismo russo quanto da semiologia francesa, seja nas convergências entre a leitura imanente das formas como estruturas binárias elementares de sentido.[15]

Desse modo, os herdeiros da linguística estrutural, em diversas áreas do conhecimento, da sociologia à teoria da cultura, da antropologia à teoria da literatura, da semiologia à teoria da comunicação, da teoria da

---

[13] José Guilherme Merquior, *De Praga a Paris: Uma Crítica do Estruturalismo e do Pensamento Pós-Estruturalista*. Rio de Janeiro, Nova Fronteira, 1991, p. 223 ss.

[14] José Guilherme Merquior, "A Encruzilhada de Praga: Entre o Formalismo e a Sociossemiótica". In: *De Praga a Paris: Uma Crítica do Estruturalismo e do Pensamento Pós-Estruturalista*, p. 33 ss.

[15] Ib., p. 35 ss.

informação (Warren Weaver) à teoria cibernética e dos sistemas (Abraham Moles), partilham de teses muito semelhantes às difundidas pelos paladinos do formalismo. Haja vista que tanto o formalismo quanto o estruturalismo se enraízam justamente na Linguística, não em outra ciência. Ou seja, a despeito das diversas mudanças em relação à postura inaugurada pelo estruturalismo, seja no interior de um mesmo pensador, como ocorre com as diversas fases de Barthes, seja nas ênfases e percursos individuais de cada pensador, de Todorov a Greimas, de Ducrot a Hjelmslev, de Mounier a Martinet, é possível estabelecer alguns pressupostos comuns por um longo período de atividade intelectual.[16]

Nesse sentido, a análise do estruturalismo é decisiva à formação do pensamento de Merquior. E é sempre importante ressaltar que se ele efetuou muitas críticas à formação do estruturalismo,[17] sua relação com esta vertente é paradoxal, especialmente no que concerne àquele que talvez tenha sido o maior e mais agudo defensor do estruturalismo: Claude Lévi-Strauss. Em mais de um momento, Merquior demonstra a condição *sui generis* que Lévi-Strauss ocupa no estruturalismo.[18] Além disso, destaca seu caráter fundacional do estruturalismo nas ciências sociais, e a singularidade de seu racionalismo.[19] A obra extremamente elogiosa de Merquior dedicada à análise do conceito de estética no pensamento de Lévi-Strauss

---

[16] José Guilherme Merquior, "Do Signo ao Sintoma: Reflexões sobre a Semiologia da Literatura". In: *Formalismo e Tradição Moderna: O Problema da Arte na Crise da Cultura*, p. 117 ss.

[17] Uma das críticas mais escrachadas ao que o crítico considerava os falsos estruturalistas está justamente em um artigo sobre Drummond: José Guilherme Merquior, "Em Tom de Crônica: O Discurso de Primavera de Drummond". In: *As Ideias e as Formas*. Rio de Janeiro, Nova Fronteira, 1981, p. 290 ss.

[18] "Velho e Novo Estruturalismo". In: *De Praga a Paris: Uma Crítica do Estruturalismo e do Pensamento Pós-Estruturalista*, p. 18 ss.

[19] "Claude Lévi-Strauss: O Nascimento do Estruturalismo nas Ciências Sociais". In: *De Praga a Paris: Uma Crítica do Estruturalismo e do Pensamento Pós-Estruturalista*, p. 53-108.

demonstra bem essa ambivalência.[20] É por meio da imersão na obra do grande antropólogo que o crítico brasileiro consegue depurar sua filosofia da forma. Vale a pena analisarmos alguns pontos.

A FORMA PROFUNDA

Fruto de sua experiência nos seminários que o antropólogo coordenava em Paris, essa obra de Merquior talvez seja uma das melhores chaves para adentrarmos sua concepção crítica. Em primeiro lugar, Merquior depreende alguns conceitos matriciais na obra do antropólogo no que concerne à sua visão de arte. Compreende a arte como fruto de uma articulação simbólica binária que tende do particular ao coletivo e não do coletivo ao particular, como ocorre com a concepção do mito como *representações coletivas* em Durkheim.[21] Por seu turno, e esse é um dado importante, essa arte é uma *presentação* e não uma *representação*,[22] à medida que não repõe um termo ausente invisível, mas mimetiza a própria *função simbólica*, que é propriamente a manifestação do *inconsciente*, estruturado no nível imanente da linguagem.

Tal função simbólica traz à luz a defasagem entre os *significantes flutuantes* e o *significado*, a começar pelo *sistema simbólico primário* da própria língua.[23] A *segunda forma de defasagem* seria propriamente a da arte. Ela

---

[20] José Guilherme Merquior, *A Estética de Lévi-Strauss*. Rio de Janeiro, Tempo Brasileiro/Editora da Universidade de Brasília, 1975.

[21] Embora haja uma dialética nessa dinâmica, lembremos da preponderância dada por Durkheim do coletivo sobre o individual. Bem como desse singular materialismo transcendental presente na teoria da *representação coletiva*, desenvolvida nas *Formas Elementares da Vida Religiosa*, sua obra fina. Por isso Merquior enfatiza a metodologia de Lévi-Strauss como sendo a de virar Durkheim de ponta-cabeça ("Virando Durkheim de Ponta-Cabeça". In: *De Praga a Paris: Uma Crítica do Estruturalismo e do Pensamento Pós-Estruturalista*, p. 58 ss).

[22] José Guilherme Merquior, *A Estética de Lévi-Strauss*. Rio de Janeiro, Tempo Brasileiro/Editora da Universidade de Brasília, 1975, p. 16.

[23] Ib., p. 18.

consiste em uma *repristinatio*, ou seja, uma *nova presentação* da primeira distopia entre significante e significado e demonstra a natureza *incomensurável* dos diversos sistemas simbólicos entre si. Este termo é importante: *incomensurável*. Ele dá conta de uma dimensão da obra de arte em geral negligenciada pelo formalismo, pela análise sociológica e pelos demais estruturalistas.

Nesse movimento, o pensamento artístico, nas sociedades frias, ou seja, tradicionais, encarnado especialmente na figura do xamã, cumpre a função do que Merquior, sempre inspirado no antropólogo francês, chama de *pensamento periférico*, correlato das assimetrias dos sistemas de simbolização.[24] Esse tipo de pensamento está a um só tempo *dentro e fora* do sistema de valências culturais de seu grupo. Marginalidade estruturante da própria economia simbólica do povo, o pensamento periférico oscila entre a *magia* e a *ciência*. A magia e a arte são *miméticas*, sendo a primeira prática e a segunda, não necessariamente. Isso porque o conhecimento transmitido pela obra de arte se *desprende* do conteúdo mimético que ela veicula.[25] O artista, segundo Merquior, estaria entre o sábio (ciência) e o *bricoleur* (mito).[26] A arte seria um microcosmo da realidade cosmológica e social na qual ela é produzida. Portanto, não *representa* esta realidade, mas decompõe e mimetiza suas estruturas elementares em um *modelo reduzido*. E é esta sua condição que faculta ao artista-artesão a possibilidade de resolver a problemática de sua condição oscilante por meio de uma *interpretação do universo*,[27] outro ponto crucial de sua análise da estética antropológica de Lévi-Strauss.

Ora, para Merquior, o que diferencia a condição do artista da sociedade tradicional *fria* do artista das sociedades *quentes* e abertas como a ocidental, não é uma questão de natureza, mas de grau. Enquanto aqueles

---

[24] Ib., p. 21.

[25] Ib., p. 34.

[26] Ib., p. 34.

[27] Ib., p. 22.

estão alocados em uma vivência coletiva, o que proporciona maior intensidade às suas obras,[28] pois estas se conectam imediatamente com o *coletivo*, nas sociedades modernas a tendência é a de se formar uma mitologia privada, na qual o artista, pesando representar aspirações coletivas, estaria apenas privatizando as relações de produção artísticas.[29] A história da arte ocidental teria sido a passagem de uma *mitopoética social* a uma *mitopoética individual*.[30] Essa passagem corresponde à transição do *mito* para a *fábula*.

Nesses termos, há uma perda de vigor na passagem da arte primitiva à arte das sociedades abertas, pois esta passagem consiste na translação da hiperestruturalidade dos mitos à hipoestruturalidade da literatura.[31] Esse declínio estrutural, se podemos falar assim, consiste em uma rarefação dos significados e em um enfraquecimento das estruturas opositivas.[32] Nesse percurso os mitos teriam sido submetidos a uma extenuação de sua estrutura.[33] Nesses termos, é extremamente sagaz a percepção que Merquior extrai quase literalmente de Lévi-Strauss: a arte moderna só se emancipou da arte primitiva na arte grega antiga e a partir da Renascença. Ou seja: quando tendeu ao naturalismo, que é uma expressão de individualismo subjetivo, e deixou de ser o modelo reduzido do real em sua totalidade, ou seja, quando deixou de ser *mítica*.[34]

Essa constatação é quase uma petição de princípio teórico do autor. Parte do pressuposto de que, enquanto consciência crítica e fonte de conhecimento e não mero

---

[28] Ib., p. 49.

[29] Ib., p. 52 ss.

[30] Ib., p. 45. Essas análises são feitas em sentido muito semelhante por Eliade (*Mito e Realidade*, entre outras) e Dumézil (*Do Mito ao Romance*, nos três volumes de *Mito e Epopeia*).

[31] Ib., p. 50.

[32] Ib., p. 48 ss.

[33] Ib., p. 50.

[34] Ib., p. 46 ss.

ludismo, a arte deve ser lúcida quanto a essa sua condição deslocada.³⁵ Em outras palavras, não basta ao artista criar uma mitologia particular. A propósito, essa é a crítica básica, tanto de Lévi-Strauss quanto de Merquior, a algumas crenças da arte moderna. Entendida como manifestação do pensamento periférico também nas sociedades modernas, apenas quando tem uma autocompreensão de sua marginalidade estrutural a arte se encontra em condições de traduzir as aspirações coletivas. A ótica da poesia, tal como proposta por Baudelaire na sociedade moderna, corresponderia a uma adoção da consciência mítica e estrutural e em um posicionamento necessariamente problemático no mundo.³⁶ Diferente da arte engajada, que busca espelhamentos empíricos e continuidades temporais, como diz Merquior, apoiado em Frye e Polanyi, a poesia moderna parte de uma ruptura com a temporalidade linear.³⁷ E aqui, especialmente neste ponto, tocamos o âmago da interpretação da poesia de Drummond. Mas nos atenhamos mais um pouco ao método de Merquior, pois alguns passos decisivos podem aclará-lo ainda mais.

A REDUÇÃO

Ainda na mesma obra, Merquior analisa basicamente três correntes críticas: a estrutural, a sociológica e a fenomenológica. Em linhas gerais, se o estruturalismo foi desvirtuado por um sem-número de apropriações, tendo como um de seus poucos representantes o antropólogo em questão, a vertente sociológica, notadamente a da Escola

---

[35] Assim Merquior começa um capítulo: "Nosso ponto de partida foi a consciência da *posição marginal da arte* na era contemporânea". José Guilherme Merquior, *Formalismo e Tradição Moderna: O Problema da Arte na Crise da Cultura*, p. 180 ss.

[36] José Guilherme Merquior, *A Estética de Lévi-Strauss*. Rio de Janeiro, Tempo Brasileiro/Editora da Universidade de Brasília, 1975, p. 65.

[37] Ib., p. 68.

de Frankfurt,[38] tão bem conhecida pelo crítico, não teria condições de dar conta de alguns aspectos do fenômeno literário sem redundar em pessimismo, como acentuou Eduardo Portella.[39] Mais: ao hipostasiar a dimensão crítica como ponto valorativo máximo das obras e condição *sine qua non* para que a arte tenha o estatuto gnosiológico que lhe cabe na modernidade, os frankfurtianos incorreriam necessariamente em uma supervalorização do negativismo,[40] ou seja, em uma razão melancólica intransponível.[41] Porém, a vertente da fenomenologia na literatura, a despeito dos problemas de seu conhecido idealismo transcendental e de seu dualismo eidético-noético, é analisada por Merquior com mais parcimônia, em especial na obra de Dufrenne, mais do que na obra do maior mentor dessa vertente, Roman Ingarden.[42]

Na fenomenologia, o tema da *redução* pode nos esclarecer sobre uma das matrizes críticas de Merquior. Em linhas gerais, poderíamos dizer que o diálogo entre a *redução fenomenológica* e a noção da obra de arte como *modelo reduzido* da totalidade do real, proposta pelo estruturalismo integral de Lévi-Strauss, especialmente em *O Pensamento Selvagem*,[43] é uma das matrizes e uma das

---

[38] José Guilherme Merquior, *Arte e Sociedade em Marcuse, Adorno e Benjamin*. Rio de Janeiro, Paz e Terra, 1969.

[39] Eduardo Portella, "Dez Anos sem José Guilherme Merquior. Mesa-redonda Realizada na Academia Brasileira de Letras no dia 4 de outubro de 2001". In: *Revista Brasileira*. Rio de Janeiro, Academia Brasileira de Letras, Fase VII, jul./ago./set., 2002, ano VIII, n° 32, p. 211.

[40] João Ricardo Moderno, "Adorno e o Kulturoptimismus de Merquior". In: *José Guilherme Merquior*. Revista Tempo Brasileiro. Edição especial em homenagem a José Guilherme Merquior. Rio de Janeiro, 109: 147-150, abr./jun., 1992, p. 83 ss.

[41] Outra condição dilemática é a de Merquior com relação à Escola de Frankfurt. Inicialmente leitor perspicaz de suas maiores contribuições, em uma obra posterior, o *Elixir do Apocalipse*, não deixará de exaltar o irracionalismo negativista a que ela necessariamente daria ensejo. José Guilherme Merquior, *O Elixir do Apocalipse*. Rio de Janeiro, Nova Fronteira, 1983.

[42] José Guilherme Merquior, *A Estética de Lévi-Strauss*. Rio de Janeiro, Tempo Brasileiro/Editora da Universidade de Brasília, 1975, p. 39 ss.

[43] Ib., p. 75.

portas de entrada a uma compreensão global da teoria da literatura de Merquior.[44] Assim como ele propôs uma compreensão global da obra de Drummond,[45] poderíamos arriscar essa chave como acesso a uma compreensão global da teoria da literatura desenvolvida por ele, Merquior. Porém, algo ainda escapa a esta moldura. Uma dimensão nuclear da experiência humana. Aquela que, quando pediam para Agostinho definir o que ela era, ele não sabia dizer. Quando não lhe perguntavam, ele a conhecia.

Forma e temporalidade

A recuperação da historicidade do discurso por meio de uma conversão à temporalidade não deixa de ser uma sedução bastante oportuna a muitos críticos que quiseram se livrar dos impasses do formalismo. Essa conversão vem sendo executada também há mais de um século: o *historicismo*,[46] a *expressividade* de Croce, o *idealismo* de Hegel e de Gentile, a vertente *compreensiva* de Dilthey, o vitalista de Scheler, a concepção da arte como *materialização das contradições históricas* que lemos em Lukács e em alguns autores da Teoria Crítica.

Merquior, como um espírito cada vez mais em busca de modos rigorosamente racionais da realidade, bem como de uma maneira de acessá-la tendo em vista uma passagem do individual ao geral, do particular ao universal, demonstra um reiterado desconforto com o historicismo e os vitalismos de diversos quadrantes. Como deixa claro em um artigo brilhante, estas tentativas não

---

[44] Acredito que tal matriz hermenêutica, do ponto de vista estrutural, pode ser haurida desta obra dedicada à análise de Lévi-Strauss, em especial no Apêndice II: "Análise dos Mitos e Análise das Obras de Arte". In: *A Estética de Lévi-Strauss*, p. 81 ss.

[45] Ver, nesta obra, p. 29.

[46] Sobre as origens românticas do historicismo e do idealismo, ver José Guilherme Merquior, *Formalismo e Tradição Moderna: O Problema da Arte na Crise da Cultura*, p. 168 ss.

passariam de variantes do irracionalismo.[47] Além disso, apoiado no método iconológico de Panofsky, critica a noção de *compreensão empática*, de Max Weber, e a *epistemologia do vivido*, de inspiração vitalista, intuicionista ou compreensiva.[48] Também não se trata da temporalidade proposta pelo historicismo,[49] que Merquior aprendeu a criticar inspirado em Popper e que via como uma vertente avessa à modernidade.[50]

Porém, como explicar essas restrições em um crítico sempre preocupado com a dialética? Não por outro motivo uma de suas primeiras obras é uma análise da teoria da cultura desenvolvida pela Escola de Frankfurt.[51] Os conceitos dessa escola, que vão da *dialética negativa* a um materialismo messiânico e a uma análise puramente estrutural das condições de produção da sociedade, da qual a arte seria uma das melhores traduções, chamaram a sua atenção desde o começo da carreira crítica. Porém, afirmar a plenitude do real como estrutura positiva que produz a ilusão reificada de sua autossuperação apenas na consciência burguesa alienada não é ainda ter compreendido o ponto mais grave do dilema. Afinal, nem tudo se resolve no nirvana dialético. Pois de tudo fica um pouco. Às vezes uma flor. Às vezes um rato.

---

[47] José Guilherme Merquior, "Vida e Cultura". In: *O Argumento Liberal*. Rio de Janeiro, Nova Fronteira, 1983, p. 211-14. Publicado originalmente em *O Estado de S. Paulo*, 1982.

[48] José Guilherme Merquior, *A Estética de Lévi-Strauss*. Rio de Janeiro, Tempo Brasileiro/Editora da Universidade de Brasília, 1975, p. 91.

[49] José Guilherme Merquior, "O Renascimento da Teoria Política Francesa". In: *José Guilherme Merquior*. Revista Tempo Brasileiro. Edição especial em homenagem a José Guilherme Merquior. Rio de Janeiro, 109: 147-150, abr./jun., 1992, p. 11.

[50] Sobre Merquior e a crítica de Popper ao historicismo, ver Celso Lafer, "O Liberalismo Militante de José Guilherme Merquior". *José Guilherme Merquior*. Revista Tempo Brasileiro. Edição especial em homenagem a José Guilherme Merquior. Rio de Janeiro, 109: 147-150, abr./jun., 1992, p. 61.

[51] José Guilherme Merquior, *Arte e Sociedade em Marcuse, Adorno e Benjamin: Ensaio Crítico sobre a Escola Neo-Hegeliana de Frankfurt*. Rio de Janeiro, Tempo Brasileiro, 1969.

O NEGATIVO DA DIALÉTICA

Como se sabe, dentre os intelectuais brasileiros, Merquior foi um dos maiores críticos do marxismo.[52] Como bem observou José Mário Pereira, que foi amigo e é um dos maiores conhecedores da obra do crítico, em sua obra madura há um afastamento e inclusive uma crítica da Escola de Frankfurt, à qual Merquior dedicou um de seus primeiros livros, e apenas Benjamin é poupado.[53] Sua crítica chega até os descendentes recentes da escola, como Habermas.[54] Esse afastamento do marxismo e a adoção do liberalismo social foram possivelmente motivados por seu conhecimento de autores que promoviam uma revisão de episódios decisivos do marxismo no século XX, como Kolakowski e Elster, mas também se deveram à sua aproximação das obras de Rawls, Bobbio, Nozick, Dahrendorff, Berlin. Devem ainda mais à grande influência que sofreu de Ernst Gellner.[55] Este, junto com Antonio Gomes Penna, teria sido um dos principais mestres de Merquior.[56]

---

[52] José Guilherme Merquior, *O Marxismo Ocidental*. Rio de Janeiro, Nova Fronteira, 1987. Edição original: *Eastern Marxism*. Londres, Paladin, 1986.

[53] José Mário Pereira, "Dez Anos sem José Guilherme Merquior. Mesa-redonda realizada na Academia Brasileira de Letras no dia 4 de outubro de 2001". *Revista Brasileira*. Rio de Janeiro, Academia Brasileira de Letras, Fase VII, jul./ago./set., 2002, ano VIII, n° 32, p. 224.

[54] Sergio Paulo Rouanet, "Merquior: Obra Política, Filosófica e Literária". *José Guilherme Merquior*. Revista Tempo Brasileiro. Edição especial em homenagem a José Guilherme Merquior. Rio de Janeiro, 109: 147-150, abr./jun., 1992, p. 141.

[55] José Mário Pereira, "Dez Anos sem José Guilherme Merquior. Mesa-redonda realizada na Academia Brasileira de Letras no dia 4 de outubro de 2001". *Revista Brasileira*. Rio de Janeiro, Academia Brasileira de Letras, Fase VII, jul./ago./set., 2002, ano VIII, n° 32, p. 229.

[56] Conferir o depoimento de Antonio Gomes Penna em "Dez Anos sem José Guilherme Merquior. Mesa-redonda realizada na Academia Brasileira de Letras no dia 4 de outubro de 2001". *Revista Brasileira*. Rio de Janeiro, Academia Brasileira de Letras, Fase VII, jul./ago./set., 2002, ano VIII, n° 32, p. 237 ss.

Nesse caso, a *incomensurabilidade*, fator essencial na teoria antropológica dos sistemas simbólicos defendida por Lévi-Strauss, tal como ressaltei, não poderia ser entendida por Merquior como o *princípio universalizante perfeito para se efetuar a crítica da insuficiência e dos erros do materialismo dialético*? A incomensurabilidade é um dos eixos estruturantes dos sistemas simbólicos das culturas. No entanto, se ela cabe no poema, por que não caberia na interpretação dialética do poema? Essa estranha contradição sem síntese é reveladora da insuficiência da análise materialista dialética. Por isso, a economia simbólica do materialismo dialético seria incompleta, pois pressuporia um furo na própria articulação imanente de suas peças.

Nesse sentido, tanto o materialismo *stricto sensu* quanto o formalismo puro apresentam contradições para a análise literária desde os seus pontos de partida. Se o primeiro não consegue dar conta da dimensão transistórica e atemporal da arte, aquela que o próprio Baudelaire julga imprescindível à tensão essencial que caracteriza a experiência moderna, o segundo a desenraiza de seu solo de pertencimento e assim esvazia a própria possibilidade compreensiva da arte em sua dinâmica rigorosamente humana. Mas ainda assim, no meio do caminho, a pedra ainda persiste. Onde Merquior encontra o ponto de apoio de historicidade no estruturalismo? Eis de novo às voltas com a fonte estrutural do crítico: no papel desempenhado pela música no quarteto das *Mitológicas* de Lévi-Strauss.[63] Mais que isso: na análise estrutural dos mitos, transferida à análise da literatura.[64]

---

[63] José Guilherme Merquior, *A Estética de Lévi-Strauss*. Rio de Janeiro, Tempo Brasileiro/Editora da Universidade de Brasília, 1975, p. 44 ss. A historicidade contida no método estrutural, contra seus detratores, é ainda mais explorada por Merquior na p. 92 ss. Além disso, o longo e complexo debate em torno da epistemologia estruturalista é tratado em *De Praga a Paris*.

[64] Nesse sentido, é extremamente importante ter em vista a seção "Tempo no Espaço: O Reino do Mito". In: *De Praga a Paris: Uma Crítica do Estruturalismo e do Pensamento Pós-Estruturalista*, p. 71 ss.

No cerne desses debates, a obra e o pensamento crítico de Merquior podem ser definidos como uma das grandes contribuições à teoria da literatura, em escala mundial. Pode-se dizer que, em sua obra crítica, Merquior teve também de se haver com os principais dilemas travados pelas correntes artísticas e teóricas do século XX. Dentre suas obras críticas, *Verso Universo em Drummond* é um dos exemplos mais bem acabados de exegese, não apenas da obra do grande poeta mineiro, mas de hermenêutica poética e de compreensão epistemológica dos limites e possibilidades de interpretação no campo da literatura. Fruto de uma tese de doutorado defendida na Sorbonne, segundo depoimento da esposa do crítico, Hilda Merquior, seu orientador Raymond Cantel teria dito, no dia da defesa, que não estava ali para julgar Merquior, mas para aprender com ele.[65] Esse fato demonstra o teor *sui generis* desta obra. Concebida como pesquisa de doutorado, apesar de aprovada com louvor em junho de 1972,[66] mais do que uma tese, é uma obra escrita por um intelectual maduro.

Os três níveis de análise da obra de Drummond, explicitados por Merquior logo de saída, já nos lançam em alguns dos tópicos centrais da teoria da literatura: o nível estilístico, a representação do mundo e o diálogo que o poeta de Itabira teria entabulado com a tradição da poesia ocidental moderna. Eis-nos às voltas com o *estilo*, com a *representação* do mundo e com o *diálogo intertextual*. Ou seja: com algumas das principais matrizes da teoria da literatura que mencionei anteriormente: o formalismo-estruturalismo, a teoria sociológica e a teoria da intertextualidade. A seleção de algumas das obras e

---

[65] Hilda Merquior, *José Guilherme Merquior*. Revista Tempo Brasileiro. Edição especial em homenagem a José Guilherme Merquior. Rio de Janeiro, 109: 147-150, abr./jun., 1992, p. 148.

[66] José Mário Pereira. "Dez Anos sem José Guilherme Merquior. Mesa-redonda realizada na Academia Brasileira de Letras no dia 4 de outubro de 2001". *Revista Brasileira*. Rio de Janeiro, Academia Brasileira de Letras, Fase VII, jul./ago./set., 2002, ano VIII, nº 32, p. 225.

críticos arrolados define bem a orientação bastante inclusiva e heterogênea, tanto teórica quanto ideologicamente. Da mesma forma, alguns dos principais estudos monográficos sobre o poeta mineiro compareçam neste diálogo a muitas vozes: Antonio Candido, Othon Garcia, Affonso Romano de Sant'Anna, Gilberto Mendonça Telles, Alexandre Eulalio, Haroldo de Campos, Helcio Martins, Mario Chamie, Álvaro Lins. Porém, Merquior não se contenta em apenas fornecer uma bússola de leitura. Ele mesmo estabelece os critérios internos da divisão da obra de Drummond a partir das cesuras sinalizadas pelo próprio poeta em seus poemas.

Desses três pontos de partida, a base crítica de Merquior adota uma perspectiva fortemente estilística. Aliás, uma das virtudes deste livro é a extrema erudição que o autor mobiliza ao identificar as figuras de linguagem mais exóticas na lírica de Drummond: zeugma, litotes, epanadiplose, epífora, epizeuxe, assíndeto, atanáclase, polissíndeto. Mas a essa relação extremamente concreta com o texto, que analisa verso a verso e poema a poema, depreendendo séries e conjuntos, Merquior agrega um olhar fenomenológico. Assim, consegue apreender o dinamismo vital que engendra as variações estilísticas e formais em cada fase e, ao fazê-lo, lê as passagens de uma fase a outra como um acorde sempre composto, paleta de cores diversas e mescla de indagação política, existencial, biográfica e de necessidades propriamente poéticas. Esse olhar fenomenológico assegura a Merquior um duplo êxito.

Em primeiro lugar, ao mesmo tempo em que ele consegue trabalhar a matéria social e histórica da poesia de Drummond sem desenraizá-la ou despolitizá-la, o que seria uma temeridade em um poeta profundamente político, o autor tampouco emancipa o conteúdo político, transformando-o em *parti pris* ideológico. Em segundo lugar, ao reter a flutuação interna das figuras poéticas por meio de uma análise até bastante convencional do ponto de vista estilístico, o que poderia ser visto como uma perda acaba sendo um ganho: Merquior consegue demonstrar, mediante esse recurso, a dinâmica propriamente vital e existencial do pensamento de Drummond materializada *in verbum* e mediada pela tradição poética ocidental, ou seja, torna claro ao leitor que o profundo diálogo com a tradição também faz parte do singular engajamento do poeta em nosso tempo, engajamento que se dá *tanto* na história *quanto* na linguagem. Assim, também consegue evidenciar as camadas metatemporais e transistóricas subjacentes aos poemas, porque sempre em diálogo com outros poetas e poemas de outras culturas e outros horizontes geográficos.

Para isso, Merquior se vale de alguns conceitos bastante eficientes. Dentre eles, o de *Stilmischung* (*mescla de estilos*) de Auerbach e a noção de *democracia verbal* de Leo Spitzer. Aliás, o percurso de análise do verso ao universo se baseia indiretamente na concepção fecunda do *círculo hermenêutico* de Spitzer, embora não a cite. A partir desse enquadramento analítico, o crítico consegue estruturar uma visão da realidade histórica e política por meio dos próprios componentes estilísticos, pois a justaposição de matéria humilde e linguagem sublime caracterizaria não apenas um componente poético, mas decididamente político. Com essa premissa do estilo mesclado, Merquior consegue distinguir as diferentes etapas da obra e do pensamento poético de Drummond, por meio da apreensão dos momentos de guinada que se dão de acordo com um maior ou um menor *pathos* mundano manifesto. Ou seja, se o poeta mineiro é um poeta em constante *epoché* lírica, em contínua absorção de dados imediatos da realidade reduzidos à estrutura simbólica do verso, esse movimento tampouco é puro ludismo intelectual ou puro lirismo subjetivo. Lança suas raízes profundas na experiência sofredora do homem histórico, preso às suas roupas e à sua classe, impotente por não poder, sozinho, dinamitar a ilha de Manhattan.

Eu-mundo

Como em toda grande poesia, o poeta não trata de *sentimentos*, mas de *emoções*, para usar a oportuna distinção de Eliot. As emoções são fictas, mediadas pela formalização altamente artificial da linguagem e da tradição, máscara que aproxima o poeta ainda mais da realidade, *segunda voz* que diz mais francamente a que viemos e o que somos. Rastreando esse *pathos* mundano e suas consequências, Merquior estabelece algumas linhas divisoras na obra do poeta itabirano. A primeira, marcadamente antipatética, modernista e irônica, começaria com o livro inaugural, *Alguma Poesia*, e teria sua estrutura manifesta já no primeiro poema do livro, "Poema de sete faces".

Essa fase antipatética força a Roda de Virgílio a se concentrar no estilo baixo, na piada, no jargão, no cotidiano, pois é a partir dele que Drummond efetua a sua mineração lírica. O fundo romântico é marcante, mas a análise crítica-irônica distanciada demarca a tensão entre fundo e forma, entre inspiração romântica e postura moderna. A experiência da *vacuidade do ideal*, expressão valiosa de Hugo Friedrich em sua obra clássica para caracterizar a poesia moderna, tem seu coroamento contraditório com o estilo baixo, o grotesco, o calão. Afinal, para todo paraíso artificial há uma carniça em putrefação, à beira da estrada, como nos ensinou Baudelaire. Essa tensão será resolvida pelo poeta mineiro com a construção de uma ideia de *eu* e de *narrador* que, paradoxalmente, à medida que perde seu caráter confessional, consegue atingir o universalismo de um sentido histórico e assim, também paradoxalmente, chega às camadas mais profundas da experiência emocional. Essa guinada ocorre quando Drummond adere de fato à noção de *persona* poética. Essa persona tem nome: José.

Assim, de um primeiro conjunto de livros que oscilam entre a substância romântica e a investidura moderna, como ocorre, diga-se de passagem, com quase todos os poetas dos primeiros modernismos mundiais, Drummond toma consciência das limitações desse enclave de mundos e percebe que precisa de um *turn point*. Já no interior do primeiro ciclo, que vai de *Alguma Poesia*, *Brejo das Almas* e *Sentimento do Mundo*, começa a haver uma *mudança de perspectiva gnosiológica*, como bem frisa Merquior. A Roda de Virgílio dá suas primeiras oscilações, e começa a aparecer de maneira mais marcante o tônus afetivo e mais sublime. A meditação solipsista sobre as aporias infinitas de um *eu* em constante conflito com um *mundo* cedem espaço ao surgimento de uma irmandade negativa. Sim, negativa. Mas ainda assim, irmandade. E então surge uma figura especial em sua poesia: a *solidão fraterna*.

O POEMA É ANTERIOR AO POETA

Portanto, a primeira fase do poeta, dominada por uma visão antipatética e quase por uma técnica brechtiana de *efeito de distanciamento*, não termina em *Sentimento do Mundo*. E aqui Merquior diverge de parte da crítica. Sua cesura ocorre em *José*. Pois é nesta obra que começam a ser agenciados os elementos estruturais que Merquior julga significativos para a verdadeira guinada: a despersonalização do poeta e a universalização da emoção. Como dizia Blanchot: "o poema é anterior ao poeta". E a poética de Drummond passa a se assemelhar muito a esta concepção do grande ensaísta francês. Eis a descoberta.

Em certo sentido, poderíamos resumir essa guinada criadora de Drummond ao abandono de uma concepção da *vida como poesia* a um engajamento no *mundo como poema*. O foro íntimo, preservado e potencializado, deixa de ser o palco de um dilema individualista. Justamente ao se tornar mais genérico, ele se torna mais afetivo. O teor romântico do primeiro ciclo de Drummond se realiza como deveria se realizar: depurado dos resíduos indesejáveis do romantismo, e duplamente potencializado ao se erigir como voz comum e anônima que se solidariza com a nossa miséria compartilhada. De uma concepção da poesia como acontecimento singular e subjetivo, o poeta passa a uma vivência do mundo como poema. Portanto, como arena relacional onde as diversas vidas concretas se mesclam, se dissipam, se fundem, se recolhem. Eis que temos aqui a matéria-prima do Drummond da maturidade: *Rosa do Povo*. E não é à toa a escolha central que Merquior realiza do poema "O lutador".

A luta com as palavras é o elemento catalisador da poesia de Drummond, e Merquior é feliz ao considerar a centralidade dessa agonística verbal na obra do poeta. Por meio dessa imagem do pugilismo verbal, descortina-se um elemento estruturante da sua poética: a luta, o combate, o embate corpo a corpo traduz, em termos verbais, a espessura histórica da proposta de Drummond e enfatiza a linguagem como *meio* e não como *fim*. É esse salto duplo, dentro e fora da linguagem e dentro e fora da historicidade do poema que possibilita ao poeta realizar uma obra da envergadura que realizou. Pois não se trata nem de poesia como puro ato de linguagem, nem de poesia como expressão de conteúdos sociais ou de ideias políticas. Colocado a meio caminho dessa dupla articulação, fraturado entre essas duas impossibilidades, o canto se cumpre no espaço daquela *indecidibilidade* de que fala Blanchot, característica marcante de toda grande poesia moderna.

Reino supremo do paradoxo, é apenas por meio de uma afirmação paradoxal da vida que a poesia encontra a sua voz em um espaço que se encontra além de uma metafísica da subjetividade de índole romântica e aquém de uma instrumentalização da linguagem, seja em benefício de uma poesia objetiva desencarnada do sujeito histórico que a escreve, seja em proveito de uma poesia que vise veicular algum sentido político exterior aos próprios paradoxos da dramaticidade moral e vital daquele ser concreto que age, caminha, vive, sonha, teme, escreve e morre.

Merquior identifica o ponto de viragem dessa historicidade da linguagem no poema "O mito". É aqui que o *sentimento do mundo*, difuso e preclaro, demarcado como vivência, mas ainda poetizado de modo titubeante, ora com tintas de subjetivismo romântico, ora com tons de participação militante, encontra seu acabamento conceitual. É a partir desta descoberta do mito, entendido como elemento transistórico, como eixo vivo de inteligibilidade do mundo, ou seja, como *inteligência do universo*. Estamos aqui no limiar de uma nova metamorfose do poeta, cujo resultado será o quarteto metafísico: *Novos Poemas* (1948), *Claro Enigma* (1951), *Fazendeiro do Ar* (1953) e *A Vida Passada a Limpo* (1959), com poemas que representam alguns dos pontos mais altos da lírica de língua portuguesa.

Estilo mítico

O *pathos* mundano, elaborado nos primeiros livros com cariz romântico e decantado na voz uníssona de um canto impessoal das obras ulteriores, ainda precisa sofrer uma nova transformação. Seguindo a arguta definição de Adorno, na poesia lírica justamente o que *não* é social deve ser entendido como sendo seu conteúdo social. Ou seja: justamente onde a realidade não se dá *imediatamente* é que o próprio poema funciona como *mediação crítica* e *meditação formal* de uma realidade dada. Ora, mas como ocorre esse desocultamento mítico da poesia? Merquior encontra a partir de *Novos Poemas* uma mudança na regência dos temas e dos simbolismos predominantes no nível estilístico. Uma nova distribuição dos *mitemas*, diríamos com Lévi-Strauss. A ênfase passa a recair sobre o campo semântico da *dissolução*: chuva, água, decomposição, amorfia, arabesco, anomia, diluição, dissipação. É importante perceber como Merquior analisa esse dado e ressalta um fato decisivo para uma compreensão justa dessa nova fase do poeta mineiro: embora ela aparente uma guinada clássica do ponto de vista da forma, com maior utilização de formas fixas, esquemas métricos e rimas, a indagação existencial aprofunda ainda mais o negativismo e se afasta ainda mais da teodiceia, da tentativa de explicação racional do desconcerto do mundo, do sofrimento e da origem do mal.

Essa verificação tem um grande impacto hermenêutico. Podemos dizer que no quarteto metafísico, o pessimismo de Drummond se acentua, toma feições de caos originário, demolição da vida e testemunha uma infalível derrota do eu lutador contra a consciência finita que o escraviza.

Porém, essa aceitação trágica se dá proporcionalmente à conquista de uma lucidez ainda mais cortante, na qual toda a sentimentalidade romântica desaparece como resíduo noético, poético e patético. Em outras palavras, a síntese interna do projeto poético de Drummond, o arco e a lira tensionados desde o seu primeiro livro, encontram um equilíbrio e realizam o disparo, acertando em cheio o alvo céu vazio da poesia.

Ao aprofundar essa existência paradoxal e em eterna dissipação, o quarteto metafísico de Drummond ainda realiza uma nova premissa: instaura um pluriperspectivismo de vozes e visões. Em caleidoscópio, elas tramam a realidade amorfa e retêm suas peças fraturadas sem contudo aspirar a uma redenção social ou a uma revelação da lógica interna de seus mecanismos. Não por acaso, a pedra angular dessa abertura mítica será um dos grandes poemas de Drummond e da poesia brasileira: "A máquina do mundo". Nada mais patente do que o pessimismo crítico dessa engrenagem cósmica. Como acontecimento vital e poético, na estrada pedregosa, a *terza rima* dantesca reatualiza o cânone ocidental para conferir maior profundidade e tragicidade a seu teor deceptivo. Ao fim e ao cabo, nem Dante e nem sequer Camões conseguiram imaginar uma máquina do mundo tão indiferente à miséria humana e tão empenhada em dissuadir os homens de qualquer ilusão. Justamente por isso, não se pode depreender dessa elevação da poesia a um tom sublime uma retroação social ou formal, em comparação às fases participativas do poeta. Afinal, o Drummond crítico se torna ainda mais crítico. Persiste sendo o poeta que cansou de ser moderno – decidiu ser eterno. Ainda que isso lhe custe erigir sua própria eternidade sobre a ruína desabitada dos clássicos, sabendo que todo documento civilizado é também um documento de barbárie.

Também se verá um tratamento maior do poema entendido como *palingenesia*: o decalque de um poema sobre outro, a emulação e a autoemulação, a reescrita de temas no interior de outros temas. A abertura do diálogo intertextual é notável, a ponto de Merquior também definir essa fase do poeta como a de uma poesia que realiza uma *história cultural*. De uma *mítica da inspiração* passamos a uma *inspiração mítica*. A escrita da história é tão poética quanto a poesia escrita. Mais que isso: abre ao poeta uma concepção metapoética e meta-histórica contida em seu modesto sacerdócio da palavra. O boi não é mais o boi no pasto de uma cidade qualquer de Minas, existente e atlântica. Passa a compor a paisagem de um País Profundo.

O MITO

As afinidades eletivas produzem encontros felizes. Um desses encontros é a descoberta e a adoção, por parte de Merquior, para elucidar a dinâmica da obra de Drummond, do conceito de *estilo mítico*, cunhado pelo genial escritor austríaco Hermann Broch. Em linhas gerais, o estilo mítico pode ser resumido como uma *abstração não teórica*. É o meio pelo qual apreendo dados da realidade em um processo abstrativo. Porém, o fim desse processo não seria um *conceito*, mas sim uma *forma*. Nesse sentido, consiste em um *afastamento do naturalismo e uma concentração no essencial para fazer diante de uma crise cultural*. Ao mesmo tempo leitura e crítica da tradição, o estilo mítico seria uma das melhores encarnações de uma crítica da cultura e, por conseguinte, também de uma crítica ao mundo da vida circundante e à realidade imediata. Porém, sem a utilização de recursos extratextuais evidentes e circunscritos à temporalidade da obra.

O estilo mítico seria uma figuração poética própria a uma reflexão existencial sobre o mundo, mas que abstrai os elementos não essenciais desse mesmo mundo e da experiência que temos dele. A título de ilustração, segundo Broch, um dos melhores exemplos de estilo mítico na literatura contemporânea: Kafka. É esse estilo mítico que marca a fase de transição do poeta, que depois dará uma nova guinada, a partir de *Lição de Coisas*, e com a inauguração de um novo ciclo que contempla, além deste livro, *Boitempo* e *A Falta que Ama*. Trata-se de uma conversão a um tipo de poesia mais objetiva e objetual, na qual os próprios processos de entrelaçamento entre palavra-pensamento são exteriorizados. Para Merquior, consiste em um afastamento da dicção aristocrática e mítica do quarteto metafísico do ciclo anterior.

ZEUGMA

Merquior é um dos maiores pensadores críticos brasileiros. A erudição aliada a um senso dialético extremamente agudo produziu uma obra de penetração intelectual rara no âmbito da teoria da cultura, da arte, da literatura. Esta obra é uma aula de hermenêutica poética, e coloca Merquior entre um dos grandes leitores de poesia da tradição brasileira, ao lado de Benedito Nunes e outros. Nela, a partir de uma interpretação precípua dos poemas de Drummond, o crítico procura também enfrentar alguns dos mais espinhosos problemas da teoria da literatura do nosso tempo. Indiretamente, partindo de um vasto leque de referências conceituais, Merquior acaba por produzir uma leitura fina que consegue conjugar a dinâmica interna do pensamento, presente na tessitura dos versos, à temporalidade existencial, ambas sintetizadas no enquadramento mítico por meio do qual a poesia de Drummond consegue apreender vida e conceito em um mesmo feixe formal. Ou seja, por meio daquela concepção da arte como modelo reduzido do universo, que Merquior apreendeu na obra de Lévi-Strauss.

Para usar uma das tantas figuras de linguagem caras ao crítico, podemos dizer que a leitura de Merquior se estrutura como *zeugma*. Ao suprimir o primeiro termo da equação binária existente entre *vida* e *poesia*, e ao se ater, a partir de uma leitura estrutural, ao caráter estrutural da vida *na* poesia, o crítico conseguiu acertar duplamente. Tal como na formulação de Adorno, segundo a qual, na poesia lírica, o caráter *social* está justamente onde a *sociedade* não aparece, essa elipse de dados psicológicos, pessoais, circunstanciais e biográficos, bem como a supressão dos contextos políticos, sociais e ideológicos, deslocadas para a ordem indireta do discurso poético, produz uma intensificação da poesia de Drummond no nível da recepção e um refinamento de seu sentido mais amplo.

Se pensarmos que todo fato cultural tem sempre uma dimensão criadora e outra, hermenêutica. Se pensarmos que não bastam poemas, há que se saber lê-los. Se levarmos em conta que toda a cultura repousa em uma dupla articulação teórica e prática. É ao mesmo tempo um ato criativo, mas também uma inteligibilidade das coisas criadas. Então podemos ter a medida da grande contribuição que a obra crítica de Merquior representa à cultura brasileira. A redução fenomenológica empreendida pelo poeta de Itabira, ao criar sua obra, modelo reduzido do cosmos, acaba desse modo encontrando uma de suas melhores traduções na dupla redução de Merquior, fenomenológica e estrutural. Pois este, ao fazê-la, não se insere em meio aos poemas apenas como se fosse um leitor neutro, à espreita e de soslaio, no campo formal e imanente da análise. Visa acessar também o aspecto vivencial do poeta, marcado nas variações temáticas e semânticas, nas passagens de um ciclo a outro, de acordo com a regência de certos núcleos de preocupações que são, na verdade, primordialmente formais. E assim, ao reduzir duplamente o sentido da obra à mais pura intencionalidade daquele que a criou, a crítica de poesia passa a ser uma dupla vivência potencializada desta mesma poesia que um dia foi vivida e criada. Agora, não mais por parte de quem a escreveu e viveu. Mas sim de quem a vive e a lê.

BIBLIOGRAFIA

I. Obras de Carlos Drummond de Andrade

Os volumes de versos *Alguma Poesia, Brejo das Almas, Sentimento do Mundo, José, A Rosa do Povo, Novos Poemas, Claro Enigma, Fazendeiro do Ar, A Vida Passada a Limpo, Lição de Coisas, Viola de Bolso I, Viola de Bolso II*, e os livros em prosa *Contos de Aprendiz, Confissões de Minas, Passeios na Ilha* e *Fala, Amendoeira* são todos citados segundo

Andrade, C. Drummond de. *Obra Completa*. 2ª ed. Rio de Janeiro: Aguilar, 1967.

Utilizamos também:
Andrade, C. Drummond de. *Boitempo*. Rio de Janeiro: Sabiá, 1968 (contém *Boitempo* e *A Falta Que Ama*).
Andrade, C. Drummond de. *Fazendeiro do Ar & Poesia Até Agora*. 2ª ed. Rio de Janeiro: José Olympio, 1955.
Andrade, C. Drummond de. *Seleta em Prosa e Verso*. Rio de Janeiro: José Olympio, 1971.
Andrade, C. Drummond de. *Reunião – 10 Livros de Poesia*. 2ª ed. Rio de Janeiro: José Olympio, 1971.
Encontra-se uma bibliografia completa de Drummond no volume *Reunião*, q. v., p. IX-XIII.

II. Obras sobre Carlos Drummond De Andrade

(Agradecemos ao grande bibliófilo carioca Plínio Doyle a gentileza com que nos cedeu vários estudos sobre C.D.A.)

Andrade, Mário de. "A poesia em 1930". In: *Aspectos da Literatura Brasileira*, São Paulo: Martins, s/d.
Assis brasil, Francisco de. *Carlos Drummond de Andrade*. Rio de Janeiro: Livros do Mundo Inteiro, 1971.

ATHAYDE, Tristão de. *Meio Século de Presença Literária*. Rio de Janeiro: José Olympio, 1969.

BANDEIRA, Manuel. *Apresentação da Poesia Brasileira*. 2ª ed. Rio de Janeiro: Casa do Estudante do Brasil, 1954, p. 157-59.

BERNARDES, Diana. "(Boi)tempo de Drummond". In: *Cadernos Brasileiros*. Rio de Janeiro: n. 53, maio/junho 1969.

BUARQUE DE HOLANDA, Sérgio. "Rebelião e Convenção". *Diário Carioca*, Rio de Janeiro: 20 e 27 de abril de 1952.

CAMPOS, Haroldo de. "Drummond, Mestre de Coisas". In: *Metalinguagem*. Petrópolis: Vozes, 1967.

CANDIDO, Antonio. "Inquietudes na poesia de Drummond". In: *Vários Escritos*. São Paulo: Livraria Duas Cidades, 1970.

CANDIDO, Antonio e CASTELLO, José Aderaldo. *Presença da Literatura Brasileira*. São Paulo: Difusão Europeia do Livro, 1964, vol. III.

CASTELLO, José Aderaldo. "Impressões de Carlos Drummond de Andrade". In: *Homens e Intenções*. São Paulo: Comissão de Literatura do Departamento Estadual de Cultura, 1959.

CARPEAUX, Otto Maria. "Fragmento sobre Carlos Drummond de Andrade". In: *Origens e Fins*. Rio de Janeiro: Casa do Estudante do Brasil, 1943.

CHAMIE, Mário. "Ptyx, o poeta e o mundo". *Suplemento Literário de* O Estado de S. Paulo, 27 de outubro de 1962.

COELHO, Joaquim Francisco. "Carlos Drummond e o sentido de *A Mesa*". Conferência pronunciada na Universidade da Califórnia, Los Angeles, fevereiro de 1972.

_____. Visão panorâmica da poesia de Drummond (1966). Trata-se de uma introdução a uma tese ainda inédita, apresentada na Universidade de Wisconsin, que o autor teve a amabilidade de nos comunicar, logo após o término deste estudo. Excelente visão de conjunto da poesia de Drummond até *Lição de Coisas*. Fazemos votos vivamente pela pronta publicação da tese.

CUNHA, Fausto. "*Boitempo* – o que Drummond não diz". *Jornal do Brasil*, Rio de Janeiro: 1º de fev. de 1969.

EULÁLIO, Alexandre. "*Lição de Coisas*, lição de fidelidade". *Jornal de Letras*, Rio de Janeiro: dez. 1962.

GARCIA, Othon Moacyr. *Esfinge Clara*. Rio de Janeiro: Livraria São José, 1955.

HOUAISS, Antônio. "Introdução a C. Drummond de Andrade". *Reunião*, q. v.

_____. "Sobre uma fase de Carlos Drummond de Andrade". In: *Seis Poetas e um Problema*. Rio de Janeiro: Serviço de Documentação do Ministério de Educação e Cultura, 1960.

LIMA, Luís Costa. *Lira e Antilira – Mário, Drummond, Cabral*. Rio de Janeiro: Civilização Brasileira, 1968, p. 133-236.

LINS, Álvaro. *Jornal de Crítica*, sétima série. Rio de Janeiro: Ed. O Cruzeiro, 1963, p. 23-25.

_____. *Os Mortos de Sobrecasaca*. Rio de Janeiro: Civ. Brasileira, 1963.

MARTINS, Hélcio. *A Rima na Poesia de Carlos Drummond de Andrade*. Rio de Janeiro: José Olympio, 1968.

MARTINS, Wilson. *O Modernismo*. São Paulo: Cultrix, 1965, p. 270-72.

MERQUIOR, José Guilherme. "Notas em função de *Boitempo*". In: *A Astúcia da Mímese*. Rio de Janeiro: José Olympio, 1972.

_____. "Passeio de elegia com Drummond". In: *Senhor*. Rio de Janeiro: outubro de 1962.

_____. "A máquina do mundo de Drummond". In: *Razão do Poema*. Rio de Janeiro: Civilização Brasileira, 1965.

MOISÉS, Massaud. "Carlos Drummond de Andrade, poeta", In: ANDRADE, C. Drummond de. *Antologia Poética*. Lisboa: Portugália, 1965, p. XI-LXVIII.

MORAES, Emmanuel de. "As várias faces de uma poesia". Introdução a C. Drummond de Andrade, *Obra Completa*, q.v.

NOGUEIRA MOUTINHO, José Geraldo. "Boitempo I e II". *Folha de S.Paulo*, 9 e 16 de fev. 1969.

RAMOS, Maria Luísa. *Fenomenologia da Obra Literária*. Rio de Janeiro: Forense, 1969, p. 114-29.

RAMOS, Péricles Eugênio da Silva. "Carlos Drummond de Andrade". In: *A Literatura no Brasil*. Rio de Janeiro: Ed. Sul Americana, 1970, p. 125-27, vol. V. (Obra coletiva dirigida por Afrânio Coutinho)

RENAULT, Abgar. "Mensagem ao poeta C. Drummond de Andrade". In: *Suplemento Literário* O Estado de S. Paulo, 29 de junho de 1963.

_____. "Notas sobre um dos aspectos da evolução da poesia de C. Drummond de Andrade". *Revista Acadêmica*, Rio de Janeiro: julho 1941.

Rónai. Paulo, "Tentativa de comentário para alguns temas de C. Drummond de Andrade". In: Andrade, C. Drummond de. *José & Outros*. Rio de Janeiro: José Olympio, 1967, p. XIII-XXVIII.

Santana, Afonso Romano de. "Introdução ao *gauche* em Drummond". *Suplemento Literário do Minas Gerais*, 4 de setembro de 1971.

———. "Memória e repetição em Drummond". *Suplemento Literário do Minas Gerais*, 11 de dezembro de 1971. Este artigo, como o precedente, é extraído de uma tese apresentada na Universidade Federal de Minas Gerais em 1967: "C. Drummond de Andrade – o poeta *gauche* no espaço e no tempo". A aparecer proximamente em livro. Os extratos publicados deixam entrever uma rica e bem fundada interpretação global da poesia de Drummond.

Santiago, Silviano. "Camões e Drummond – a máquina do mundo". *Hispania*, Appleton: n. IX, 1960.

Saraiva, Arnaldo. "Estudo". In: Andrade, C. Drummond de. *Uma Pedra no Meio do Caminho – biografia de um poema*. Rio de Janeiro: Ed. do Autor, 1967.

Teles, Gilberto Mendonça. *Drummond – A Estilística da Repetição*. Rio de Janeiro: José Olympio, 1970.

———. *Notas*. In: Andrade, C. Drummond de. *Seleta em Prosa e Verso*, q.v.

III. Obras Sobre a Literatura e a Cultura Brasileiras

Andrade, Mário de. "A Escrava que Não é Isaura". In: *Obra Imatura*. São Paulo: Martins, s/d.

Bandeira, Manuel. *Estrela da Vida Inteira – poesias reunidas*. Rio de Janeiro: José Olympio, 1966.

Buarque de Holanda, Sérgio. *Raízes do Brasil*. 3ª ed. Rio de Janeiro: José Olympio, 1956.

Cabral de melo neto, João. *Duas Águas*. Rio de Janeiro: José Olympio, 1956.

Candido, Antonio. *Formação da Literatura Brasileira*. São Paulo: Martins, 1959, 2 vols.

CORTES RIEDEL, Dirce. *Aspectos da Imagística de Guimarães Rosa*. Rio de Janeiro: Universidade do Est. da Guanabara, 1962. (Tese universitária)

COUTINHO, Afrânio et al. *A Literatura no Brasil*. Rio de Janeiro: Editorial Sul Americana, 1955-70, 5 vols.

FREYRE, Gilberto. *Casa-Grande & Senzala*. 9ª ed. Rio de Janeiro: José Olympio, 1958.

MARQUES, Oswaldino. *Laboratório Poético de Cassiano Ricardo*. Rio de Janeiro: Civilização Brasileira, 1962.

MARTINS, Heitor. "Canibais europeus e antropófagos brasileiros". *Suplemento Literário do* Minas Gerais, 16 de novembro de 1968.

MELO FRANCO, Afonso Arinos de. *O Índio Brasileiro e a Revolução Francesa*. Rio de Janeiro: José Olympio, 1937.

MENDES, Murilo. *Convergência*. São Paulo: Livraria Duas Cidades, 1970.

_____. *Poesias*. Rio de Janeiro: José Olympio, 1959.

PROENÇA, Manuel Cavalcanti. *Augusto dos Anjos e Outros Ensaios*. Rio de Janeiro: José Olympio, 1959.

SCHWARZ, Roberto. *A Sereia e o Desconfiado*. Rio de Janeiro: Civilização Brasileira, 1965.

IV. OBRAS DE TEORIA DA LITERATURA, DE METODOLOGIA DA ANÁLISE LITERÁRIA E DE CIÊNCIAS HUMANAS UTILIZADAS NA ELABORAÇÃO DA TESE

ADORNO, Theodor W. *Noten zur Literatur I*. Frankfurt: Suhrkamp, 1958. Trad. esp. *Notas de Literatura*. Barcelona: Ariel, 1962.

AUDEN, Wystan Hugh. "Poetry as a game of knowledge". In: ELLMANN, Richard and FEIDELSON JR., Charles. *The Modern Tradition* (anthology). Oxford: Oxford University Press, 1965.

AUERBACH, Erich. *Mimesis – la Representación de la Realidad en la Literatura Occidental*. México: Fondo de Cultura Económica, 1950.

_____. "The aesthetic dignity of the '*Fleurs du Mal*'". In: *Scenes from Drama of European Literature*. Nova York: Meridian Books, 1959.

BARTHES, Roland. *Essais Critiques*. Paris: Seuil, 1964.

BENJAMIN, Walter. "Le narrateur". In: *Poésie et Révolution*. Paris: Les Lettres Nouvelles, 1971.

_____. "Sur quelques thèmes baudelairiens". In: *Poésie et Révolution*, cit.

BLANCHOT, Maurice. *L'Entretien Infini*. Paris: Gallimard, 1971.

_____. *La Part du Feu*. Paris: Galimard, 1949.

BOOTH, Stephen. *An Essay on Shakespeare's Sonnets*. New Haven: Yale University Press, 1969.

BRADBROOK, F. W. "Ben Jonson's poetry". In: FORD, Boris et al. *From Donne to Marvell*. Londres: Pelican, 1956.

BROCH, Hermann. *Création Littéraire et Connaissance*. Paris: Gallimard, 1966.

BROWNE, Robert M. "Typologie des Signes Littéraires". *Poétique*, Paris: Seuil, n. 7, 1971.

BURKE, Kenneth. *A Grammar of Motives*. Nova York: Meridian Books, 1962.

COELHO, Jacinto do Prado. *A Letra e o Leitor*. Lisboa: Portugália, 1969.

CURTIUS, Ernst Robert. *La Littérature Européenne et le Moyen Age Latin*. Paris: Presses Universitaires de France, 1956.

_____. *Studi di Letteratura Europea*. Bolonha: Il Mulino, 1963.

DAICHES, David. *A Critical History of English Literature*. Londres: Secker & Warburg, 1961, 2 vols.

ELIOT, T. S. *On Poetry and Poets*. Londres: Faber, 1957.

EMPSON, William. *Seven Types of Ambiguity*. Londres: Penguin, 1961.

FISCHER, Ernst. *The Necessity of Art*. Londres: Penguin, 1963.

FOUCAULT, Michel. *L'Archéologie du Savoir*. Paris: Gallimard, 1969.

_____. "La pensée du dehors". *Critique*, n. 229, junho 1966.

FREEMAN, Donald C. et al. *Linguistics and Literary Style*. Nova York: Holt, Rinehart and Winston, 1970.

FREUD, Sigmund. *Essais de Psychanalyse Appliquée*. Paris: Gallimard, 1933.

_____. *Le Mot d'Esprit et ses Rapports avec l'Inconscient*. Paris: Gallimard, 1953.

_____. *Malaise dans la Civilisation*. Paris: Presses Universitaires de France, 1971.

FRIEDRICH, Hugo. *Estructura de la Lírica Moderna*. Barcelona: Seix Barral, 1959.

FROMM, Erich. *La Langage Oublié*. Paris: Payot, 1953.

FRYE, Northrop. *Anatomy of Criticism*. Princeton: Princeton University Press, 1957.

GOMBRICH, E. H. "Freud's aesthetics". *Encounter*, jan. 1966. Trad. ital. em *Freud e la Psicologia dell'Arte*. Turim: Einaudi, 1967.

HATZFELD, Helmut. *Estudios sobre el Barroco*. Madri: Gredos, 1964.

HEIDEGGER, Martin. *Chemins qui ne Mènent Nulle Part*. Paris: Gallimard, 1962.

HIGHET, Gilbert. *The Classical Tradition – Greek and Roman Influences on Western Literature*. Oxford: Oxford University Press, 1949. Trad. esp.: Fondo de Cultura Económica, México, 1954, 2 vols.

INGARDEN, Roman. *Das Literarische Kunstwerk*. 2ª ed. Tübingen: Max Niemeyer, 1960.

JAKOBSON, Roman. "Du réalisme artistique". In: TODOROV, T. (org.). *Théorie de la Littérature*. Paris: Seuil, 1965.

_____. *Essais de Linguistique Générale*. Paris: Ed. de Minuit, 1963.

KAYSER, Wolfgang. *Interpretación y Análisis de la Obra Literaria*. Madri: Gredos, 1958.

KRIS, Ernst. "Psychological Explorations". In: *Art*. Nova York: Schocken, 1952.

LAPLANCHE, Jean e PONTALIS, J.-B. *Vocabulaire de la Psychanalyse*. Paris: Presses Universitaires de France, 1967.

LAUSBERG, Heinrich. *Elemente der Literarischen Rhetorik*. 2ª ed. Munique: M. Hueber, 1967. Trad. ital.: Bolonha: Il Mulino, 1969.

LEVIN, Samuel R. *Linguistic Structures in Poetry*. Paris-Haia: Mouton, 1962.

LÉVI-STRAUSS, Claude. *Anthropologie Structurale*. Paris: Plon, 1958.

_____. *Mythologiques*. Paris: Plon, 1964-71, 4 vols.

Luckács, Georg. *La Signification Présent du Réalisme Critique*. Paris: Gallimard, 1960.

Martinet, André. "Connotations, poésie et culture". In: Martinet et al. *To Honor Roman Jakobson*. Paris-Haia: Mouton, 1967, tomo II.

Merquior, José Guilherme. *Arte e Sociedade em Marcuse, Adorno e Benjamin*. Rio de Janeiro: Tempo Brasileiro, 1969.

_____. "Analyse structurale des mythes et analyse des oeuvres d'art". *Revue d'Esthétique,* Paris: n 3-4, 1970.

Meyer, Augusto. *Camões, o Bruxo e Outros Ensaios*. Rio de Janeiro: Livraria S. José, 1958.

Mounin, Georges. *Introduction à la Sémiologie*. Paris: Ed. de Minuit, 1970.

Nietzsche, Friedrich. *Aurore*. Paris:, Gallimard, 1970. (Edição crítica de Colli-Montinari)

Poulet, Georges. *Etudes sur le Temps Humain I et II*. Paris: Plon, 1950-52.

Riesman, David et al. *The Lonely Crowd*. New Haven: Yale University Press, 1950.

Riffaterre, Michael. *Essais de Stylistique Structurale*. Paris: Flammarion, 1971.

Róheim, Geza. *Origine et Fonction de la Culture*. Paris: Gallimard, 1972.

Ruwet, Nicolas. "L'analyse structurale de la poésie". *Linguistics,* Mouton, Haia: n. 2, 1963.

Sampson, George. *The Concise Cambridge History of English Literature*. Cambridge: Cambridge University Press, 1957.

Sartre, Jean-Paul. *Critique de la Raison Dialectique*. Paris: Gallimard, 1960.

Sebeok, Thomas A. et al. *Style in Language*. Cambridge: Massachusetts Institute of Technology Press, 1960.

Segre, Cesare. *I Segni e la Critica*. Turim: Einaudi, 1969.

Spitzer, Leo. *Etudes de Style*. Paris: Gallimard, 1970.

_____. *Linguistica e Historia Literaria*. Madri: Gredos, 1955.

_____. *Romanische Literaturstudien 1936-1956*. Tübingen: Max Niemeyer, 1959.

Steiger, Emil. *Grundbegriffe der Posetik*. 5ª ed. Zurique: Atlantis, 1961. Trad. Brasileira: *Conceitos Fundamentais da Poética*. Rio de Janeiro: Tempo Brasileiro, 1969.

WELLEK, René. *Concepts of Criticism*. New Haven: Yale University Press, 1963.

―――― e WARREN, Austin. *Theory of Literature*. Nova York: Harcourt, Brace & Co., 1956.

WITTGENSTEIN, Ludwig. *Philosophical Investigations*. 3ª ed. Oxford: Blackwell, 1967.

ÍNDICE DOS POEMAS ANALISADOS

A bomba (LC), 288
A flor e a náusea (RP), 121-22, 151
A ingaia ciência (CE), 206-08
A máquina do mundo (CE), 250-57
A mesa (CE), 220-24
Anoitecer (RP), 144-45, 148
A noite dissolve os homens (SM), 78-79
A palavra e a terra (LC), 274-77
A tela contemplada (CE), 210
A torre sem degraus (FQA), 312
A um hotel em demolição (VPL), 232-33
A voz (FQA), 314-15

Bens e vária fortuna do Padre Manuel Rodrigues, inconfidente (FQA), 313
Brinde no banquete das musas (FA), 179-80, 236-37

Cantiga de enganar (CE), 191-94, 205
Cantiguinha (B), 304-05
Canto ao homem do povo Charlie Chaplin (RP), 152-54
Canto negro (CE), 227-28
Canto órfico (FA), 238-44
Carta (LC), 289-92
Casamento do céu e do inferno (AP), 40-43
Caso do vestido (RP), 157-66

Ciclo (VPL), 214-17
Coisa miserável (BA), 66-67
Composição (NP), 185-87
Consideração do poema (RP), 113-16
Construção (AP), 40
Corporal (FQA), 313
Criação (B), 302

Dentaduras duplas (SM), 81-82
Desaparecimento de Luísa Porto (NP), 176-78
Desfile (RP), 166-67
Destruição (LC), 277-78

Edifício Esplendor (J), 89-91
Elegia (FA), 244-48
Engate (B), 305
Escada (FA), 218-20
Eterno (FA), 200-01

Família (AP), 50-51
Fraga e sombra (CE), 210-13
Fragilidade (RP), 167-70

Indicações (RP), 146-47
Iniciação amorosa (AP), 52-53
Instante (VPL), 213
Isso é aquilo (LC), 268

Jardim (NP), 201-06
José (J), 92-93

Liquidação (B), 304
Litania da horta (B), 304

Madrigal lúgubre (SM), 76-77
Mário de Andrade desce aos
    infernos (RP), 154-56
Mineração do outro (LC), 278-79
Morte das casas de Ouro Preto
    (CE), 224-27
Morte do leiteiro (RP), 156-57

Não se mate (BA), 65
Necrológio dos desiludidos do
    amor (BA), 63
No meio do caminho (AP), 55-56
Nosso tempo (RP), 116, 124-25,
    126-27, 146, 148
Nudez (VPL), 248-50

O amor bate na aorta (BA), 60
O arco (NP), 187-88
O boi (J), 95-96
Oficina irritada (CE), 209-10
O lutador (J), 104-12
O mito (RP), 127-32, 148
O muladeiro (LC), 271-72
Onde há pouco falávamos (RP),
    148-49
Ontem (RP), 139-41
O padre, a moça (LC), 281-84
O procurador do amor (BA), 59,
    60-61
O quarto em desordem (FA),
    213-14
Os bens e o sangue (CE), 228-32
Os dois vigários (LC), 285-86
Os mortos de sobrecasaca (SM), 77

Os ombros suportam o mundo
    (SM), 78
Os poderes infernais (VPL), 214
O voo sobre as igrejas (BA), 67

Poema de sete faces (AP), 34-40
Poema patético (BA), 59
Pranto geral dos índios (VPL),
    234-35
Procissão do encontro (B), 302-03
Procura da poesia (RP), 116-19

Quadrilha (AP), 52

Resíduo (RP), 147
Rola mundo (RP), 145

Sombra das moças em flor (BA),
    61-63
Sweet home (AP), 49-50

Terrores (B), 306
Tristeza do Império (SM), 81
Três garrafas de cristal (B), 303-04

Uma hora e mais outra (RP), 147

Viagem na família (J), 97-104

ÍNDICE ANALÍTICO

Acoplamento, 102, 109, 160, 164, 170, 305-06
Alegoria, 79
Alienação, reificação, 50, 76-77, 89, 95, 124-26, 324
Aliteração, 65, 106, 108, 122-23, 130, 145, 159, 164, 188, 203-04, 207, 210, 212, 219, 222, 225, 246, 253, 278, 290-91, 303
Amorfo, tema do, 184-86, 188-89, 196
Anacoluto, 65
Anadiplose, 77, 165, 188
Anáfora, 78, 92, 102, 122, 130, 164, 188, 222, 225-26, 246, 290, 304
Antanáclase, 222, 224, 292
Antiteodiceia, 69, 88, 196, 198-99, 247, 281, 286, 387
Antítese, 102, 107, 122, 214, 282, 286, 292, 314,
Antropofagia, 31, 45, 235
Apocalíptica, situação, 253-55
Arabesco, tema do, 167-70, 185, 203, 249, 300, 313-14, 387
Assíndeto, 165, 169, 382
Associação semântica, 59-60, 62, 81, 166-69
Assonância, 25, 65, 164, 188, 203-04, 222, 253, 291

Brasil, evolução social do, 84, 295-96,

Capitalismo, 26, 120-21, 124
Catacrese, 219
Catarse, 230, 299
Cidade, a grande, 26, 47-48, 84, 95-96, 123-25, 296, 323
Classicismo de vanguarda, 258
Classicizante, estilo, 171-72, 200, 257-60, 268-71
Coloquialismo, 43, 92, 128, 157, 222, 306
Coma, 77
Cômico, 44, 271-72, 307-10
Comparação, 79, 148
Conceptualismo, 219, 278-79
Consciência individual, valor da, 198-99, 257, 284
Cotidiano, lirismo do, 40, 84, 119, 122, 156, 232-33, 288, 313-14
Cristão, *ethos*, 127
Cubismo literário, 40
Culpa, sentimento de, 72, 88, 94, 133
Cultista, imagística, 228, 278-79

Desconcierto del mundo, 193, 196
Desejo, 317-18
Desengaño, 252

Dissipação, tema da, 139-41, 186, 230, 233

Edipiano, conflito, 224, 275-76
Efeito de distanciamento, 50, 79, 83, 85, 223, 385
Ego lírico, 37, 50, 58, 97
Elocução "pura", 97, 103, 106, 149, 156, 194, 201, 269, 325
Empatia, antiempatia, 51
Engajada, literatura, 74, 172
Enjambement, 43, 62, 65, 100, 107, 148, 169, 170, 186, 211-12, 219, 240, 272, 282, 290
Enumeração caótica, 25, 59, 146
Epanadiplose, 79, 188, 382
Epidíctico, gênero, 154, 156, 182, 234, 236, 286-87
Epifania, 284, 314, 319
Estilística, análise, 37
Estilo mesclado, 42-44, 59-60, 83, 92, 97, 103-04, 128, 166, 178-79, 310
Eternidade, sede de, 198, 316-17
Ética literária, 262
Ética, poesia, 75
Eu, tema do, 39, 59, 69-73, 83, 139, 279
Evasionismo, 48, 72, 76, 85, 96
Experimental, linguagem, 266, 269

Fait divers, poesia do, 156, 176
Família, poesia da, 54, 97, 103, 135-38, 220, 228-29, 289, 315
Figura etimológica, 106-07, 314

Filosófico, lirismo, 138-39, 141, 143, 156, 167, 180-83, 244, 250, 264, 271-72, 300, 325
Florebat olim, 140

Gauche, psicologia do, 36, 70, 83-85, 88, 93, 154, 222, 229-30, 297
Geminatio, 169
Gênio solitário, mito do, 36
Geração de 1945, 262
Grotesca, ótica, 37, 42-43, 83, 91, 194, 288, 308, 312, 325

Hipálage, 62, 65, 123, 215, 291
Hipérbato, 290
Hipérbole, 53, 283, 290
Histórica, consciência, 74-75, 119
Humor, 37, 40, 63-64, 83, 91-92, 199-200, 324-25

Ideal, vacuidade do, 43, 48-49, 85, 384
Idealização da mulher, 44, 131-32
Inconsciente, 110-11
Individualismo, 48, 57, 71-72, 74, 85, 134
Infância, 46
Inglês, caráter do humor, 280
Intimismo, 49-50, 276
Itabira, tema de, 80, 88, 182, 230, 250, 274, 276, 293, 296-97

Jogo de palavras, 267-68, 283, 305

Léxico coloquial (ver também Coloquialismo)
dessueto, 129
"literário", 106, 188, 240
popular, 306
simples, 101
Litotes, 39, 158, 382

Madureza, tema da, 319
Mãe, tema da, 166, 222, 276, 289, 291
Maldito, mito do poema, 36-37
Masoquismo, 81, 279
Medo, tema do, 75, 126
Memento mori, 225-26, 233
Memória, 100, 103, 197, 301
Metáfora, 40, 65, 79, 102, 147, 188, 222, 227, 240, 291, 302, 306
Metapoética, metalirismo, 88, 171, 236-39, 272, 325
Metro, 35, 53, 65-67, 82, 92, 100, 123, 128, 144, 183, 202, 222, 232, 245, 267, 301-03, 311
Minas, 46, 182, 201, 220, 224, 293
"Mítico", estilo, 263-64, 269-70, 325
Modernismo, 29-32, 34, 44, 83, 323
Modernização sociocultural, 46-47, 51

Narcisismo, 56-57, 241
Narrativa, tendência, 307
Neologismo, 268

Neonaturalismo, 79
Neorromantismo, 79, 85, 113
Nirvana, volúpia do, 142, 184, 188-89, 191, 205, 212-13, 241, 248, 250, 281, 297, 300, 315
Nostalgia romântica, 48

Objetos representados, *stratum* dos, 38, 40
Obstáculo, tema do, 56, 187, 251
Ode, 68, 290
Onomatopeia, 130, 202
Oratio perpetua, 282
Ornatus, 79-80
Oximoro, 214

Palilogia, 222
Parataxe, 282
Parnasianismo (no Brasil), 39
Paródia, espírito de – na literatura moderna, 37, 41-43, 325
Paronomásia, 60, 63, 110, 222, 243, 273, 283, 305
Patético, antipatético, 55, 79, 83, 152
Patriarcal, regime, 46, 54, 136, 165-66, 224, 227, 294
Poema-piada, 39, 52, 83
Poética
  da linguagem, 112, 116-19, 236, 273
  do vivido, 55-57, 70, 74, 112 e existência, 138-42, 273
  moderna, 43, 323
Poliptóton, 222

Petrarca, 131, 206
Picabia, Francis, 46
Platão, 110, 345
Poe, Edgar Allan, 36, 153, 182, 379
Poulet, Georges, 141, 400
Pound, Ezra, 112, 143, 258
Proença, Manuel Cavalcanti, 397
Proust, Marcel, 45, 100, 334, 360

Ramos, Graciliano, 31, 48
Ramos, Maria Luísa, 244
Ramos, Péricles E. da Silva, 172
Renault, Abgar, 30, 279-80, 293, 395
Ricardo, Cassiano, 83, 270, 329, 374, 397
Richards, I. A., 122
Riedel, Dirce Cortês, 328
Riesman, David, 96, 400
Riffaterre, Michael, 38, 129, 400
Rilke, Rainer Maria, 103, 141, 206, 209, 218, 232, 239, 270, 273
Rimbaud, Arthur, 43
Robert, Carl, 275
Róheim, Geza, 276, 400
Rónai, Paulo, 178, 290, 396
Ronsard, Pierre de, 131, 141, 206
Rousseau, Jean-Jacques, 16, 338, 353, 354
Ruwet, Nicolas, 103, 400

Salinas, Pedro, 220
Sampson, George, 280, 400
Santana, Afonso Romano de, 68, 142, 396

Santiago, Silviano, 251, 255, 396
Saraiva, Arnaldo, 340, 396
Sartre, Jean-Paul, 124, 400
Schiller, Friedrich, 239, 240
Schmidt, Augusto Frederico, 64, 85
Schopenhauer, Arthur, 142, 143, 196
Schwarz, Roberto, 56, 397
Sebeok, Thomas A., 400
Segre, Cesare, 367, 400
Shakespeare, William, 141, 206, 398
Shelley, Percy, 280
Sófocles, 275
Spenser, Edmund, 280
Spitzer, Leo, 43, 59, 114, 383, 400
Staiger, Emil, 25, 58
Stendhal, 42

Teles, Gilberto Mendonça, 93, 101-02, 146, 200, 211, 222, 231, 262, 282, 293, 303, 396

Valéry, Paul, 109, 112, 241-42, 260-61, 270
Vigny, Alfred de, 36
Virgílio, 42, 384
Vossler, Karl, 20, 49

Warren, Austin, 38, 369, 401
Weber, Max, 16, 239, 338, 353-54, 376
Wellek, René, 38
Wellek, René e Warren, Austin, 38
Werfel, Franz, 258

Wittgenstein, Ludwig, 401
Wordsworth, William, 138

Yeats, William Butler, 319

Zola, Émile, 260

Dados Internacionais de Catalogação na Publicação (CIP)
(Câmara Brasileira do Livro, SP, Brasil)

Merquior, José Guilherme.
  Verso Universo em Drummond / José Guilherme Merquior ; tradução de Marly de Oliveira. – 3. ed. – São Paulo : É Realizações, 2012.

  Bibliografia.
  ISBN 978-85-8033-100-4

  1. Andrade, Carlos Drummond de, 1902-1987 - Crítica e interpretação 2. Poesia brasileira - História e crítica I. Título.

12-07413   CDD-869.9109

Índices para catálogo sistemático:
1. Poesia : Literatura brasileira : História e crítica   869.9109
2. Poetas brasileiros : Apreciação crítica   869.9109

Este livro foi impresso pela Gráfica Vida & Consciência para É Realizações, em junho de 2012. Os tipos usados são da família Sabon LT Std e Industrial736 BT. O papel do miolo é pólen soft 80g, e, da capa, cartão supremo 250g.